DEIN COACH ZUM ERFOLG!

Dein ActiveBook auf My**STARK**:

Du kannst auf alle digitalen Inhalte (Prüfung 2022, interaktive Aufgaben, Videos, „MindCards") online zugreifen. Registriere dich dazu unter **www.stark-verlag.de/mystark** mit deinem **persönlichen Zugangscode:**

50-001914

Die Inhalte dieser Auflage stehe

MySTARK

Das Active**Book** *bietet dir:*

- Lernvideos zum Umgang mit Textaufgaben
- Interaktive Aufgaben zu sprachlichen Grundlagen
- Web-App mit hilfreichen Wendungen

DEIN COACH ZUM ERFOLG!

So kannst du interaktiv lernen:

Interaktive Aufgaben

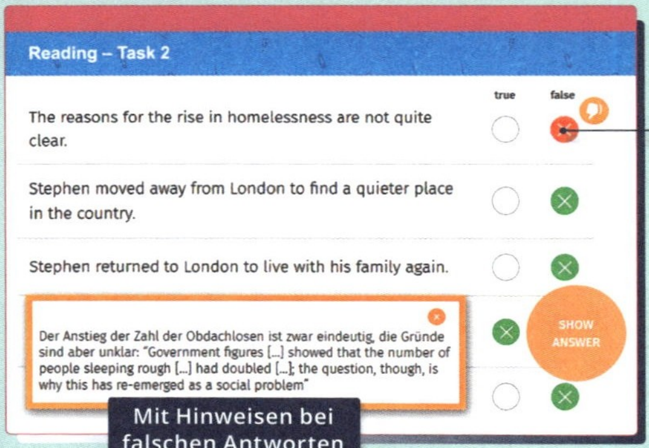

Sofortige Ergebnisauswertung

Mit Hinweisen bei falschen Antworten

Lernvideos

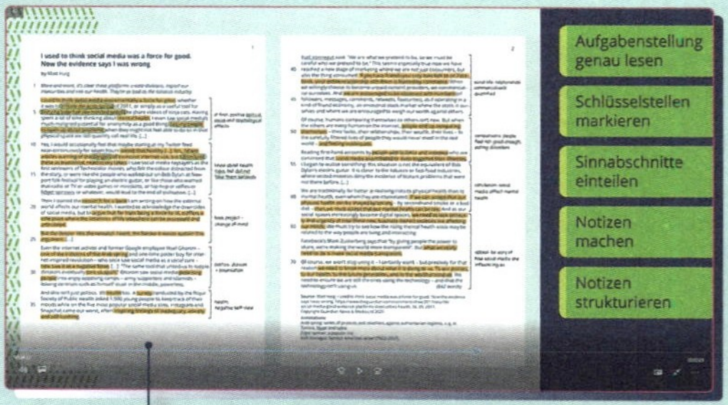

Step-by-Step Hinführung an typische Textaufgaben

Web-App „MindCards"

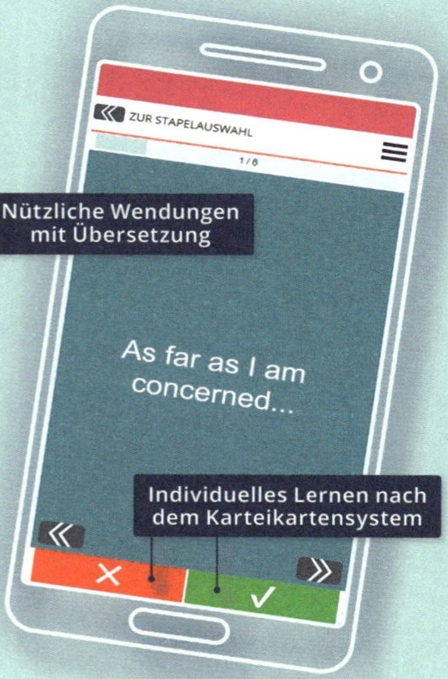

Nützliche Wendungen mit Übersetzung

Individuelles Lernen nach dem Karteikartensystem

Systemvoraussetzungen:

- Mindestens 1024×768 Pixel Bildschirmauflösung
- Chrome, Firefox oder ähnlicher Webbrowser
- Adobe Reader oder kompatibler anderer PDF-Reader
- Internetzugang

Speaking

Writing

2023

Abitur

Original-Prüfungsaufgaben
mit Lösungen

Schleswig-Holstein

Englisch

STARK

16. ergänzte Auflage
www.stark-verlag.de

Inhalt

Abiturprüfungen

Abitur 2022 . . . . **www.stark-verlag.de/mystark**

Sobald die Original-Prüfungsaufgaben 2022 freigegeben sind, können sie als PDF auf der Plattform MyStark heruntergeladen werden (Zugangscode vgl. Farbseiten vorne im Buch).

Sollten nach Erscheinen dieses Bandes noch wichtige Änderungen im Zentralabitur 2023 vom Bildungsministerium Schleswig-Holstein bekannt gegeben werden, finden Sie aktuelle Informationen dazu ebenfalls auf der Plattform MyStark.

Autorinnen und Autoren:
Basiswissen und Kurzinterpretationen: Rainer Jacob;
Aufgaben mit Videoanleitung: Redaktion;
Übungsaufgaben zum Sprechen: Birte Bökel;
Lösungen der Abitur-Prüfungsaufgaben: Birte Bökel, Henning Christiansen;
Mediation (2018): Robert Klimmt

Vorwort

Liebe Schülerinnen, liebe Schüler,

bald werden Sie Ihre zentrale Abiturprüfung im Fach Englisch ablegen. Wir begleiten Sie auf Ihrem Weg zu einem guten Abschluss und helfen Ihnen, sich mit den Anforderungen des zentralen Abiturs in Schleswig-Holstein vertraut zu machen.

Dieser Band bietet Ihnen verschiedene Möglichkeiten, sich gezielt auf die Abiturprüfung im Fach Englisch vorzubereiten:

- Die **Hinweise und Tipps zum Zentralabitur** lenken den Blick auf die Hauptschwierigkeiten der Abiturprüfung und helfen Ihnen, Inhalt und Form der Klausuren besser zu verstehen.
- Das **Basiswissen zu den Themenkorridoren** bündelt die wichtigsten Informationen zu den Themen „African Americans: Free at Last? Equal at Last?“ und „Science (Fiction) & Technology: Blessing or Curse?“. Zu den Pflichtlektüren finden Sie die wichtigsten Informationen im Kapitel „**Kurzinterpretationen**“.
- Die beiden **Übungsaufgaben** sollen Ihnen Anregungen für die Vorbereitung auf die **Sprechprüfung** bieten. Sie können damit sowohl das monologische als auch das dialogische Sprechen trainieren.
- Anschließend können Sie mit den **Original-Prüfungsaufgaben 2018 bis 2022** die **schriftliche Prüfungssituation** realistisch simulieren. Zu allen Aufgaben gibt es ausführliche **Musterlösungen und Bearbeitungshinweise**. Sie können also Ihre eigenen Ergebnisse mit den im Buch abgedruckten bzw. online veröffentlichten (Jahrgang 2022) Lösungen vergleichen bzw. sich anhand der Bearbeitungshinweise Schritt für Schritt einer Lösung der Aufgaben nähern. Bedenken Sie, dass die Schwerpunktsetzung insbesondere in den freieren Aufgabenteilen je nach Ihrer unterrichtlichen Vorbereitung unterschiedlich ausfallen kann. Außerdem handelt es sich bei den Musterlösungen um Texte, die bewusst möglichst viele denkbare Aspekte abdecken und von *native speakers* Korrektur gelesen wurden. Sie sollen also eine Optimallösung darstellen und kein Bild davon vermitteln, was in einer Prüfungssituation zwingend erwartet wird.

Schon jetzt wünschen wir Ihnen viel Erfolg bei Ihren Abiturprüfungen.

Birte Bökel, Henning Christiansen

Hinweise zu den digitalen Zusätzen

Auf alle digitalen Zusätze können Sie online über die Plattform **MyStark** zugreifen. Ihren persönlichen Zugangscode finden Sie auf den Farbseiten vorne im Buch.

PDF der Original-Prüfungsaufgaben 2022

Um Ihnen die Prüfung 2022 schnellstmöglich zur Verfügung stellen zu können, bringen wir sie in digitaler Form heraus.
Sobald die Original-Prüfungsaufgaben 2022 freigegeben sind, können sie als PDF auf der Plattform MyStark heruntergeladen werden.

Kurzgrammatik

Mit der Kurzgrammatik können Sie sich eine knappe und verständliche Übersicht über die wichtigsten Themenfelder der englischen Grammatik herunterladen. Schlagen Sie hier die Grammatikregeln zu Fehlern nach, die Sie noch häufig machen.

Lernvideos

Textaufgaben sind Teil vieler Prüfungen und Klausuren – und machen oft einen Großteil der Prüfungsleistung aus. Mithilfe der **Lernvideos zum richtigen Umgang mit Textaufgaben** können Sie sich optimal auf die Anforderungen in diesem Bereich vorbereiten. Am Beispiel von zwei Texten mit je drei Aufgabenstellungen wird gezeigt, wie man an eine Textaufgabe herangeht und sie erfolgreich löst.

Die Lernvideos beinhalten:

- **Schritt-für-Schritt-Anleitungen** zum richtigen Vorgehen in der Prüfung
- **Sachtext** und **literarischer Text** als Grundlage
- nützliche Hinweise zu **häufigen Operatoren** und **Zieltextsorten**

Die in den Videos behandelten Texte und Aufgaben sind im Kapitel „**Lernvideos zur Textaufgabe**" (V1 bis V6) abgedruckt. Hier können Sie sich schon einmal einen Eindruck verschaffen, worum es in den Videos geht.

Interaktive Aufgaben – „ActiveBook“

Im **ActiveBook „Basic Language Skills“** erhalten Sie Zugriff auf zahlreiche **interaktive Aufgaben** zu Grundlagen wie **Hörverstehen**, **Leseverstehen** und **Sprachverwendung im Kontext**. Dies sind ganz wichtige „Basics“, die Sie für eine gute Sprachbeherrschung brauchen.

Das ActiveBook „Basic Language Skills“ bietet Ihnen:

- „**Listening**“ – authentische Audiodateien mit vielfältigen Aufgaben, die Ihr Hörverstehen testen
- „**Reading**“ – abwechslungsreiche Lesetexte und dazugehörige Aufgaben
- „**English in Use**“ mit gemischten Aufgaben rund um den Gebrauch der englischen Sprache
- Alle Aufgaben sind interaktiv, d. h., Sie können sie direkt am PC oder Tablet bearbeiten und erhalten sofort eine Rückmeldung zu Ihren Antworten.

Web-App „MindCards“

Mit der Web-App „**MindCards**“ können Sie am Smartphone Vokabeln lernen. Auf diesen interaktiven Karteikarten finden Sie hilfreiche Wendungen, die Sie beim Schreiben von Texten oder im mündlichen Sprachgebrauch einsetzen können.
Scannen Sie einfach die QR-Codes oder verwenden Sie folgende Links, um zu den „MindCards“ zu gelangen:
https://www.stark-verlag.de/mindcards/writing-2
https://www.stark-verlag.de/mindcards/speaking-2

Writing

Speaking

Hinweise und Tipps zum Zentralabitur Englisch in Schleswig-Holstein

Die zentrale Abiturprüfung in Schleswig-Holstein

In Schleswig-Holstein findet die Abiturprüfung in den Kernfächern der Profiloberstufe in Form des Zentralabiturs statt. Das bedeutet, dass die Aufgaben einheitlich vom Bildungsministerium gestellt und jeweils am gleichen Tag und zur gleichen Zeit von allen Prüflingen bearbeitet werden. Dabei dürfen Sie als Prüfling zwischen zwei unterschiedlichen Aufgaben wählen, wobei ein literarischer und ein nicht literarischer Text zur Auswahl stehen, die sich je einem der beiden Themenkorridore *(African Americans* und *Science & Technology)* zuordnen lassen.
Neben der Textaufgabe müssen die Prüflinge eine Sprachmittlungsaufgabe (Mediation) bearbeiten. Hier haben Sie keine Auswahlmöglichkeit, es wird nur eine Sprachmittlungsaufgabe gestellt. Die **Sprechprüfung** bildet den dritten Teil Ihrer Prüfung.
Die Abiturvorbereitung im Englischunterricht stützt sich auf den Lehrplan Englisch, der wesentliche Unterrichtsinhalte und -methoden festlegt. Für die sechs Halbjahre der Oberstufe sind folgende, in ihrer Reihenfolge schulintern festgelegte **Themen** vorgeschrieben:

- Spracherwerb
- *English in action* (z. B. Reisen, Arbeit, Lernen)
- Regionale Identitäten (z. B. Demokratie, Einwanderung)
- Individuum und Gesellschaft (z. B. Geschlechterrollen, Lebenswege)
- Globalisierung und globale Herausforderungen (z. B. Umweltthemen, Technik)
- Kunst und Literatur

Im Zentralabitur gibt es vom Bildungsministerium festgelegte **Themenkorridore**, die die Prüfungsthemen für Sie eingrenzen. Für das **Abitur 2023** gelten folgende Themenkorridore, die innerhalb der oben genannten Kursthemen bearbeitet werden müssen:
African Americans: Free at Last? Equal at Last? und ***Science (Fiction) & Technology: Blessing or Curse?***

Thema I: *African Americans: Free at Last? Equal at Last?*

Die Geschichte sowie die aktuelle Situation der Afroamerikaner*innen bilden den Schwerpunkt dieses Themenkomplexes. Insbesondere amerikanische Ideale wie Einheit, Gleichheit und Brüderlichkeit werden vor dem Hintergrund der Frage behandelt, inwieweit diese im Sinne einer Gleichbehandlung verschiedener ethnischer Gruppen (noch) nicht erfüllt werden.
Hierzu gehören folgende Themenschwerpunkte:

- Historischer Überblick (u. a. Sklaverei, *Reconstruction Period*, Rassentrennung, *Civil Rights Movement*, *Black Power*)
- Aktuelle Situation der Afroamerikaner*innen

Als verbindliche Originallektüre wird Ernest J. Gaines' Roman *A Lesson Before Dying* (1993) gelesen sowie der Film *The Butler* (2013) behandelt.

Thema II: *Science (Fiction) & Technology: Blessing or Curse?*

Wissenschaftlicher Fortschritt und technologische Entwicklungen werden kritisch beleuchtet und vor allem der ethische Umgang mit den vorhandenen Möglichkeiten untersucht.
Folgende Themen stehen im Zentrum:

- Der Mensch und das Streben nach Wissen (historischer Rahmen, kulturelle Dimensionen, religiöse Anschauungen)
- Das Individuum im Spannungsfeld zwischen Wissenschaft, Politik und Wirtschaft
- Biotechnologien in Medizin, Landwirtschaft etc.
- Ethische Aspekte und gesellschaftliche sowie individuelle Ängste und Hoffnungen
- Literarische Utopien, Dystopien, Science-Fiction

Sicherlich sehen Sie, dass diese Themen nicht einem Halbjahresthema allein zuzuordnen sind, sondern in unterschiedlichsten Aspekten immer wiederkehren. Abgesehen von Ernest J. Gaines' Roman *A Lesson Before Dying* und dem Film *The Butler*, die verpflichtend im Unterricht behandelt werden müssen und zu denen Sie die wichtigsten Informationen noch einmal im Kapitel „**Kurzinterpretationen zu den Pflichtlektüren**“ nachschlagen können, gibt es keine vorgegebene, einheitliche Literaturliste, die Sie auf das Abitur vorbereitet. Deshalb sollten Sie sich, falls Sie es im Unterricht nicht schon getan haben, die gegebenen Inhalte umso genauer erarbeiten. Bei der Vertiefung und Wiederholung hilft Ihnen das Kapitel „**Basiswissen zu den Themenkorridoren**“ in diesem Band, das **Hintergrundwissen zu den Themenkorridoren** in englischer Sprache zusammenfasst.

Wie sieht eine Abiturprüfungsaufgabe aus?

Die Kultusministerkonferenz hat in den „Bildungsstandards für die Allgemeine Hochschulreife" die Form der Abiturprüfungsaufgaben für ganz Deutschland einheitlich festgelegt. Es werden aber nicht alle in den Bildungsstandards beschriebenen Aufgaben auch in jedem Bundesland eingesetzt; aus der großen Vielfalt der möglichen Aufgaben werden einige ausgewählt und in Rahmenrichtlinien für das jeweilige Bundesland festgelegt.
Die Abiturprüfungsaufgabe in Schleswig-Holstein besteht aus drei Teilen: der Mediation, der Schreibaufgabe und der Sprechprüfung.

Mediation (Sprachmittlung)

Ihnen werden ein oder zwei deutsche Ausgangstexte vorgelegt, deren Inhalt Sie unter Berücksichtigung spezifischer Vorgaben auf Englisch wiedergeben sollen. Sie erhalten dazu eine Aufgabenstellung, die sowohl den inhaltlichen Rahmen als auch das Zielpublikum des zu erstellenden fremdsprachigen Textes vorgibt. Als Richtwert gilt, dass ein Ausgangstext von etwa 650 Wörtern auf einen Aufsatz von circa 250 Wörtern komprimiert wird.

Textaufgabe (Schreiben)

Als **Textaufgabe** sind in den schleswig-holsteinischen Rahmenrichtlinien **zwei verschiedene Aufgabentypen** vorgesehen:

Aufgabentyp I (ausschließlich schriftliche Vorlagen)
- Literarische Texte (z. B. Gedichte, Liedtexte, Auszüge aus Romanen, Kurzgeschichten, Dramen)
- Sachtexte (z. B. journalistische Texte, Berichte, Essays)

Die vorgelegten Texte weisen in der Regel eine Länge von 650–800 Wörtern auf. Es können unter Umständen auch mehrere Texte vorgelegt werden, die zusammen ebenso zwischen 650 und 800 Wörter umfassen. Sollte Ihnen ein längerer Text vorgelegt werden, so wird die höhere Wortzahl durch eine geringere Textkomplexität, ausführlichere Wortangaben/Worterklärungen o. Ä. ausgeglichen.

Aufgabentyp II (schriftliche und nicht schriftliche Vorlagen)
Hier können neben schriftlichen Quellen auch audio-visuelle Produktionen und bildliche Darstellungen vorliegen. Dabei ist eine Verbindung mehrerer Vorlagen möglich, wobei die Vorlagen dann in der Regel auch thematisch verknüpft sind. Der Umfang der Texte ist bei diesem Aufgabentyp weniger streng geregelt, audio-visuelle Produktionen und Hörtexte dürfen nicht länger als fünf Minuten sein.

Die Materialien dienen als Grundlage für die Aufgabenstellung, die in der Regel aus drei Teilaufgaben besteht. Diese Teilaufgaben sind so gestaltet, dass sie die drei folgenden, in den Bildungsstandards näher beschriebenen Anforderungsbereiche abdecken.

Bei den Aufgaben im **Anforderungsbereich I** (Reproduktion/Textverstehen) sollen Sie darlegen, **was** im Text gesagt wird. Hier ist Ihr Leseverständnis gefragt. Manchmal muss auch nur ein Teilaspekt des Textes wiedergegeben werden. Im Anforderungsbereich I geht es um die Wiedergabe von Sachverhalten in Ihren eigenen Worten. Hier werden normalerweise keine Textbelege erwartet und vor allem keine Deutungen und Interpretationen. Typische Arbeitsaufträge (Operatoren) für Anforderungsbereich I sind die folgenden:

Arbeitsauftrag	**Definition**	**Beispiel**
brief	jemanden kurz über ein Thema informieren	*Brief the journalist about the incident.*
delineate	einen Sachverhalt ausführlich und verständlich darstellen	*Delineate the effects of the narrator's religious beliefs on her career.*
describe	eine genaue Beschreibung einer Person oder eines Sachverhalts anfertigen	*Describe her relationship to her sister.*
outline	die Hauptmerkmale oder wesentlichen Elemente eines bestimmten Sachverhalts wiedergeben	*Outline the Prime Minister's plan for the economic crisis.*
point out	die Hauptaspekte eines Sachverhaltes kurz und knapp aufzeigen	*Point out the author's arguments against the use of social media.*
portray	eine Person oder einen Sachverhalt präsentieren	*Portray the speaker.*
sketch	eine Person oder einen Sachverhalt in Grundzügen beschreiben	*Sketch the president's ideas as presented in the text.*
state	wesentliche Punkte nennen	*State the reasons that motivated Lena to apply for the job.*
summarise, sum up	eine Zusammenfassung einer Textvorlage erstellen, die wichtigsten Aussagen aus einem Text herausfiltern	*Summarise what happened on the day of the excerpt.*
verbalise	eine nicht schriftliche Vorlage verbalisieren	*Verbalise the immigration statistics.*

Die Aufgaben im **Anforderungsbereich II** (Reorganisation/Analyse) zielen dagegen darauf ab, darzustellen, **wie** die Textaussage vermittelt wird. Es kann z. B. nach der Struktur, nach der Textsorte (z. B. Zeitungsartikel) oder nach der Wirkung auf die Leser*innen gefragt werden. Hier sind Textzitate also meist zwingend erforderlich, um anhand von aussagekräftigen Beispielen zu belegen, wie ein bestimmter Effekt zustande kommt. Folgende Arbeitsaufträge sind denkbar:

Arbeitsauftrag	Definition	Beispiel
analyse, examine	eine detaillierte Analyse des Textes anfertigen	*Analyse the President's views on terrorism. Examine the author's use of language.*
characterise	eine Person oder einen Sachverhalt charakterisieren	*Characterise Peter's behaviour towards George.*
classify	etwas (begründet) klassifizieren, in Gruppen einteilen	*Classify the families according to their lifestyles.*
compare	vergleichen und dabei Parallelen bzw. Unterschiede herausstellen	*Compare X and Y's views on capital punishment.*
contrast	zwei Aspekte miteinander vergleichen, um herauszustellen, wie unterschiedlich sie sind	*Contrast the behaviour of the two main characters.*
explain	einen Sachverhalt unter Berücksichtigung seiner Ursachen erklären	*Explain Prospero's behaviour towards Miranda.*
illustrate	etwas anhand von Beispielen verdeutlichen	*Illustrate how the author manages to create suspense.*
interpret	die Aussage eines Textes, einer bildlichen Darstellung o. Ä. individuell deuten	*Interpret the message the author wishes to convey.*
hypothesise	über eine mögliche Erklärung für einen Sachverhalt spekulieren	*Hypothesise on reasons for the incident.*
organise	Argumente o. Ä. in eine bestimmte Ordnung bringen	*Organise the three main lines of the author's argumentation.*
relate	mehrere Sachverhalte miteinander in Verbindung bringen	*Relate the statistics to the interview.*
speculate	eine mögliche Erklärung vorschlagen	*Speculate on how the plot would have developed if the protagonists were girls.*

Bei den Aufgaben im **Anforderungsbereich III** (Werten/Gestalten) sind Sie **persönlich gefragt**. Hier wird entweder eine begründete Meinungsäußerung oder eine kreative Leistung gefordert. Diese kann beispielsweise darin bestehen, dass Sie einen Brief oder eine Rede verfassen oder dass Sie sich einen alternativen Schluss bzw. eine Fortsetzung zu einer Geschichte ausdenken.
Die Aufgaben beziehen sich auf den Prüfungstext bzw. die zugehörigen Materialien. Eventuell haben Sie für die dritte Teilaufgabe auch zwei Aufgaben zur Auswahl: eine, die sich auf das Material bezieht, und eine mit Rückbezug zum Thema insgesamt. Folgende Operatoren sind für diesen Anforderungsbereich typisch:

Arbeitsauftrag	Definition	Beispiel
assess	einen Sachverhalt durchleuchten, sich ein Urteil bilden	*Assess the influence of video games on children.*
comment on	die eigene Meinung darstellen und mit Argumenten belegen	*Comment on the author's view that biotechnology is a blessing.*
continue	einen vorhandenen Text ergänzen	*Continue the story with a special focus on Mark's possible reaction.*
discuss	Argumente gegenüberstellen und begründet Stellung beziehen	*Discuss the implications of global warming as presented in the text.*
elaborate	etwas ausführen, Informationen und Details zu einem Sachverhalt darstellen	*Elaborate on the reasons for his decision.*
evaluate	einen Sachverhalt beurteilen	*Evaluate the effectiveness of the measures against climate change.*
tell from sb's point of view	etwas aus der Sicht einer bestimmten Person wiedergeben	*Tell what happened at the party from Wanda's point of view.*
transform	eine Vorlage in etwas anderes umformen	*Transform the text into a scene from a play.*
write (+ text form)	einen Text nach textsortenspezifischen Vorgaben schreiben	*Write a letter to the editor.*

Sprechprüfung

Wenn Sie im Kernfach Englisch schriftlich Abitur machen, müssen Sie auch eine Sprechprüfung ablegen. Diese soll Ihre sprachlichen, kommunikativen und argumentativen Fähigkeiten überprüfen. Sie findet an einem gesonderten Termin und in der Regel in Zweiergruppen statt. Nur in Ausnahmefällen werden Dreiergruppen gebildet. Die Partner*innen werden einander zugelost. Die Prüfung dauert 20 Minuten, bei Dreierprüfungen entsprechend etwa 30 Minuten. Sie besteht aus zwei Teilen: einem monologischen und einem dialogischen Teil. Im monologischen Teil erhalten Sie einen Sprechimpuls, der durch Material gestützt werden kann (z. B. ein Zitat oder ein Bild), zu dem Sie fünf Minuten spontan frei sprechen sollen. Sie und Ihr*e Prüfungspartner*in erhalten unterschiedliches Material und sprechen nacheinander. Anschließend erhalten alle Prüflinge einen Sprechimpuls zu einem neuen Thema. Sie sollen nun gemeinsam einen zehnminütigen Dialog führen, in dem Sie Position zum Impuls beziehen, Argumente vorbringen und abwägen, sowie eine Einigung über den vorgegebenen Sachverhalt erzielen. Es sind keine Hilfsmittel zugelassen.
Achten Sie im Dialog darauf, dass Sie sachbezogen argumentieren und aufeinander eingehen. Ihre Redeanteile sollten in etwa ausgeglichen sein, es sollte also kein Prüfling das Gespräch dominieren – im Gegenteil wird es positiv vermerkt, wenn Sie Ihr Gegenüber ins Gespräch einbinden. In beiden Teilen der Prüfung ist es wichtig, dass Sie strukturiert und flüssig sprechen.
Die Inhalte der Sprechprüfung ergeben sich aus den Themenbereichen der Fachanforderungen Sekundarstufe II (vgl. die Lehrplanthemen auf S. I).

Mediation

Mit der Mediationsaufgabe sollen Sie nachweisen, dass Sie Informationen in einer vorgegebenen Situation und auf eine bestimmte Zielgruppe abgestimmt vom Deutschen ins Englische übermitteln können. Die Ausgangsinformation umfasst in der Regel maximal 650 Wörter und soll innerhalb von 60 Minuten auf ca. 250 Wörter komprimiert werden. Da die Übertragung in einen Kontext eingebunden ist, wird unter Umständen auch Ihr interkulturelles Wissen geprüft. Das Thema des Textes muss nicht den Themenkorridoren entsprechen und wird daher häufig aktuelle Probleme aus deutschen Medien aufgreifen.
Ihnen wird bei diesem Aufgabentyp nur eine Aufgabe gestellt. Sie haben hier also keine Wahlmöglichkeit. Als Hilfsmittel stehen Ihnen ein- und zweisprachige Wörterbücher zur Verfügung.
Im Idealfall lesen Sie den Text zweimal und markieren beim zweiten Lesen die für die Lösung der Aufgabe relevanten Textstellen. Wörter, deren englische Entsprechung Sie nicht kennen, sollten Sie nur dann nachschlagen, wenn Sie es für absolut notwendig erachten, sie in Ihren englischen Text zu übernehmen. Wichtig ist, dass Sie den Text nicht wörtlich übersetzen. Vielmehr sollen Sie die gefragten Informationen heraussuchen und neu strukturiert in der Fremdsprache wiedergeben. Die Aufgabe wird so gestellt sein, dass nicht alle im Text enthaltenen Informationen in Ihrer Lösung wiedergegeben werden müssen.

Leseverständnis

In Anforderungsbereich I wird Ihr Leseverstehen geprüft. Dabei sollen Sie – unter Beachtung der jeweiligen Aufgabenstellung – die wichtigsten Informationen zu einem Aspekt des Textes oder die Hauptaussage der Textvorlage herausarbeiten. In der Abiturprüfung geht es darum, zu überprüfen, ob Sie den Text verstanden haben und in der Lage sind, ihn in eigenen Worten adäquat wiederzugeben. Erfahrungsgemäß wird der Arbeitsauftrag so formuliert sein, dass Sie sich in Ihrer Lösung auf einen bestimmten Aspekt des Ausgangstextes konzentrieren müssen. Es ist möglich, dass die Aufgabe in einen situativen Zusammenhang gestellt wird, der auch Ihre stilistischen und kreativen Fähigkeiten fordert. So kann es beispielsweise sein, dass Sie die Handlung aus der Sicht einer bestimmten Figur in einer E-Mail wiedergeben oder mithilfe der Informationen im Text den Lebenslauf einer Person oder den Klappentext eines Buches verfassen sollen.
Beim Anfertigen eines solchen Textes gilt es, einige Regeln zu beachten:

- Werden Sie sich zunächst über die geforderte Textsorte klar. Handelt es sich um eine E-Mail unter Gleichaltrigen oder eine Meldung aus der Tageszeitung? Passen Sie Stil und Wortwahl entsprechend an.
- Arbeiten Sie die für die Aufgabenstellung relevanten Informationen heraus und strukturieren Sie diese.

- Fügen Sie eigene Ideen oder Hintergrundinformationen nur hinzu, wenn die Aufgabenstellung es von Ihnen fordert – beispielsweise weil sonst zu große inhaltliche Leerstellen in Ihrem Text entstünden. So müssen Sie selbstverständlich Hintergrundinformationen über die Person, die einen persönlichen Brief an die Hauptfigur schreibt, erfinden, wenn diese im Text selbst nicht vorkommen.
- Benutzen Sie Ihre eigenen Worte und vermeiden Sie Zitate.

Analyse eines Sachverhalts

Für diesen Teilbereich Ihrer Arbeit gibt es eine wesentlich größere Auswahl an Aufgabenstellungen als für den Bereich des Leseverständnisses. Dennoch finden sich auch für diesen Teil der Arbeit einige Regeln, die es zu beachten gilt:

- Markieren Sie zur Beantwortung der Frage relevante Textstellen. Dies vereinfacht den Umgang mit dem Text und spart Ihnen Zeit.
- Beginnen Sie Ihre Antwort, indem Sie die Frage umformulieren, um so sicherzustellen, dass Sie sie richtig verstanden haben.
- Benutzen Sie soweit möglich Ihre eigenen Worte, ohne dabei auf die Schlüsselbegriffe aus dem Text zu verzichten. Fügen Sie gegebenenfalls kurze Zitate an, um Ihre Ausführungen zu illustrieren. Dabei kommen Ihnen im Hinblick auf den Textzugriff wiederum die Textmarkierungen zugute.
- Schreiben Sie im *present tense*.
- Fügen Sie keine Informationen hinzu, die nicht aus dem Text hervorgehen, außer Sie werden in der Aufgabenstellung ausdrücklich dazu aufgefordert.
- Wird eine bestimmte Textsorte von Ihnen gefordert, passen Sie Stil und Wortwahl entsprechend an.

Mögliche Aufgabenstellungen wären:

- *Explain the dramatic development in the text.*
- *Analyse the author's attitude towards this trend.*
- *Examine the strategies the activists employ to influence the customers and the way the author presents these strategies.* (vgl. S. 2019-19)

Persönliche Stellungnahme

Anforderungsbereich III verlangt von Ihnen, dass Sie einen Sachverhalt bewerten oder diskutieren. In der Regel geschieht dies eingebettet in einen thematischen Kontext, wie z. B. eine politische Rede, einen Blog-Eintrag oder einen Brief. Ihre Argumentation muss daher auf jeden Fall in sich schlüssig, aber auch inhaltlich nachvollziehbar sein und sich eindeutig auf den vorgegebenen Kontext beziehen. Es geht in der Prüfung nicht darum, Ihre persönliche Meinung zu bewerten, sondern Ihre Argumentation und die Art, wie Sie zu Ihrem Urteil gelangen.

- Werden Sie sich zuerst über die geforderte Textsorte klar und passen Sie den Stil Ihres Textes daran an.
- Stellen Sie Ihre Argumente und mögliche Gegenargumente einander gegenüber und entkräften Sie die Gegenargumente.

- Finden Sie eine sinnvolle Struktur für Ihren Text, beachten Sie dabei unbedingt die geforderte Textsorte. Im Folgenden finden Sie Beispiele für eine mögliche Struktur, die Sie an die jeweilige Aufgabenstellung anpassen müssen:
  1. a) Schreiben Sie eine Einleitung, in der Sie Ihre eigene Meinung darstellen.
     b) Liefern Sie die Argumente, die Ihrer Meinung zuträglich sind *(pros)*.
     c) Nennen Sie Gegenargumente *(cons)* und entkräften Sie diese.
     d) Ziehen Sie Ihre Schlussfolgerung *(evaluation of pros and cons; opinion repeated)*.
  2. a) Schreiben Sie eine Einleitung, in der Sie Ihre eigene Meinung darstellen.
     b) Nennen Sie Ihrer Meinung entgegenstehende Argumente *(cons)*.
     c) Stellen Sie Argumente für Ihre eigene Meinung *(pros)* dar und entkräften Sie damit die zuvor genannten Gegenargumente.
     d) Ziehen Sie Ihre Schlussfolgerung *(evaluation of pros and cons; opinion repeated)*.
  3. a) Schreiben Sie eine Einleitung, in der Sie Ihre eigene Meinung darstellen.
     b) Stellen Sie Argumente und Gegenargumente einander gegenüber.
     c) Ziehen Sie Ihre Schlussfolgerung *(evaluation of pros and cons; opinion repeated)*.

Machen Sie Absätze zwischen Sinnzusammenhängen, um das Lesen zu vereinfachen. Außerdem zeigen Sie so, dass Sie in der Lage sind, Ihren Text zu strukturieren.
Beispiel für eine mögliche Aufgabenstellung:
Your school's science club is running a blog on genetic engineering. The article motivates you to discuss the consequences of green biotechnology on ecosystems, agriculture and food consumption in a new entry entitled "Benefits and Drawbacks of Genetic Engineering". Using the article as a starting point, write the blog entry. Include your background knowledge. (vgl. S. 2021-34)

Kreativ-produktive Aufgabe

Der kreativ-produktive Aufgabentyp kann Ihnen in allen drei Anforderungsbereichen begegnen. Am häufigsten jedoch wird dies im Anforderungsbereich III der Fall sein, da Sie in dieser Aufgabenart kreativ mit den Informationen aus dem Text umgehen müssen. Dies kann bedeuten, dass Sie ein alternatives Ende zu einer Geschichte, einen Tagebucheintrag oder Ähnliches entwerfen müssen. Bemühen Sie sich, glaubwürdig zu erscheinen. Das können Sie nur erreichen, wenn Sie sich in die Person bzw. Situation hineinversetzen. Dabei sollten Sie sich auf einem der Situation angemessenen Sprachniveau bewegen. Sollen Sie eine Fortsetzung zu einem literarischen Text schreiben, versuchen Sie sich – was Stil und Erzählperspektive angeht – am Orginal zu orientieren. Kommt im Text z. B. häufig wörtliche Rede vor, so bauen Sie diese ebenfalls in Ihren Text ein. Nutzen Sie Ihre Möglichkeiten, seien Sie kreativ.
Beispiel für eine mögliche Aufgabenstellung:
Using your background knowledge, write an ending to the short story, set in the late 1950s, in which the narrator remembers the school inspector's visit. (vgl. S. 2019-5)

Bewertung der Prüfungsarbeit

Ihre fertige Prüfungsarbeit wird zum einen nach inhaltlichen, zum anderen nach sprachlichen Kriterien bewertet. Bei der **inhaltlichen** Bewertung wird untersucht, inwieweit Sie den Text verstanden und die Aufgabenstellung erfüllt haben. Außerdem wird beurteilt, ob Sie Ihr Vorwissen adäquat eingebracht haben und ob Ihre Argumentation schlüssig ist. Der Inhalt jeder Teilaufgabe wird zunächst einzeln benotet, anschließend wird die Gesamtnote errechnet. Was Ihre **sprachliche Leistung** angeht, fließen folgende Kriterien in die Bewertung ein:

- Ist der Text logisch und übersichtlich?
  Werden *connectives* (vgl. S. XI/XII) verwendet?
- Ist die Wortwahl stilistisch angemessen?
- Werden die Regeln für die jeweilige Textsorte erfüllt?
- Ist die Syntax grammatikalisch richtig und abwechslungsreich?
- Beherrscht der Prüfling die Grundregeln der englischen Grammatik?
- Wie umfangreich ist der Wortschatz?
- Werden die orthografischen Regeln befolgt?

Bei der Ermittlung der Note wird Ihren sprachlichen Fähigkeiten mit 60 % ein höheres Gewicht beigemessen als dem Inhalt Ihrer Arbeit (40 %) – durchaus nachvollziehbar, da Sie ja am Ende Ihrer Schulkarriere vor allem nachweisen sollen, dass Sie die englische Sprache beherrschen. Leichte inhaltliche Schwächen Ihrer Arbeit können Sie also durch einen guten Stil wieder ausgleichen. Auf der anderen Seite machen Ihre inhaltlichen Aussagen mit 40 % immer noch einen großen Teil der Gesamtnote aus, sodass Sie trotz stilistischer Schwächen eine gute Note erreichen können, wenn Sie inhaltlich sehr sorgfältig arbeiten.

Die Gesamtnote für Ihre Klausur wird aus den Noten für die Mediation, die Textaufgabe und die Sprechprüfung gebildet. Die Note für die Textaufgabe macht dabei 55 %, die Note für die Mediation 25 % und die für die Sprechprüfung 20 % Ihrer Endnote aus.

Praktische Tipps zur Vorbereitung

Wie Sie im vorhergehenden Abschnitt feststellen konnten, geht die sprachliche Qualität Ihrer Arbeit im Vergleich zur inhaltlichen stärker in die Gesamtnote ein. Daher ist es sehr wichtig, dass Sie nicht nur über das oben genannte Grundwissen in Bezug auf die Prüfungsthemen verfügen, sondern sich vor allem einen flüssigen Stil und ein möglichst umfangreiches Vokabular aneignen – denn mit einer guten Teilnote im sprachlichen Bereich haben Sie schon den größten Teil der Gesamtnote in der Tasche.
Nehmen Sie sich also Ihre bisherigen Klausuren und Hausaufgaben vor, die Ihre Lehrkraft korrigiert hat, und analysieren Sie Ihre persönlichen Stärken und Schwächen: Gibt es Fehler, die immer wieder auftauchen? Welche Strukturen bereiten Ihnen Probleme? Wenn Sie Ihre persönlichen Problemfelder ermittelt haben, konzentrieren Sie sich darauf, diese Strukturen gezielt zu üben, bis Sie sie sicher beherrschen.

Wenn Sie rechtzeitig mit dieser Analyse anfangen, können Sie Ihren persönlichen Fortschritt anhand der Klausuren vor dem Abitur kontrollieren.
Erfahrungsgemäß sind es oft die gleichen Strukturen, die Schülerinnen und Schülern Probleme bereiten. Häufige, leicht zu vermeidende Fehlerquellen sind z. B.:

- ***conditional clauses:*** Besonders in Aufgaben, in denen Sie sich in eine Situation hineinversetzen müssen, werden Sie mit Bedingungssätzen konfrontiert werden *(Speculate on what Miranda would have done if her parents had told her the truth. – What would you do if you were the narrator's mother?).* Rufen Sie sich noch einmal ins Gedächtnis, welche Zeitformen im Hauptsatz und welche im Nebensatz verwendet werden.
- ***reported speech:*** Diese Struktur taucht z. B. in Zusammenfassungen und Analysen auf, wenn Sie die Aussagen eines Redners/einer Rednerin wiedergeben sollen. Achten Sie darauf, ob Sie in Ihrem Text *present tense* oder *past tense* verwenden – während Sie im ersten Fall die Zeitformen der Verben aus der direkten Rede einfach übernehmen können, müssen Sie sie im zweiten Fall in der indirekten Rede anpassen.
- ***past tense/present perfect:*** Diese vermeintliche Hürde können Sie leicht überwinden, indem Sie sich diese Regel merken: Wenn Sie Ereignisse beschreiben, die zu einem eindeutig in der Vergangenheit liegenden Zeitpunkt stattfanden, verwenden Sie das *past tense ("Miranda* ***became*** *very angry when she found out about her parents' secret. The two protagonists* ***met*** *when they were 16 years old.").*
  Dagegen verwenden Sie das *present perfect*, wenn Sie Handlungen oder Zustände beschreiben, deren genauer Zeitpunkt keine Rolle spielt und sich auch nicht aus dem Kontext erkennen lässt *("Ed Sheeran* ***has given*** *a lot of interviews during his career.").* Denken Sie auch an die Signalwörter für das *present perfect* wie z. B. *always, never, ever, since* und *for*, die ausdrücken, dass ein Zustand bis an die Gegenwart heranreicht. *("They* ***have known*** *each other since they were children."* bedeutet, dass die benannten Personen sich auch heute noch kennen.)

Neben der grammatikalischen Korrektheit Ihres Textes sollten Sie auch daran arbeiten, einen möglichst flüssigen Stil zu entwickeln. Statt Ihre Gedanken einfach mit *and, but* oder *because* aneinanderzureihen, sollten Sie Ihre Argumente mithilfe einer größeren Anzahl von verknüpfenden Ausdrücken, sogenannten ***connectives***, strukturieren. Beim Lesen kann man Ihrer Ideenführung so leichter folgen und Ihre Argumentation nachvollziehen. In der folgenden Tabelle sind einige solche Ausdrücke aufgeführt, die Sie auf jeden Fall kennen sollten:

Funktion	**Satzverknüpfungen**	**Beispiele**
Aufzählung	*First(ly), ...; second(ly), ...; third(ly), ...*	*There are three reasons for my behaviour towards him: Firstly, I do not like his haircut. Secondly, I hate his clothes. Thirdly, he is completely unorganised.*
	Finally, .../Lastly, ...	*And finally, his constant whistling makes me crazy!*
	Additionally, .../In addition .../Furthermore, ...	*Additionally, his flat is a mess!*

Gegensatz	*On the one hand, ..., on the other (hand), ...* *Nevertheless, .../However, ...* *Although ...* *In spite of .../Despite ...*	*On the one hand, I would love to have a dog, but on the other, I am allergic to fur.* *We could buy a fish tank, however.* *Although everyone played well, the German team lost the match.* *She opened the trapdoor in spite of/ despite her fears.*
Kausal-zusammenhang	*As a consequence, .../ Consequently, .../As a result, ...* *Therefore, .../Thus, ...*	*Annie is allergic to dairy products. As a consequence, she can only eat dairy-free ice cream.* *You are only 14. Therefore, you are not allowed to drink alcohol.*
Schluss-folgerung	*In conclusion, ...* *To sum up, .../ In short, ...*	*In conclusion, smoking should be forbidden in the classroom.* *To sum up, the dangers of water skiing are too grave to be ignored.*

Vorbereitung auf die Sprechprüfung

Auch der Sprechteil Ihrer Abiturprüfung lässt sich am besten langfristig vorbereiten. Versuchen Sie, auch vor der eigentlichen Prüfungssituation Sprechanlässe zu schaffen, indem Sie zum Beispiel mit einem Klassenkameraden oder einer Klassenkameradin englische Gespräche zu verschiedenen Themen der Fachanforderungen der Sekundarstufe II führen. Diese Themen finden Sie auf Seite I dieses Hinweiskapitels.
Natürlich können Sie gerade den monologischen Teil der Sprechprüfung auch alleine vorbereiten, aber Sie werden sehen, wie viel Sicherheit und Selbstbewusstsein es bringen kann, auch vor anderen möglichst natürlich die Fremdsprache zu benutzen. Anregungen hierzu können die Übungsaufgaben zur Sprechprüfung in diesem Band bieten. Zeichnen Sie Ihre Gespräche wenn möglich auf, sodass Sie sich anschließend noch einmal in Ruhe damit auseinandersetzen können, was Sie gut gemacht haben und wo noch Verbesserungsbedarf besteht:

- Ist das, was wir sagen, inhaltlich schlüssig?
- Gehen wir aufeinander ein, d. h., ist unsere Gesprächsführung kooperativ und ausgewogen?
- Benutzen wir passendes Vokabular und *connectives* (z. B. *however, on the one hand, on the other hand, because, consequently, ...*), um unsere Aussagen sinnvoll zu verknüpfen und zu gliedern?

Neben den oben genannten Satzverknüpfungen, die Sie auch in Ihrem monologischen Vortrag bzw. in der Diskussion verwenden können, können auch folgende Ausdrücke Ihnen bei einer strukturierten Gesprächsführung helfen:

Gesprächsabsicht	Beispiele
(die eigene) Meinung äußern	*... is excellent/extraordinary/outstanding/very special.* *Actually, I think that ...* *After all, .../I mean ...* *Apparently, .../Obviously, .../Evidently, ...* *As far as I am concerned, ...* *As far as I know ...* *I am convinced ...* *I assume ...* *I believe ...* *I must admit that ...* *I really think that ...* *I suppose ...* *I would like to point out that ...* *If you ask me, ...* *In my opinion/view, ...* *It is obvious that ...* *(Personally,) I think ...* *To be honest, ...* *To my astonishment/surprise/disappointment, ...* *To my mind, ...*
(andere) Meinungen erfragen	*How about ...?* *What do you think (about ...)?* *What is your opinion?* *Which one do you think would ...?* *Why do you think so?* *Wouldn't you say that ...?/Don't you think that ...?*
Vorschläge machen	*I suggest ...* *My (first) choice would be ...* *Personally, I would go for ...* *We should take into consideration that ...*
widersprechen	*I understand what you mean, but ...* *I'm afraid I don't agree with you (at all).* *I'm afraid we'll have to agree to differ!* *I'm not sure I agree with you/that notion.* *It's all right if you prefer ..., but I ...* *You may be right, but I still think ...*
zustimmen	*I couldn't agree more.* *I (entirely) agree with that view/you.* *That's a good point/idea.* *(Yes,) that's what I think too.*

Sowohl auf die Sprechprüfung als auch auf die schriftliche Prüfung können Sie sich auch mithilfe der „**MindCards**" vorbereiten. Diese digitalen Karteikarten trainieren hilfreiche Wendungen für verschiedene Gesprächssituationen bzw. Textsorten. Auf den Farbseiten vorne im Buch und in den „Hinweisen zu den digitalen Zusätzen" finden Sie QR-Codes und Links, mit denen Sie schnell und einfach zu den „MindCards" gelangen.

Inhaltliche Vorbereitung

Bei der inhaltlichen Vorbereitung auf die Abiturprüfung sollten Sie sich weder mit zu viel historischem Detailwissen (wie beispielsweise Jahreszahlen) noch mit ausführlichen Inhaltsangaben und Interpretationsansätzen für die im Unterricht behandelte Literatur belasten. Schließlich geht es im Abitur nicht darum, zu prüfen, ob Sie Sachwissen reproduzieren können, und die Literatur, die Sie gelesen haben, wird Ihnen am meisten helfen, wenn Sie deren grundsätzliche Ideen und Interpretationsansätze verstanden haben und gegebenenfalls in die Beantwortung einer Frage einbringen können.

Ihre schriftliche Abiturprüfung wird darin bestehen, dass Sie mit unbekanntem Material konfrontiert werden, das Sie sich mithilfe der im Unterricht geübten Methoden und des erarbeiteten Vorwissens erschließen sollen.

Daher sollten Sie sich folgendermaßen auf die Prüfung vorbereiten:

- Gehen Sie die inhaltlichen Hinweise zu den Schwerpunktthemen für Ihren Abiturjahrgang durch, die Sie am Anfang dieses Buches (vgl. S. II) finden. Stellen Sie sicher, dass Sie wissen, was sich hinter jedem Stichwort verbirgt – so können Sie ausschließen, dass Sie sich durch Missverständnisse inhaltliche Fehler einhandeln.
- Beschäftigen Sie sich noch einmal mit den literarischen und nicht literarischen Texten, die im Unterricht behandelt wurden. Möglicherweise werden Sie in der Abiturprüfung aufgefordert, ein in der Aufgabenstellung beschriebenes Problem mit einem Ihnen bekannten Text oder Film zu vergleichen. Dafür ist es vorteilhaft, wenn Ihnen der Inhalt und die Namen der zentralen Figuren geläufig sind, um Unklarheiten zu vermeiden. Auch die Namen der Verfasser*innen von literarischen Werken sollten Sie sich einprägen.
- Fertigen Sie in diesem Zusammenhang Listen mit nützlichen Vokabeln zu beiden Themenkorridoren an. Sie haben dabei den Vorteil, dass die Wörter Ihnen nicht isoliert, sondern im Kontext begegnen, sodass Sie sich ihre Bedeutung leichter merken können.

Das Anfertigen der schriftlichen Prüfungsarbeit

Zu Beginn der schriftlichen Abiturprüfung werden Ihnen eine Aufgabe zum Teilbereich „Sprachmittlung“ sowie zwei Aufgabenvorschläge zum Teilbereich „Schreiben“ vorgelegt. Sie haben bis zu 15 Minuten Zeit, um sich für einen der Aufgabenvorschläge zu entscheiden, wobei Sie zwischen den Themenkorridoren oder der Textsorte (literarisch oder Sachtext) wählen können. Bei der (nicht korridorgebundenen) Sprachmittlung besteht keine Auswahlmöglichkeit. Anschließend haben Sie 270 Minuten Zeit, Ihre Lösungen zu erstellen, wobei für die Bearbeitung der Aufgabe zur Sprachmittlung 60 Minuten und für die Schreibaufgabe 210 Minuten vorgesehen sind. Es steht Ihnen aber frei, die Reihenfolge und Zeitplanung individuell festzulegen.

Als **Hilfsmittel** wird Ihnen sowohl ein einsprachiges englisches Wörterbuch als auch ein zweisprachiges deutsch-englisches Wörterbuch zur Verfügung gestellt. Betrachten Sie letzteres als eine Art Sicherungsnetz, das Sie auffängt, wenn Ihnen einfach

kein passender Ausdruck einfallen will und Sie nicht weiterkommen. Ruhen Sie sich aber nicht auf der Gewissheit aus, dass Sie fehlende Wörter nachschlagen können – Sie verschwenden damit kostbare Arbeitszeit. Investieren Sie also lieber vorher etwas Zeit und lernen Sie die Vokabeln, die Ihnen im Unterricht begegnet sind.
Zeitplanung ist ohnehin ein wichtiger Faktor: Wenn Sie die Aufgabenvorschläge erhalten haben, lesen Sie im Bereich der Textaufgabe zunächst die erste Textvorlage zügig durch, ohne Vokabeln nachzuschlagen oder Notizen zu machen. Lesen Sie anschließend die Aufgabenstellung und stellen Sie sicher, dass Sie sie verstehen. Dann wenden Sie die gleiche Vorgehensweise auf die zweite Textvorlage an. Entscheiden Sie dann recht zügig, welche Textvorlage und welche Aufgabenstellungen Ihnen aufgrund Ihres Vorwissens oder Ihrer methodischen Fähigkeiten mehr liegen. Wenn Ihnen die Entscheidung schwerfällt, ist das wahrscheinlich ein Hinweis darauf, dass Sie beide Aufgaben ungefähr gleich gut lösen können – werden Sie also nicht nervös, sondern versuchen Sie, spontan eine Aufgabe auszuwählen.
Anschließend sollten Sie sich einen groben Zeitplan für die Bearbeitung machen. Dabei können Ihnen diese Grundregeln helfen:

- Planen Sie am Ende der Arbeitszeit eine Korrekturphase ein. Erstens wird Ihnen dann die Situation erspart bleiben, dass Sie mitten in der letzten Aufgabe abbrechen müssen, weil Ihnen die Zeit davongelaufen ist, und zweitens können Sie die sprachliche Qualität Ihrer Arbeit deutlich verbessern, wenn Sie sie noch einmal durchlesen und korrigieren.
- Legen Sie fest, wie viel Zeit Sie für jede Aufgabe verwenden wollen. Dabei können Sie sich an der Gewichtung der Aufgaben zueinander orientieren: Für eine Aufgabe des Anforderungsbereichs I, die möglicherweise nur zu 20 % zur inhaltlichen Gesamtnote beiträgt, müssen Sie höchstwahrscheinlich weniger Zeit aufwenden als für einen Leitartikel oder eine sprachliche Analyse, die 30 oder 40 % ausmachen.

Wenn Ihre Zeitplanung steht, können Sie sich an die **Konzeptarbeit** machen. Lesen Sie die Teilaufgaben und die Textvorlage diesmal sorgfältig durch und markieren Sie wichtige Textpassagen. Vielleicht verwenden Sie für die unterschiedlichen Teilaufgaben verschiedene Farben oder Symbole? Versuchen Sie, bis zur Abiturprüfung eine Methode zu entwickeln, die zu Ihnen passt.
Notieren Sie sich anschließend die Punkte, die Sie erwähnen wollen, in Stichworten und ordnen Sie sie in der Reihenfolge, in der sie später in Ihrem Text vorkommen sollen (beispielsweise als Punkte in einer Zusammenfassung oder als Argumente in einem Kommentar). Indem Sie jetzt schon den Verlauf Ihrer Argumentation festlegen, stellen Sie sicher, dass Ihr fertiger Text übersichtlich strukturiert und logisch nachvollziehbar sein wird. Außerdem entfällt bei der Korrektur so die (manchmal recht langwierige) Suche nach Absätzen, die Sie nachträglich mit Sternchen eingefügt haben. Der gute erste Eindruck, den eine übersichtlich strukturierte Arbeit schon zu Beginn der Korrektur macht, kann für Sie nur von Vorteil sein.
Außerdem sollten Sie darauf achten, dass Sie sauber und gut leserlich schreiben. Eine undeutliche Handschrift kann sich leicht negativ auf die Beurteilung der Rechtschreibung auswirken.

Und zum Schluss noch ein Tipp: Fertigen Sie keine komplette „Vorschrift“ an, die Sie anschließend in Reinschrift übertragen, denn auch hiermit würden Sie wertvolle Zeit vergeuden, die Sie zum Nachdenken oder zur Korrektur besser nutzen können.

Zum Gebrauch dieses Buches

Dieser Band enthält die **Original-Aufgaben** des Zentralabiturs **2018 bis 2022** (2022 online auf MyStark). Mithilfe dieser können Sie sich einen Eindruck von „echten“ Prüfungsaufgaben verschaffen. Falls Sie nicht sicher sind, ob Sie die Aufgabenstellung richtig verstehen, gibt es zu jeder Teilaufgabe zusätzliche **Hinweise und Tipps**, die Ihnen bei der Bearbeitung helfen sollen. Außerdem finden Sie zu jeder Aufgabe auch eine **Musterlösung**, mit der Sie Ihre Texte vergleichen können. Selbstverständlich müssen Sie nicht genau das schreiben, was in der Musterlösung genannt wird. Sie können daran aber sehen, welche inhaltlichen Aspekte Sie vielleicht noch hätten erwähnen können oder welche Formulierungen Ihnen noch unbekannt sind. Lassen Sie sich also von den Musterlösungen nicht verunsichern. Auch mit einer geringeren Anzahl an Aspekten, die Sie sinnvoll strukturiert haben, oder einfacheren, aber korrekten Formulierungen können Sie eine sehr gute Leistung erreichen. Nutzen Sie die Musterlösungen stattdessen als Anregungen für Ihre Vokabel- oder Konzeptarbeit.
Auf den Prüfungsteil **Sprechen** können Sie sich mithilfe eigens für diesen Band entwickelter **Übungsaufgaben** vorbereiten. Diese zeigen Ihnen unterschiedliches Impulsmaterial und mögliche Aufgabenstellungen.
Die **Kurzinterpretationen zu den Pflichtlektürewerken**, das **Basiswissen** zu den Themenkorridoren 2023 und die **Kurzgrammatik**, die Sie ebenfalls als PDF auf MyStark finden, unterstützen Ihre Vorbereitung inhaltlich und sprachlich.

Lernvideos zur Textaufgabe
Step-by-Step – Textaufgaben bearbeiten

Es gibt Aufgabenstellungen, die in Englischprüfungen immer wieder auftauchen. Grundlage für diese Aufgabenstellungen sind sogenannte **Operatoren** wie „describe“, „analyse“, „comment on“ und viele mehr. Auch wenn sich die Aufgabenstellung für die Textarbeit im Detail je nach Text unterscheidet, bleibt die grundsätzliche Vorgehensweise bei den jeweiligen Operatoren gleich.

In den Videos auf der Plattform **MyStark** (Zugangscode vgl. Farbseiten) erklären wir Ihnen, wie Sie bei den wichtigsten Operatoren in Textaufgaben vorgehen müssen. Außerdem erfahren Sie etwas zu häufigen **Zieltextformaten** wie Leserbriefen, Blogeinträgen und Reden.

TIPP

Lesen Sie die Aufgaben und die dazugehörigen Texte, **bevor Sie sich die Videos ansehen**! Sie können auch schon überlegen, wie Sie selbst bei der Aufgabenstellung vorgehen würden und welche inhaltlichen Aspekte für die Lösung interessant wären – und im Anschluss Ihre Lösung/Vorgehensweise mit den Videos vergleichen. Viel Spaß!

Ausgangstext: *newspaper article*
Operatoren: *outline, analyse, write*
Themen: *social media, the impact of the media on society*
Zieltextformate: *letter to the editor, blog entry, speech*

Aufgabenstellung

1. **Outline** the author's view on social media. *(Video 1)*
2. **Analyse** the means he uses to convey his attitude and the effect they have on the reader. *(Video 2)*
3. **Write** a **letter to the editor/blog entry/speech** expressing your own opinion on the chances and dangers of social media. *(Video 3)*

Text: "I used to think social media was a force for good. Now the evidence says I was wrong" by Matt Haig

More and more, it's clear these platforms create divisions, exploit our insecurities and risk our health. They're as bad as the tobacco industry.

I used to think social media was essentially a force for good, whether it was to initiate the Arab spring[1] of 2011, or simply as a useful tool for bringing together like-minded people to share videos of ninja cats. Having spent a lot of time thinking about mental health, I even saw social media's much-maligned potential for anonymity as a good thing, helping people to open up about problems when they might not feel able to do so in that physical space we still quaintly call real life. […]

Yes, I would occasionally feel that maybe staring at my Twitter feed near-continuously for seven hours wasn't that healthy […]. Yes, I'd see articles warning of the dangers of excessive internet use, but I dismissed these as traditional, reactionary takes. I saw social media naysayers as the first reviewers of Technicolor movies, who felt the colour distracted from the story, or were like the people who walked out on Bob Dylan at Newport folk festival for playing an electric guitar, or like those who warned that radio or TV or video games or miniskirts, or hip-hop or selfies or fidget spinners[2] or whatever, would lead to the end of civilisation. […]

Then I started the research for a book I am writing on how the external world affects our mental health. I wanted to acknowledge the downsides of social media, but to argue that far from being a force for ill, it offers a safe place where the insanities of life elsewhere can be processed and articulated.

But the deeper into the research I went, the harder it was to sustain this argument.

Even the internet activist and former Google employee Wael Ghonim – one of the initiators of the Arab spring and one-time poster boy for internet-inspired revolution – who once saw social media as a social cure – now saw it as a negative force. […]: "The same tool that united us to topple dictators eventually tore us apart." Ghonim saw social media polarising people into angry opposing camps – army supporters and Islamists – leaving centrists such as himself stuck in the middle, powerless.

And this isn't just politics. It's health too. A survey conducted by the Royal Society of Public Health asked 1,500 young people to keep track of their moods while on the five most popular social media sites. Instagram and Snapchat came out worst, often inspiring feelings of inadequacy, anxiety and self-loathing. […]

Kurt Vonnegut[3] said: "We are what we pretend to be, so we must be careful who we pretend to be." This seems especially true now we have reached a new stage of marketing where we are not just consumers, but also the thing consumed. If you have friends you only ever talk to on Facebook, your entire relationship with them is framed by commerce. When we willingly choose to become unpaid content providers, we commercialise ourselves. And we are encouraged to be obsessed with numbers (of followers, messages, comments, retweets, favourites), as if operating in a kind of friend economy, an emotional stock market where the stock is ourselves and where we are encouraged to weigh our worth against others.

Of course, humans comparing themselves to others isn't new. But when the others are every human on the internet, people end up comparing themselves – their looks, their relationships, their wealth, their lives – to the carefully filtered lives of people they would never meet in the real world – and feeling inadequate.

Reading first-hand accounts by people with bulimia and anorexia who are convinced that social media exacerbated or even triggered their illnesses, I began to realise something: this situation is not the equivalent of Bob Dylan's electric guitar. It is closer to the tobacco or fast-food industries, where vested interests deny the existence of blatant problems that were not there before. […]

We are traditionally far better at realising risks to physical health than to mental health, even when they are interrelated. If we can accept that our physical health can be shaped by society – by secondhand smoke or a bad diet – then we must accept that our mental health can be too. And as our social spaces increasingly become digital spaces, we need to look seriously and urgently at how these new, business-owned societies are affecting our minds. We must try to see how the rising mental health crisis may be related to the way people are living and interacting.

Facebook's Mark Zuckerberg says that "by giving people the power to share, we're making the world more transparent". But what we really need to do is make social media transparent.

Of course, we won't stop using it – I certainly won't – but precisely for that reason we need to know more about what it is doing to us. To our politics, to our health, to the future generation, and to the world around us. We need to ensure we are still the ones using the technology – and that the technology isn't using us. (842 words)

From: Matt Haig: "I used to think social media was a force for good. Now the evidence says I was wrong", https://www.theguardian.com/commentisfree/2017/sep/06/social-media-good-evidence-platforms-insecurities-health, 06.09.2017, Copyright Guardian News & Media Ltd 2020

1 *Arab spring:* series of protests and rebellions against authoritarian regimes, e.g. in Tunisia, Egypt and Libya
2 *fidget spinner:* a popular toy
3 *Kurt Vonnegut:* famous American writer (1922–2007)

Ausgangstext: *extract from a novel*
Operatoren: *describe, characterise, discuss*
Themen: *ethnic minorities in the US, police violence*

Aufgabenstellung

1. **Describe** the night of the shooting as it is presented in the interview and as Starr remembers it. *(Video 1)*
2. **Characterise** the police officer as he is presented in this extract. Take the narrative perspective into account. *(Video 2)*
3. "'His life always matters more!' […] 'That's the problem!'" (ll. 82/83) **Discuss** the statement referring to the general situation of African Americans in the US. *(Video 3)*

Text:
The Hate U Give by Angie Thomas (extract from the novel)

Starr, who lives in the fictional, Black neighborhood of Garden Heights, is the only witness of a police shooting in which her childhood friend Khalil got killed. She goes to a school in a different district, which is mainly attended by White kids. For fear of being singled out she does not talk to her school-friends about her life in Garden Heights, not even about the shooting.

1 "Back up, back up," I tell Maya. She flicks through the channels, and when he appears again, I say, "Right there!"

I've pictured his face so much. Actually seeing it again is different. My memory is pretty spot-on – a thin, jagged scar above his lip, bursts of freckles that cover his face and neck.

My stomach churns and my skin crawls, and I wanna get away from One-Fifteen[1]. My instinct doesn't care that it's a photograph being shown on TV. A silver cross pendant hangs from his neck, like he's saying Jesus endorses what he did. We must believe in a different Jesus.

What looks like an older version of him appears on the screen […].

"My son was afraid for his life," he says. "He only wanted to get home to his wife and kids."

Pictures flash on the screen. One-Fifteen smiles with his arms draped around a blurred-out woman. He's on a fishing trip with two small, blurred-out children. They show him with a smiley golden retriever, with his pastor and some fellow deacons who are all blurred out, and then in his police uniform.

"Officer Brian Cruise Jr. has been on the force for sixteen years," the voice-over says, and more pics of him as a cop are shown. He's been a cop for as long as Khalil was alive, and I wonder if in some sick twist of fate Khalil was only born for this man to kill.

"A majority of those years have been spent serving in Garden Heights," the voice-over continues, "a neighborhood notorious for gang and drug dealers."

I tense as footage of my neighborhood, my home, is shown. It's like they picked the worst parts – the drug addicts roaming the streets, the broken-down Cedar Grove projects, gangbangers flashing signs, bodies on the sidewalks with white sheets over them. What about Mrs. Rooks and her cakes? Or Mr. Lewis and his haircuts? Mr. Reuben? The clinic? My family?

Me?

I feel Hailey's and Maya's eyes on me. I can't look at them.

"My son loved working in the neighborhood," One-Fifteen's father claims. "He always wanted to make a difference in the lives there."

Funny. Slave masters thought they were making a difference in black people's lives too. Saving them from their "wild African ways." Same shit, different century. I wish people like them would stop thinking that people like me need saving.

One-Fifteen Sr. talks about his son's life before the shooting. How he was a good kid who never got into trouble, always wanted to help others. […]

The interviewer asks about that night.

"Apparently, Brian pulled the kid over 'cause he had a broken taillight and was speeding."

Khalil wasn't speeding.

"He told me, 'Pop, soon as I pulled him over, I had a bad feeling,'" says One-Fifteen Sr.

"Why is that?" the interviewer asks.

"He said the kid and his friend immediately started cursing him out –"

We never cursed.

"And they kept glancing at each other, like they were up to something. Brian says that's when he got scared, 'cause they could've taken him down if they teamed up."

I couldn't have taken anyone down. I was too afraid. He makes us sound like we're superhumans. We're kids.

"No matter how afraid he is, my son's still gonna do his job," he says. "And that's all he set out to do that night."

"There have been reports that Khalil Harris was unarmed when the incident took place," the interviewer says. "Has your son told you why he made the decision to shoot?"

"Brian says he had his back to the kid, and he heard the kid say, 'I'm gon' show your ass today.'"

No, no, no. Khalil asked if I was okay.

"Brian turned around and saw something in the car door. He thought it was a gun –"

It was a hairbrush. […]

"Brian's a good boy," he says, in tears. "He only wanted to get home to his family, and people are making him out to be a monster."

That's all Khalil and I wanted, and you're making us out to be monsters. […]

"How has your son's life changed since this happened?" the interviewer asks.

"All our lives have been hell, honestly," his father claims. "Brian's a people person, but now he's afraid to go out in public, even for something simple as getting a gallon of milk. There have been threats on his life, our family's lives. His wife had to quit her job. He's even been attacked by fellow officers." [...]

"This is awful," Hailey says. "That poor family."

She's looking at One-Fifteen Sr. with sympathy that belongs to Brenda and Ms. Rosalie[2].

I blink several times. "What?"

"His son lost everything because he was trying to do his job and protect himself. His life matters too, you know?"

I cannot right now. I can't. I stand up or otherwise I will say or do something really stupid. Like punch her.

"I need to ... yeah." I say all that I can and start for the door, but Maya grabs the tail of my cardigan. [...]

"Maya," I say, as calmly as possible. "Please let me go. I cannot talk to her. Did you not hear what she said?"

"Are you serious right now?" Hailey asks. "What's wrong with saying his life matters too?"

"His life always matters more!" My voice is gruff, and my throat is tight. "That's the problem!" (970 words)

Thomas, Angie: The Hate U Give. *London: Walker Books Ltd, 2017. pp. 243–247.*

1 *One-Fifteen:* One-Fifteen is the badge number of the police officer who shot Khalil.
2 *Brenda and Ms. Rosalie:* Khalil's mother and grandmother

Basiswissen zu den Themenkorridoren

African Americans: Free at last? Equal at last?

In 2008, Barack Obama became the first Black[1] President of the USA. In his inaugural address, he recognised the symbolic significance of his election, which made a man take up the highest office in the country whose father might not even have been served in a restaurant, thereby alluding to the turbulent history of African Americans. Obama owed his victory to a great extent to the support from **African Americans**, who make up **one of the largest ethnic minorities** in the United States (more than 46 million or about 14 % of the US population). Most African Americans live in the South and in the largest cities, such as New York, Chicago, Detroit and Philadelphia. Obama's election seemed to mark the end of a history of oppression and inequality. However, true equality has not been reached yet and critical voices even speak of the gap between different ethnic groups widening.

Historical overview

Slavery

In the early 17th century, the transatlantic **slave trade** between Europe, Africa and what was then British colonial land in America began. The so-called slave triangle meant that European slave traders bought enslaved Africans in exchange for goods from Europe. The captured Africans were forcibly shipped across the Atlantic Ocean to the Caribbean and the southern states of America where they were sold in exchange for raw materials like sugar, cotton or tobacco. Because of the ap-

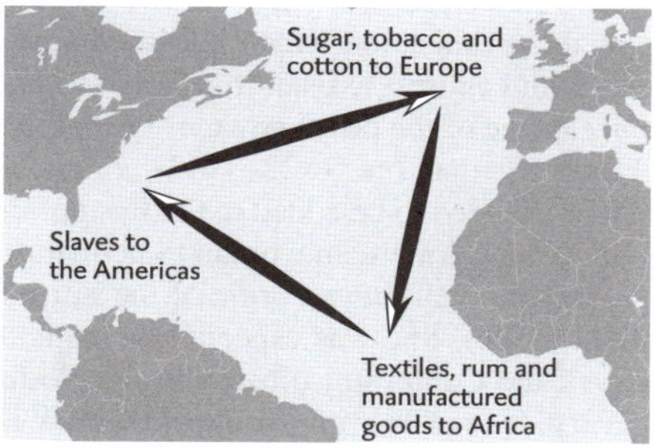

Chart of the Triangle Trade

1 The words "Black" and "White" are capitalised to signal that they are not natural categories but social ones (for more background information on this topic see, for example https://www.theatlantic.com/ideas/archive/2020/06/time-to-capitalize-blackand-white/613159/).

palling conditions on the tightly packed ships, many Africans died on the journey. The traditional form of slavery was referred to as **chattel slavery**, meaning that humans were treated as the personal property of the owner. They were bought and sold as if they were commodities. Slaves were mainly forced to work on large cotton or tobacco plantations in the southern colonies where the working conditions as well as the hot and humid climate were hard. Others were exploited as servants and had to cook, wash and do all kinds of household chores.

After the War of Independence, when the United States of America was founded, slavery was legal in most of the 13 original colonies, although the **Declaration of Independence** clearly stated that "all men are created equal". The principle of equality did not include Black people, however, as the slaves were not regarded as "men" or "people". Consequently, most slaves were treated with brutality, degradation and inhumanity. They were whipped, mutilated, imprisoned or executed and slave women were often subject to rape and sexual abuse. Slaves were usually denied educational opportunities, such as learning how to read or write to prevent escape or rebellion.

However, slavery did not remain uncriticised. Anti-slavery societies were formed, which raised moral questions and advocated the abolition of that inhuman form of exploitation. In 1807, President Thomas Jefferson signed legislation that officially ended the African slave trade. However, within the United States, the trade with slaves increased, because they were a welcome source of cheap labour and contributed greatly to the wealth of the South.

As slave revolts were rare and nearly always failed, many slaves tried to run away to northern states – where slavery was banned – or to Canada. It is estimated that approximately 100,000 slaves escaped to freedom. Fugitive slave laws allowed slave owners to recover runaway slaves from other states, even free states (non-slaveholding states) without legal process and very little evidence proving their "ownership". If recaptured, the slaves often had to endure terrible punishments and whoever helped them escape also faced heavy fines or even prison sentences. Despite these drastic penalties, a secret organisation which became known as the **Underground Railroad** (early to mid-19th century) assisted runaway slaves to freedom along secret routes and hiding places. One of the best-known of the helpers, or "conductors" as they were called, was Harriet Tubman (ca. 1822–1913), a runaway slave herself. A picture of Harriet Tubman is planned to be added to the front of the 20-dollar bill, which would make her the first African American woman to be featured on the US currency.

Another well-known critic of the institution of slavery was Harriet Beecher Stowe (1811–1896). She was especially enraged by a new **Fugitive Slave Act**, which was part of the Compromise between the North and the South of 1850 about the issue of slavery. One of the provisions of the new law demanded that escaped slaves who had made it to the North had to be legally returned to their owners in the South. This measure, in Harriet Beecher Stowe's view, meant that Northerners were forced to actively participate in slavery. In response to and as a protest against the Fugitive Slave Act, she wrote her novel *Uncle Tom's Cabin* (1852) in which she explored the cruelties of chattel slavery in the South. *Uncle Tom's Cabin* broke records in book sales. Legend has it that when President Abraham Lincoln met Harriet Beecher Stowe, he greeted her with the words, "So you are the little woman who wrote the book that started this great war", thereby alluding to the breakout of the Civil War about ten years after the book's publication.

Civil War (1861–1865) and Reconstruction Period (approx. 1865–1877)

At first sight, the issue of slavery was the reason for the outbreak of the American Civil War (1861–1865). However, the war between Yankees (North) and Confederates (South) was essentially about economic and political power and supremacy. The rural South believed in its right to leave the Union ("secession") and wanted to keep slavery, because its agriculture depended to a large extent on the African American labour force. The growing industries in the North, on the other hand, were able to recruit enough workers from the ranks of the masses of European immigrants who were arriving from across the Atlantic. While severe fighting was still going on, President Lincoln issued the **Emancipation Proclamation** in 1863, which declared slaves free.

When the Civil War ended with the surrender of the Confederate army in 1865, one of the most difficult phases in American history began: the era of **Reconstruction**. Politicians faced the enormous challenge of rebuilding the Union after the secession of the southern states and reviving the economy. Congress adopted three amendments to the Constitution, collectively referred to as **Civil War** or **Reconstruction Amendments**, to settle the issue of slavery. The 13th Amendment (1865) abolished slavery forever, the 14th Amendment (1868) extended US citizenship to all former slaves and the 15th amendment (1870) granted African Americans the right to vote.

While these legal measures were important steps, reality often looked different. State laws and court decisions often undermined them and especially in the South, where the economy was in disarray and the labour force of the former slaves was badly needed to revive it, the concept of **sharecropping** was developed. By that system, tenants were given a piece of land to use, but had to return some of their produce to the landowner. Many former slaves saw that as a way towards independence and personal freedom and therefore decided to stay in the South instead of seeking their chances in the more progressive northern states. However, for most of them, the dream of economic self-determination was not to be realised. Bad harvests as well as exploitative bankers and creditors reduced the meagre profits the sharecroppers could reap from the land. At the end of a year, many small tenants owed most – or all – of what they had made to their landlord. Thus, the sharecropping system kept many Black settlers economically bound to their employers.

Segregation (1865–1960s)

Not only economically, but also politically and socially, the promises of equality that the Civil War Amendments made remained out of reach for African Americans, especially in the South. Instead, most states passed a series of laws known as "**Black Codes**" (1865/1866) to restrict the activities of the freed former slaves and ensure that White people maintained control. Black people were not allowed to own weapons, purchase land in certain areas, conduct business in some towns, or testify in court. Slavery was replaced by a set of regulations, the so-called "**Jim Crow Laws**", which enforced racial **segregation**. Officially, they were passed for the protection of African Americans, but in reality, they were used to limit the rights of the Black section of the population. One of the first of these regulations was the "Jim Crow car law", which required separate sections in railroad cars for Black and White passengers. On the basis of the **Civil Rights Act of 1875**, which was meant to guarantee African Americans equal treatment in different aspects of public life, Homer Plessy, a man of mixed race from Louisiana, filed a petition against the state of Louisiana after he had been arrested and imprisoned for sitting in a White-only street car. However, he lost his case. In a landmark decision, which became known as **Plessy v. Ferguson** (1896), the Supreme Court upheld the Louisiana law, declaring that providing "**separate but equal**" facilities was not discriminatory. In this way, the ruling reinforced policies of racial segregation and White authorities soon took advantage of the Court's support to extend the practice to nearly all areas of life. Racial segregation was practised in schools, state offices, public bars and parks, beaches, swimming pools, hotels and theatres. Even in prisons, there were special sections reserved for White and others for Black inmates. Signs saying "Whites Only" or "Coloured" appeared on entrances to restrooms, waiting rooms, at drinking fountains or on elevators. The segregation, apart from being discriminatory, also resulted in anything but equal opportunities: Facilities for Black people were usually in worse shape as they were not funded in equal measure. Therefore, in reality, the "Jim Crow laws" meant great disadvantages for Black people.

Another area in which African Americans were hindered from performing their constitutional right as citizens of the USA was **suffrage**, or the right to vote, which they had been given through the 15th Amendment. Southern governments undermined that right through the introduction of repressive practices of voter registration. In order to be registered, people had to pay so-called poll taxes as well as pass literacy tests. As these regulations targeted the poorest and least educated parts of the population, many African Americans were in fact disenfranchised.

In consequence, African Americans were also seriously disadvantaged in the criminal justice system. As jury lists were derived from registered voters, African Americans did not serve as jurors. **All-White juries** were heavily biased against Black Americans and frequently convicted and punished Black defendants for a crime they did not commit. A blatant example of the **unfair criminal justice system** in the USA at the time was the trial in Alabama in 1931 against nine Black young men known as the **Scottsboro Boys**. The teenagers were charged with the rape of two White women. Although the women's testimony was inconsistent and one later recanted her accusations, within weeks, all-White juries convicted and sentenced eight of the young men to death in the electric chair. The trial has gone down in history as an example of miscarriage of justice. On the other hand, the case was appealed against several times, for instance because of the misrepresentation of African Americans on the jury, and at least some of the sentences were repealed. Therefore, it can also be seen as a partially successful battle against a racially biased justice system. Harper Lee drew many legal details from this case for her novel *To Kill a Mockingbird* (1960). The main character of the book, Atticus Finch, is appointed by the local judge to defend a Black man accused of raping a White woman. The alleged culprit is tried by an all-White jury, and most townspeople expect only a token defence.

Another book that deals with what racial segregation meant in everyday life is *Black Like Me* (1961). In it, the White journalist John Howard Griffin recounts how he pretended to be Black and travelled through the southern states of the US, from New

Orleans to Mississippi, Alabama and Georgia. Instead of experiencing a "peaceful co-existence of the races", which the defenders of the "separate but equal" practices claimed, he was met with discrimination, hostility, and humiliation based on skin colour.

Ernest J. Gaines' *A Lesson Before Dying* (1993) also focuses on a racially biased justice system. Jefferson, a young Black man, is accused of a crime he did not commit and is sentenced to electrocution. The novel depicts the time before his execution in which Grant Wiggins, an African American teacher, tries to restore Jefferson's dignity, even if he cannot save his life.

Fighting for justice (I): Civil Rights Movement

Cases like that of the Scottsboro Boys might have been stepping stones towards more equality. However, protests remained isolated until the fight for African Americans' rights gained momentum after World War II. Internationally, the United States was criticised for denying its Black population at home the benefits which American troops had fought for in Europe. Since many US soldiers were African Americans, President Truman ordered the desegregation of the armed forces in 1948. Six years later, on 17 May 1954, the US Supreme Court overthrew its ruling of 1896 and decided unanimously that the "**separate but equal**" concept was **unconstitutional**. This ruling paved the way for the racial desegregation of schools. Once more, while the legal status had been improved, real change was often slower to be achieved: Three years after the Supreme Court's landmark decision of 1954, President Eisenhower had to send military troops to Little Rock, Arkansas, to enforce the admission to an all-White high school of nine Black students, who had been hindered from doing so by an angry White mob.

In December 1955, a small incident in Montgomery, Alabama, gave the Civil Rights Movement new impetus and eventually triggered off a mass protest. Rosa Parks, an African American seamstress, was arrested because she had refused to give up her seat to a White passenger. Martin Luther King Jr., then minister at the local Baptist Church, organised a successful **bus boycott** in defence of Rosa Parks. The non-violent protest resulted in the Supreme Court's decision that Montgomery's bus segregation was against the constitution. Because of his effective campaigning tactics (so-called non-violent direct action, such as marches, sit-ins, go-ins, boycotts) and his talents as a powerful orator, Martin Luther King was recognised as one of the nation's most efficient leaders of the Civil Rights Movement. During his election campaign in 1960, John F. Kennedy promised to work towards desegregation in the Deep South. He hesitated, however, to introduce stricter legislation because he feared he would lose the support of southern Democrats. King was not satisfied with Kennedy's cautious approach to promote civil rights for Black Americans. To put more pressure on the president and bring the issue of racial injustice to national attention, he organised non-violent direct action protests in **Birmingham**, Alabama, in early 1963. The protests were battled down by police forces and King and many of his followers were arrested.

On 28 August 1963, Martin Luther King led a march on Washington to commemorate the signing of the Emancipation Proclamation by Abraham Lincoln, exactly 100 years before. In front of a crowd of more than 250,000 Americans, King delivered one of the greatest speeches in American history, his famous "**I Have a Dream**"-speech. King's efforts were rewarded with two legislative triumphs of the Civil Rights Movement – the passing of two laws which officially put an end to segregation and improved the legal situation of African Americans fundamentally: the **Civil Rights Act (1964)** and the **Voting Rights Act (1965)**. Although the Civil Rights Act forbade any discrimination based on race, colour, religion, sex or national origin, it took another spectacular protest march from King and his organisation, the SCLC (Southern Christian Leadership Conference), to highlight the ongoing factual disenfranchisement of African Americans in southern states. The protesters **marched from Selma to Alabama's state capital Montgomery** in three days. Despite falling victim to countless police assaults, they finally reached their aim when President Johnson signed the Voting Rights Act, which specifically targeted literacy tests, poll taxes and intimidation of Black voters in the South.

To this day, Martin Luther King Jr. is remembered for his non-violent protest actions and was even awarded the Nobel Peace Prize in 1964. However, he was not without enemies and on April 4, 1968, he was assassinated at his motel in Memphis.

Fighting for justice (II): Black Power Movement

Under the leadership of Martin Luther King, the Civil Rights Movement had achieved important legal aims, but for many his non-violent tactics were not radical enough. The White opposition to the Civil Rights Movement often employed aggressive countermeasures, not only the police, but also unofficial movements like the so-called **Ku Klux Klan (KKK)**, an organisation of extremists who promoted White supremacy and often violently opposed the Civil Rights activists. From the 1960s onwards, the so-called **Black Power Movement** arose out of dissatisfaction and frustration with always being at the receiving end of White cruelty. It resulted in the establishment of the **Black Panther Party** in 1966, which advocated more radical protest than the Civil Rights Movement under King. A spiritual precursor of the Black Panthers was **Malcolm X**. Born Malcolm Little in 1925 in Nebraska, he was introduced to the Black Muslim Movement or the so-called Nation of Islam while he was in prison for burglary. In opposition to King's wish for a unification and peaceful coexistence of the races, for the Nation of Islam, the solution lay in racial separation. Black people should form their own institutions, credit unions, and political parties. In his later years, Malcolm X softened his aggressive and hateful attitude and was often criticised by members of the Black Power Movement. In 1965, he was gunned down in New York by three assassins.

Another African American activist of the time was **Stokely Carmichael**, who later changed his name to Kwame Ture. He expressed the feelings of discontent among African Americans and urged them to not beg for equal rights, but take them. Other leaders encouraged African Americans to take pride in their ethnic heritage and embrace their Blackness as a positive value. Civil Rights activists like Angela Davies began to wear Afro hairstyles and dress in dashikis, colourful garments worn in West Africa, thus stressing her African roots openly. Singer and performer James Brown wrote a song which expressed the new Black identity, "Say it Loud, I'm Black and I'm Proud".

Thirty years after the death of Malcolm X, in 1995, Louis Farrakhan, another leader of the Nation of Islam, revived the ideas expressed in the 1960s. Farrakhan argued that Black and White Americans were worlds apart and should live in separate states in the US. Most moderate representatives of the African American community, however, reject both Black and White supremacy in equal measure and rather advocate mutual acceptance and equality.

Timeline: History of African Americans	
1619	First African slaves brought to Jamestown, Virginia
1807	President Jefferson signs legislation that officially ends transatlantic slave trade
around 1850	Heyday of Underground Railroad to help slaves escape to freedom, especially in response to Fugitive Slave Act (1850)
1861–1865	Civil War between Yankees (North) and Confederates (South), ending in victory for the free (anti-slavery) northern states
1863	President Lincoln's Emancipation Proclamation
1865–1877	Reconstruction Period
1865	13th Amendment: abolition of slavery
1865–1960s	Phase of segregation and "Jim Crow laws" in southern states
1868	14th Amendment: US citizenship for all former slaves
1870	15th Amendment: right to vote for African Americans
1875	Civil Rights Act: equal rights for African Americans in different aspects of public life
1896	Plessy vs. Ferguson: segregation consolidated through "separate but equal" facilities
1931–1935	Case of the Scottsboro Boys culminating in Norris vs. Alabama (1935): ruling against all-White juries
1948	Desegregation of the Armed Forces
1954	"Separate but equal" concept ruled unconstitutional
1955	Bus boycott in answer to Rosa Parks's arrest
1957	Enforced desegregation of Little Rock High School
1960s	Heyday of Civil Rights Movement with non-violent direct action in different southern cities

1960s onwards	Black Power Movement
1963	March on Washington; Martin Luther King Jr.'s "I Have a Dream"-speech
1964	Civil Rights Act; Martin Luther King Jr. awarded the Nobel Peace Prize
1965	Selma to Montgomery march; Voting Rights Act
1966	Foundation of Black Panther Party
2008	Barack Obama elected as America's first Black President
2013 onwards	Black Lives Matter campaign begins on social media and turns into a global protest phenomenon

African Americans today

Since the racial disputes of the 1960s, the relationship between Black and White Americans has changed considerably. Large sections of the Black community have made social and political progress. This is reflected in a poll carried out in 2015 which found that 55 % of Black Americans said it was easier for them to achieve the American Dream than for their parents[2]. Today, African Americans occupy leading positions in politics, multinational businesses, sports and the entertainment industry. On the other hand, political observers believe that despite these remarkable advances, the **racial divide still exists** and the gap between Black and White Americans is, in fact, widening. Many people – Black and White – saw the election of Barack Obama as America's first Black president in 2008 and his re-election in 2012 as an indication that Americans had united and established a "post-racial" society. However, as so often in the past, real equality seems to exist in theory only. African Americans still have to face discrimination in many fields of life and are often economically, politically and socially disadvantaged.

Economic aspects

Economists note that while a **wealthy African American middle class** has developed with considerable purchasing power, for many Black families, prosperity is still an unattainable goal. According to statistics, the total **wealth gap** between White and African American families is alarming. The average wealth of a White American household is about ten times the average wealth of a Black household. When it comes to financial reserves, the situation for Black people is less than satisfying and often precarious. About one quarter of African American families have very little or no money in reserve. This means that any setback caused by a medical emergency, an operation or illness, or the unexpected loss of hours at work, can be devastating.

2 cf. http://money.cnn.com/2015/11/24/news/economy/race-american-dream/

A substantial number of African Americans have little or no regular income and live in dire **poverty**. To feed their families, they are dependent on federal, state or local government **welfare programmes**. **Medicaid**, a social health care programme for Americans with limited resources, has been in nationwide operation since 1982. With the passing of the Patient Protection and Affordable Care Act (widely known as **ObamaCare**) in 2010, the percentage of Black people who do not have health insurance has fallen considerably. However, one of ex-President Trump's campaign promises was to repeal the Affordable Care Act. His and many other Republicans' fierce opposition to the welfare reform shows that the progress made might only be short-lived even though Joe Biden reactivated the programme almost immediately after his election.

In the context of poverty, **unemployment** in the Black community is a big issue. Figures of jobless Black Americans are twice as high as those of White Americans. Black youths who drop out of school are especially hard hit. For African Americans who are in employment, the **wage gap** between what they earn and what their White peers take home is increasing. One explanation might be that White jobseekers are usually better qualified for higher-paid jobs because of the still existent **educational gap**. On the other hand, continuing **racial prejudice** still seems to be an important factor on the labour market: Even with the same level of education, members of ethnic minorities appear to have worse employment chances. Studies of the National Bureau of Economic Research, for example, have shown that applicants with "Black sounding" names like Lakisha or Jamal are less likely to succeed in job seeking than applicants with names that sound "White". Since the Civil Rights Movement, there have been attempts to address the discrimination of Black people in employment and education by introducing policies that favour racial minorities (**affirmative action**) –however, these practices remain contested both among Black and White Americans.

Similarly, opinions are divided when it comes to explaining the (on average) lower educational and vocational achievements of Black applicants. Some **blame the system**, others point to personal responsibilities. It is a fact that many Black schools are unable to provide proper education and training due to a lack of funds for facilities and staff. As children usually attend schools in their own districts and the so-called "**mandatory busing**", which had been introduced as a consequence of the Civil Rights Movement to transport White students to predominantly Black schools and vice versa, has been widely abolished, many experts speak of a de facto segregation with better schools for richer areas. But sociologists and even some Civil Rights activists argue that Black people themselves are often responsible for their problems, because too many lack initiative, stamina and discipline. Although the high school dropout rate in general is in decline, people of Colour still have much higher rates.

However, even that seemingly individual factor should be seen in a social context. Sociologists argue that many poor families who live in neighbourhoods of disadvantaged people are stuck in a **cycle of poverty** which is very hard to break out of. Consequently, younger people are disillusioned with American society where the odds are stacked against them. The percentage of Black people living in distressed neighbourhoods, especially in metropolitan areas, is on the increase. The standard of housing in these high-poverty areas is very low and it is quite common for many family members to live in a house that has not been designed for more than a couple of individuals. Places like West Philadelphia, West Baltimore, Ferguson and St. Louis, Missouri, are regarded as some of the most dangerous cities to live in in the United States. Although the relationship between bad housing and crime is rather complex, it has generally been observed that growing up in a rough neighbourhood can have a bad influence on younger people. From early on, they witness antisocial behaviour, violence and the criminal activities of local street gangs, whose members they frequently come to regard as role models. Often, **bad company** and the association with a gang increases the risk that young Black people will embark on a criminal career in later life.

Legal aspects

The **incarceration rate of Black Americans** is about five times that of White Americans. As mentioned before, some African Americans' life circumstances might make them more prone to be drawn into crime. On the other hand, studies show that Black Americans are much more likely to be suspected of a crime and stopped by the police than White Americans, simply because of their skin colour – a phenomenon known as **racial profiling**. There is also evidence that African American males are disproportionately more impacted by **police violence** than males from other ethnic groups. According to recent statistics, Black people are being killed by police at more than twice the rate of White people. In addition, African Americans killed by police are also significantly more likely to have been unarmed. Police shootings in which Black people were the victims erupted in protests of enraged members of the Black community in 2014, supported by the **Black Lives Matter** movement, which fights against police brutality and systemic racism. Renewed protests flared up in the spring of 2020, after **George Floyd** had been killed by a policeman who knelt on his neck. Starting in Minneapolis, the open condemnation of the killing spread through the whole country and prompted worldwide signs of solidarity with the cause of African Americans calling for justice.

Another example for the unequal treatment of Black and White people by the criminal justice system would be the **diverging criminal sentences** for the possession of different drugs, which Obama responded to with his **Fair Sentencing Act** of 2010. Before that act came to pass, people who were charged with possession of one gramme of crack were given the same sentence as those found in possession of 100 grammes of cocaine. As Black people are more likely to be regular crack users, they were sentenced much more severely than White cocaine users. A documentary produced by the streaming service Netflix, entitled *13th*, even went so far as to accuse the criminal justice system of being the new institution of slavery. The title of the film refers to the 13th amendment to the constitution. The author of the documentary maintains that the amendment abolished slavery over 150 years ago, but slavery has not disappeared. Today many US prisons are run by for-profit companies and prisoners are forced to work for almost nothing. In this way, America's criminal justice system perpetuates slavery.

Social aspects

Psychologists emphasise the importance of families in the shaping of a person's character and personality. Studies show that the **absence of a father figure** can result in negative effects on children. Approximately 70 % of Black children are born out of wedlock and many grow up without a father to tend to them or guide them; many psychologists and sociologists see a connection between the lack of a father's presence and the rather high rates of teenage pregnancy and poor educational performance among Black children compared to their White peers. Some criminologists even regard **family breakdown** as a major factor contributing to juvenile delinquency in Black America today. However, critics of this theory object that the "myth of the missing father" deflects attention from issues of structural racism and that a child's well-being depends on the presence of (a) loving caregiver(s) of any gender.

Assessing the **overall situation of African Americans today**, it seems fair to say that equality is still a long way off. For many Black people, the American Dream is still a dream which they find hard or even impossible to achieve. Despite the progress made in the last few decades, the country is still struggling with issues of race, some of which seem to be getting even worse. As Barack Obama once remarked, it is a fight that has to continue because the legacy of slavery and the "Jim Crow laws" did not suddenly vanish, just because acts were passed or because he was elected[3].

3 Barack Obama spoke about US race relations at a NATO summit in Poland in July 2016.

Man's eternal quest for knowledge – A short history of science

Every year, the Nobel Prizes are awarded to researchers for outstanding achievements in the fields of science and literature. The prize, established by Swedish inventor Alfred Nobel in 1895, is the most prestigious recognition of ground-breaking discoveries, but there are numerous others (Lasker Award, Wolf Prize, in Germany: Deutscher Zukunftspreis) which prove that in laboratories all over the world a **continuous quest for knowledge** is going on. The **history of science** began with the ancient Greeks. Thales of Miletus is often seen as the inventor of science. Not being content with mythological explanations of how the world and all natural things came into existence and interacted, he tried to formulate theories and rules that explained natural phenomena rationally. Therefore, he and the other Greek nature philosophers laid foundations which Arabian and European scientists and engineers built on during the time of the Renaissance (mainly 15th and 16th century) to extend medieval mankind's horizons. In Italy, Leonardo da Vinci studied anatomy, biology, mechanics and hydraulics and developed an early model of the modern flying machine. In the 16th century, the Polish scientist Nicolaus Copernicus produced a model of the solar system with the sun in the centre. The German astronomer Johannes Kepler discovered the three laws governing orbital motion, and the Italian Galileo Galilei was the first to use a telescope to study the stars. In the 17th century, Isaac Newton, the English mathematician and physicist, developed the revolutionary theory of gravitation, which, in the 20th century, helped Albert Einstein to formulate his theory of relativity. Among eminent scientists of the 19th century, there were Michael Faraday, who studied the field of electromagnetism, and Charles Darwin, the author of the theory of evolution. Marie Curie (discovery of polonium, radium and radioactivity), Niels Bohr (theory of the atom) and Paul Ehrlich (pioneer in immunology) are some of the most well-known Nobel laureates of the 20th century.

A number of scientific discoveries challenged people's traditional views, and scholars saw themselves in the midst of controversies, were defamed or even exposed to persecution, especially when their findings had the potential of shaking **religious convictions**. Two examples of **conflicts between science and religion** concern the **creation of the world** and the **models of the solar system**. In the early 16th century, the astronomer Nicolaus Copernicus observed that the earth and the planets revolve around the sun. His findings were further researched by Johannes Kepler, who confirmed the concept that the **earth orbits the sun**. This "sun-centred" (heliocentric) model shattered the general belief that the **earth was at the centre of the universe** (geocentric model). Galileo Galilei, for example, who defended Copernicus' heliocentric theory, had to appear before the Inquisition of the Catholic Church, on the charge that this "new science" was contrary to certain passages of the Bible. In the 19th century, following the publication of Charles Darwin's famous book *On the Origin of Species* in 1859, in which he presented his **theory of evolution**, a passionate dispute set in. Darwin argued that all forms of life on earth developed from common ancestors. Over billions of years, life gradually evolved into the incredible variety of forms and species that exist today, including human beings. Christian fundamentalists campaigned heavily against this provocative concept, trying to uphold their **creationist belief** that God created the world and all forms of life over a period of seven days. In Tennessee, for example, there was even a law, the so-called Butler Act, forbidding the teaching of evolution in classrooms, which officially remained in effect until 1967. Even today, in our age of space travel, some religious groups reject or ignore the **Big Bang Theory**, the explanation of how the universe began, because it does not fit in with their belief. Such conflicts between empirical science and religion arise because people put more faith in **the literal truth of the Bible** than in scientific findings. There are other cases in which religious, but also other groups question or reject scientific research for ethical reasons, which is especially relevant in contexts like cloning or stem cell research.

Biotechnology: Scientific, political, economic and ethical aspects

One of the most advanced and promising fields of scientific research today is **biotechnology**, the branch of science that studies the use of living organisms (especially microorganisms) in medicine, agriculture and industry. It combines disciplines such as biology, especially genetics, molecular and micro-biology, engineering and computer science. To distinguish the different fields where the science of biotechnology is mainly used, a colour code system has been introduced: red (like blood) for the application of biotech in medicine, green (like plants) in agriculture and white in industry.

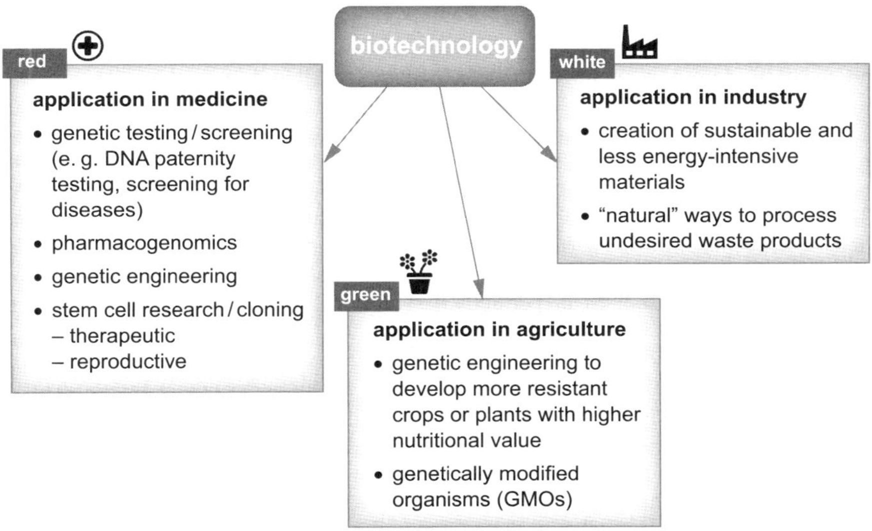

Red biotechnology: Medicine

Red biotechnology revolves around the **gene**, which is the smallest unit of heredity that is passed on from parent to child. Genes are made up of DNA and they carry information that determines the characteristics, or traits, of a living being. For example, in humans, genes determine the outward appearance, like a person's height, colour of eyes, skin and hair, but also invisible traits, such as blood type or the risk of specific diseases. The main aim of genetic researchers is to find out how each gene works and in which way it affects people's health. It is hoped that the results of such studies will help to prevent and treat illnesses. In **genetic testing** (or **genetic screening**), scientists use tests on blood and other tissue to find genetic disorders or diagnose inherited diseases. In case of a positive result, the person tested can then draw conclusions about how to best prevent, monitor or treat the disease. Screening of unborn or newborn babies makes it possible today for parents to get early information about genetic issues. Genetic screening is also an accurate method to determine a child's parentage. In a so-called **DNA paternity test**, DNA molecules, which are a person's genetic fingerprint, are compared to the contested child's father's or mother's DNA molecules. The results can be used to settle uncertainties or disagreements about who is the child's biological father in court cases about child maintenance, parental rights or inheritance claims.

Another area of red biotechnology is the relatively new field of **pharmacogenomics**. Scientists try to find out how drugs affect individuals in different ways and thereby hope to create ideal treatments for different types of genetic make-up.

Many people pin great hopes on the advances in **genetic engineering** or so-called **gene therapy**, by which defective or damaged cells in an organism are replaced by working ones. In short, genetic engineering means the manipulation of a person's genome. In the future, it might for instance become possible to extend life through the manipulation of genes or control the genetic make-up of children to be. However, this seems a frightening, rather than desirable vision for many. It could result in the scientific production of so-called "**designer babies**", which could be selected for all the perfect traits their parents – or in other horror scenarios, the government – wish for. This would contradict the individuality of each human being and result in a society that only accepts uniform "perfect" people. On the other hand, as these methods would undoubtedly be very expensive, it would also mean that only the wealthy could afford to extend their lifespan or create perfectly designed children, which would then lead to a two-tiered society.

A special variety of gene therapy is the so-called **stem cell therapy**. Stem cells contain the information needed to make the cell grow into a specialised type, such as a muscle, nerve, or blood cell. They can most easily be extracted from the umbilical cord blood (dt. *Nabelschnurblut*) of a newborn baby shortly after birth. In addition, they can be harvested from embryos before they are implanted for in-vitro fertilisation. As this isolation of embryonic stem cells results in the embryo's destruction, it is highly controversial. On the other hand, the medical advantages are indisputable. One day, stem cell researchers might even find ways to create complete vital organs, which would make patients and surgeons independent of organ donations. At present, people whose heart, liver or lungs do not function properly have to wait a long time, sometimes for years, before they can receive a matching and healthy organ from a donor.

The creation of human organs, so-called **therapeutic cloning**, would indicate an enormous advancement and save many lives. Another variety that is frightening for many people is the so-called **reproductive cloning**. In contrast to therapeutic cloning, which is intended to produce only certain medically needed cells or organs, it would result in whole organisms that would be genetically identical to the donor. Probably the most famous result of this method was presented in 1997, when scientists in Scotland succeeded in producing a sheep embryo from a single cell of an adult sheep. Sheep Dolly, which lived for seven years, was the first mammal to be cloned from an adult cell.

Progress in these new areas of biotechnology is fast, and some scientists would like to press ahead with even more speed, but not everything that is technically possible is allowed or desirable. Reflecting the general public's reservations towards the revolutionary biotech methods, there are **strict regulations** in the USA and Europe concerning stem cell research or human cloning. Stem cell research and its potential use for medicine is at least critically discussed and usually allowed under strictly regulated conditions in many countries. Cloning, however, is viewed much more severely: reproductive cloning of human beings, is plainly forbidden throughout the world and therapeutic cloning, while apparently being more plausible due to its medical advantages, is still banned in many countries as well.

Despite these political and legal limitations, biotechnology is not only a key technology of the 21st century, it has also become an increasingly **important branch of a country's economy**. The boom of the biotech industry began in 2003 after the successful completion of the Human Genome Project (HGP), an international scientific research project to discover the human genetic code. However, biotechnological research is **time-consuming and expensive**. It is estimated that 90 % of the money spent on researching new treatments goes on drugs that ultimately fail. Once a drug has been developed, clinically tested and allowed to be marketed, profits can be fabulous. Of course, that has kindled another ethical debate about whether living organisms should be used to make a lot of money and about the accessibility of new medical developments for everyone.

Green biotechnology: Agriculture

The application of biotechnology, especially **genetic engineering**, in agriculture has opened up new possibilities in food production and supply. In traditional farming, harvests are often damaged or even lost because of weeds, diseases or insect pests. For example, larvae eat the roots of maize and corn plants, thus interfering with the plants' supply of water and nutrients. As a result, growth is impaired and grain production drops. Huge locust swarms can strip a field bare in an hour and consume a very wide range of crops. Breeding more resistant plants with conventional methods, namely by keeping seeds from the best crops and planting them in following years or crossbreeding varieties, usually takes a long time and does not always achieve the desired effect. Modifying a plant's genome or enhancing its traits in the laboratory is much quicker and more accurate. Genetic manipulation, known as "**genome editing**", can make plants more resistant to the vagaries of climate change, to diseases and pests. In this way, **genetically modified organisms** (**GMOs**) could boost agricultural yields and alleviate food shortages especially in poorer countries. According to the United Nations Food and Agriculture Organization, about 700 million of the 7.9 billion people in the world, or almost one in ten, do not have enough to eat. Almost all the starving people live in developing countries. Apart from creating disease- and pest-resistant crops, agricultural biotechnology can also help to create plants which have a higher nutritional value. However, the great promise of the 1980s and 90s to feed the millions in Third World countries still remains unfulfilled. GM advocates proclaimed a genetically modified variety of rice, called **Golden Rice**, as a lifesaver and the solution to worldwide starvation and malnutrition. Not having enough to eat or eating an imbalanced diet affects human life at every point of development, starting before a child is even born. Underfed people run a high risk of infection, disease and other maladies, such as blindness. Golden Rice was supposed to make up for vitamin deficiencies and raise health standards in developing regions, but it has only haltingly been introduced in single field trials. So, **undernourishment and the lack of proper nutrition** remain big challenges of our time.

Creating and **developing better and more resistant crops** has become big business today, especially in view of the urgent problems of **overpopulation** and **environmental pollution**. They could become alternatives to the now widespread use of pesticides, which contribute to climate change and pose a threat to human health. However, many consumers have similar **reservations about genetically modified food**. Health-conscious people even call it "frankenfood" and reject it because it might not be safe to eat in the long run. There are also farmers who fear that the seeds of genetically changed plants and vegetables might be carried by birds to normal crops, and thus spread, getting out of control, eventually affecting all crops and wildlife and **threatening biodiversity**.

US law is rather favourable to the development of GMOs. Genetically engineered foods have been on the US market since the mid-1990s and today, many crop varieties are predominantly genetically modified. In contrast, the European Union in general and some of its member states, including Germany, in particular have a much more cautious approach towards GMOs. The **European Union has passed a number of regulations** to ensure that the development of modern biotechnology, and more specifically of GMOs, takes place in safe conditions. For example, member states have the right to restrict or prohibit the cultivation of GMOs in their territory. In addition, manufacturers are obliged to put clear labels on food and products made from GM plants, so that consumers can make an informed choice.

White biotechnology: Industry

The increasing use of energy for industry, commerce, leisure, home life and travel is placing massive demands on the world's **energy resources and energy producing methods**. Both traditional methods, like burning coal, gas or petroleum refined from crude oil, and nuclear power as an alternative source of energy have come under heavy criticism due to environmental risks as well as the limited supply of non-renewable resources. White biotechnology can play an important role in meeting energy requirements and improving production methods and is closely connected to the concept of **sustainability**.

Biotechnological insights are important to find enzymes which can produce valuable material or destroy hazardous ones. The desired products should be easily degradable, require less energy and create less waste. An example is the research on **biodegradable plastic**, which would help to solve the problem of its disposal. White biotechnology is only in its infancy and it remains to be seen which production methods are practical and economically successful, but hopes for sustainable materials are high. However, in such an innovative field, failures have to be considered. As most people are not willing to pay more for products they can already get at a lower price, it might take years for the new materials to become **competitive**.

Pros and cons of biotechnological progress

	+	–
red	• early recognition of diseases due to genetic screening • prevention or healing of diseases thanks to genetic manipulations • creation of donor organs thanks to therapeutic cloning • precise adaptation of medication to individual patient	• legal and ethical issues of "ownership" of embryonic stem cells • horror scenarios of lost individuality due to reproductive cloning • fear of "designer babies" and eugenics (selective measures to differentiate between desired and unwanted traits) • availability to select few, money decides who gets healed
green	• fight against worldwide hunger and undernourishment • alternatives to chemical pesticides	• GMOs threatening biodiversity • safety concerns
white	• environmentally friendly alternative products	• slow, expensive; results may only be seen in the long run, not competitive
	↓ Quest for knowledge	↓ "Humans playing God"

Working with literary texts: From utopia to dystopia

The fundamental motive for researchers is to venture into new unconquered fields. It goes without saying that many of their findings have the potential for addressing problems of our global world, but, at the same time, often raise **environmental concerns** or pose **ethical dilemmas**. Both the question of what could and the question of what should be possible in the future have also occupied novelists, short story authors and film script writers for quite some time. As early as 1818, Mary Shelley, the wife of the Romantic poet Percy Bysshe Shelley, explored the limits of scientific research in her novel *Frankenstein or The Modern Prometheus.* The experiment of a young scientist, Victor Frankenstein, to create a monster from parts of stolen corpses, has fatal consequences. The tale illustrates how science can go too far and sometimes wrong.

The realm of more modern writers is the literary genre of "science fiction" (often shortened to sci-fi). The term was coined in the 1950s to describe a genre in which writers take modern technological findings or innovations as their starting point to speculate about possible consequences. Sci-fi writers who explore future worlds adopt either a positive or a critical view. Early authors, for example Jules Verne, were optimistic about the effects of technical achievements and developments. Works set in a positive, almost perfect future world are referred to as "utopian novels" or simply **utopias**. The word 'utopia' is derived from the Greek language and means "no place", thereby alluding to the unrealistic paradise-state of these fictional societies. However, a utopian society, which develops from rapid, often uncontrollable progress, carries in itself the germ of the opposite negative phenomenon. Especially in the course of the 20th century, the number of authors who were less hopeful and confident increased. They expressed their fears for the future of mankind in anti-utopias, or **dystopias**.

Two examples of literary dystopias will be summarised in the following: Aldous Huxley's novel *Brave New World* (1932) and the film *Gattaca* (1997). Both deal with some of the most controversial ethical issues about technological progress, like the dangers involved when technological inventions are controlled by totalitarian regimes or the implications for individual creativity and feelings in a perfectly foreseeable, artificial and uniform world.

Aldous Huxley, *Brave New World* (1932)

Aldous Huxley is still one of the most read dystopian authors, who questioned the **advances of modern science**, especially in the hands of totalitarian rulers. His novel *Brave New World* is set in the year 2540 or AF 632, which is short for "after Ford", with Ford being worshipped as a god in his fictional society. In this seemingly perfect utopian world, war has been eliminated and the inhabitants are free from diseases, hunger and worries. **Human** beings are no longer born by women, but **created artificially in the laboratory** and equipped with the level of intelligence needed for their future occupations. Promiscuity (free sex for all), entertainment, the feel-good drug "soma" and forgetting the past form the basis of people's superficial happiness. Whenever they are depressed, they can take drugs which are distributed by the state free of charge. However, through people's genetic predisposition and the general availability of "soma", real feelings, individual decision-making as well as idealistic values, such as freedom and creativity, are no longer existent or are immediately discredited. They have been replaced by constant consumption. The fact that people's minds are preoccupied with buying new things keeps the industry running and, at the same time, enables a small group of powerful leaders to keep the unsuspecting masses under control.

Andrew Niccol, *Gattaca* (1997)

As in *Brave New World*, the **manipulation of human genes** is one of the basic topics in the film *Gattaca*, written and directed by Andrew Niccol, the creator of *The Truman Show*. The title already alludes to that fact as it is entirely composed of the first letters of the four bases of human DNA (**a**denine, **t**hymine, **c**ytosine, **g**uanine). In the film's fictional society, people are divided into two classes. The Valids are the elite, perfect human beings created artificially in laboratories and equipped with the best character traits. The second-class citizens are called Invalids. They are conceived in the natural way with all possible defects. Vincent Freeman, an Invalid with a heart defect, is the main character of the film. He has always dreamed of becoming an astronaut with the Gattaca Corporation, but as an Invalid, he is not eligible. To make up for his deficiencies and fulfil his dream, he falsifies his identity and takes on the personality of a Valid.

In his film, Niccol raises the issue of **genetic engineering**. Should parents be allowed to choose the genetic qualities of their future baby, which means paying scientists to equip their baby with such qualities as intelligence or beauty and make it immune to all major diseases? The creation of "designer babies" is a disturbing vision of the future. Apart from the ethical implications of the manipulation of the human genome, the film also points to a social problem. As only rich parents can afford to have their children genetically engineered, a two-tiered society develops, in which genetic engineering determines a person's life rather than individual merit.

Kurzinterpretationen zu den Pflichtlektüren

Ernest J. Gaines, *A Lesson Before Dying* (1993)

Author

Ernest J. Gaines was born in 1933 on a plantation in Louisiana. Although he lived many years after the end of slavery, he grew up in poverty and segregation. For the first years of his education, he attended a plantation school where children were taught for only a couple of months, working on the plantation for the rest of the year. At the age of 15 he moved to California where he could continue his education and even attend university. He had already started writing and publishing while still being a student. His most successful novels are *The Autobiography of Miss Jane Pittman* (1971) and *A Gathering of Old Men* (1983). The novel *A Lesson Before Dying* was published in 1993 and filmed for TV in 1999. Ernest J. Gaines' novels and stories are set in America's rural Deep South, where African Americans struggle to cope with racial segregation and live a life with decency and dignity. Gaines died in November 2019.

Contents

A Lesson Before Dying tells the story of how Grant Wiggins, a disillusioned African American teacher, tries to restore the dignity of young Jefferson before the latter is executed for a crime he did not commit. In the process, Grant learns a lot about dignity himself. With two exceptions (Jefferson's diary entry and the chapter of the execution), the story is told by Grant Wiggins. It takes place between October and April in an all-Black community, a so-called "quarter", near Bayonne, a fictional town in Louisiana, in the late 1940s after World War II.

Chapter 1 – Crime and verdict: On his way to a bar young Jefferson, an African American in his early twenties, is given a lift by two Black mates, Brother and Bear, and gets involved in a robbery. Brother and Bear want to rob a store, but things get out of control. The storekeeper, an old White man called Mr Gropé, takes out a gun to defend himself. Then there are shots from another direction and Gropé, Brother and Bear lie dead on the floor; "only Jefferson was standing." The young man is arrested and charged with robbery and first-degree murder. While Jefferson simply professes his innocence, his attorney uses a different strategy. He pleads for mercy saying his client is not a man, he is a fool with little intelligence – a hog that is not worth executing, even if he did commit a murder, of which he is not even capable, in his attorney's words. However, the all-White jury finds Jefferson guilty and the judge sentences him to death by electrocution.

Chapters 2–6 – Before visiting Jefferson: Grant Wiggins, the narrator of the story, who teaches at the church school on a sugar plantation, is not present at the trial. He is informed of the proceedings by his aunt, Tante Lou, and Miss Emma, Jefferson's godmother. Emma Glenn, in her early seventies, is upset because of the attorney's final words in which he described Jefferson as a hog. She wants him to regain his dignity and self-esteem before his death and the unwilling Grant is supposed to teach him. Tante Lou persuades her nephew, who hates the quarter and would rather move away, to accompany the two women to Henri Pichot, the owner of the plantation and the sheriff's brother-in-law, and ask for his help for permission to visit Jefferson in jail.
After the visit Grant meets his Black girlfriend and fellow teacher, Vivian Baptiste, who has two little children and is going through a divorce. Vivian also wants Grant to go to the jail and speak to Jefferson.
At his school Grant, who is a very strict teacher, tells the class about how Jefferson will be executed and what he, Grant Wiggins, has been asked to do: to turn the hog into a man, which means to turn Jefferson into a responsible being. He is called to Henri Pichot's house, where he is kept waiting for a long time before he is told that the sheriff has granted permission to visit Jefferson.

Chapters 7–28 – Visits to the jail: Together with Miss Emma, Grant pays his first visit to Jefferson. Jefferson does not react to his visitors. Grant accuses his aunt that by forcing him to get involved with Jefferson she is responsible for his, Grant's, own humiliation. Being kept waiting unnecessarily and being searched every time they visit the prison makes him feel put down by the White prison guards. However, Tante Lou, rather unimpressed, still forces Grant to go and see the boy. On Grant's first visit alone Jefferson is still sulking and eats the food which Grant brought along straight out of the paper bag, pretending he is a hog.
Frustrated Grant goes for a drink in the Rainbow Club. He then visits Vivian at her school and would like to spend the night with her in New Orleans, but they cannot risk going away together as long as her divorce is not through; Vivian is afraid of being found out and losing care of her babies. Both are in love and want to have children together. When Vivian visits Grant at the quarter, he introduces her to his aunt, and although there is an uneasy atmosphere at the encounter, Tante Lou sees "quality" in Vivian.
Grant learns that, out of frustration, Miss Emma hit her godson during her last visit and is pressed by Tante Lou to go back to see the boy. At the prison, Grant befriends the deputy Paul, who informs Grant about Jefferson's daily routine. During the visit Jefferson, who is angry and in pain, insults Vivian. Grant accuses Jefferson of neglecting his duty and obligation to his godmother by still acting like a hog.
At Christmas the school children prepare a special programme and buy a present for Jefferson, whose negative and cold attitude is not changing. In February the execution date is fixed for Friday, 8 April. Grant worries about how Miss Emma will take the

news. Together with Vivian he visits Jefferson's godmother, who wants Grant to carry on seeing the boy. Grant later explains to Vivian that Miss Emma wants to be able to be proud of her godson when he dies standing upright instead of crawling. Thereby, he would change a small part of African American history.
At Grant's first visit after the execution date has been fixed, Jefferson opens up saying he would like ice cream on his last day. Grant buys a radio for him with borrowed money. From then on Jefferson hardly ever turns off the radio. Miss Emma asks the sheriff to let her meet her godson in the dayroom of the prison, but Jefferson refuses to meet the trio Miss Emma, Tante Lou and Reverend Ambrose there as he is not allowed to take the radio with him. They blame Grant for giving Jefferson the "sin radio". The next visit is very emotional, with Grant and Jefferson shaking hands at the end. Wiggins promises to bring the young man a notepad and pencil and Jefferson agrees to see his godmother, Tante Lou and the Reverend in the dayroom.
After that meeting in the dayroom, Grant takes Jefferson aside and implores him to be a hero, something he himself, Wiggins, cannot be. Grant says that by taking up the teaching profession, which he does not like, he feels that he has complied with what White people expect from Black people. In their view people like him can only work as servants, preachers or teachers. Jefferson, he urges, can show that the myth "Black people are inferior" is not true. Afterwards, he feels drained of energy and gets into a wild fight with two mixed-race men, which is only stopped by the intervention of the club owner. Vivian takes the injured Grant back to her place. She tells him that her husband will only agree to a divorce if he can see the children every week. This would make it impossible for them to move away and start a new life elsewhere. Both are frustrated and start to argue.
Grant has an argument about religion and education with Reverend Ambrose who wants Grant to tell Jefferson to kneel before he walks to the electric chair. Grant refuses. The next time he goes to see Jefferson, Grant persuades the boy to talk to Reverend Ambrose. Jefferson has begun writing in the notebook. He is tired of waiting for "the day", but his behaviour has changed: He is friendly towards Grant and seems to have reached a certain peace of mind.

Chapter 29 – Jefferson's diary: This chapter is the diary in which Jefferson records his thoughts and feelings as he awaits his impending execution. It is addressed to Mr Wiggins and contains many mistakes and no punctuation marks. Jefferson remembers his youth as a waterboy on the plantation, mentions the people who have come to visit him in his cell, apologises for his obscene remarks about Grant's girlfriend Vivian and makes it up with his godmother Emma Glenn, telling her that he loves her. He assures Wiggins that he is going to be strong.

Chapter 30 – Preparations for the execution: The day of the execution comes and people prepare for the event: Reverend Ambrose, the witnesses, the sheriff, the executioner. Grant refuses to be present. Jefferson is being shaved; he is calm, but tired.

Chapter 31 – After the execution: Grant is waiting nervously at the schoolhouse, all the time imagining Jefferson's last living moments, until eventually deputy Paul arrives to hand him Jefferson's notebook. He tells Grant that Jefferson was brave and walked to his death. He attributes this transformation to Grant's teaching and asks him to be his friend. They shake hands and Grant returns to his pupils, crying.

Characters

Grant Wiggins, the **narrator** of the story, teaches at the church school on a sugar plantation. He does not like his job because he believes that his teaching will not improve the chances of Black kids in life. In view of the poverty in the quarter, the lack of future prospects for the children he teaches and the daily humiliations and discriminations, Grant is **deeply frustrated**. He hates the White people on the plantation who treat him as an inferior second-class citizen: He has to use the servants' entrance, is kept waiting unnecessarily long, and the superiors in town deal with him in a patronising way. Grant's **hatred** is not only directed against White, but also against his own people and even against himself. He sees himself as superior to people like his aunt and Reverend Ambrose who believe in a better world after this life. As **an educated man** he realises how unfair the situation is, but, at the same time, he knows that he is unable to rebel openly. He is **too weak** to stand up and protest. Therefore, he knows he is not brave, he is not a hero, he is still a slave. Grant Wiggins neither belongs to the older generation (Tante Lou, Miss Emma) who mutely accept their fate, nor to a new generation who rebel and challenge the system. Visiting Jefferson in jail has made him fully aware of the dilemma of his situation. In the end, it might be said that he draws some consolation from the fact that at least one person, Jefferson, regains his dignity, walking upright like a man – and thus also teaching Grant a lesson before dying.

Jefferson is about 21 years of age and has been raised by his godmother, Miss Emma. He has worked hard on the sugar cane fields since he was six. He **cannot read and write properly** like many Black kids on the plantation. Jefferson is a rather **quiet person** and generally keeps to himself, enjoying the simple pleasures of life (e. g. cake, candy, ice cream). He is aware of the injustice he has to suffer, but his hate against the people who treat him unfairly has turned into **self-hatred** and **desperation**. This makes him lash out against those who try to help him: He is rude to his godmother, ignores his visitors or intentionally behaves like an animal, thereby internalising society's accusations. In the course of Grant's lessons, Jefferson **is transformed**. The barrier of self-hate is removed and he regains his dignity and self-respect as a human being, in the end being "the strongest person in that crowded room" during his execution.

Tante Lou is a very **strong-willed** woman, modelled by Gaines after his own aunt Augusteen Jefferson, who had an important influence on his upbringing. She is a close friend of Miss Emma, and, on her behalf, she persuades her nephew Grant Wiggins to visit young Jefferson. She does not accept Grant's excuses, and one severe look is enough to tell him what to do. She is a **compassionate** and **religious** person. She is not concerned with social change and resembles the **prototype of the loyal Black servant** in the homes of the rich White elite.

Miss Emma is Jefferson's **godmother** and a close friend of Grant's aunt. Besides having worked as a cook and housekeeper on the plantation, she has cared for her godson throughout his life and deeply loves him. While she seems to be weak, helpless and less outspoken than Tante Lou, she actually is quite **a strong**, sometimes even **slightly manipulative character**: Not only does she (together with Tante Lou) make the unwilling Grant visit Jefferson in jail, she also uses her many years of loyal service to the Pichot family as an argument to obtain permission for these visits. Despite her hard life, her **faith in God as well as in humanity** make her believe that there can be positive change: She is the one who insists on Jefferson dying like a man. While she probably suffers the most from Jefferson's rejection, her love and devotion never falter and in the end seem to be a motivating force for her godson, whose last words are addressed to Miss Emma to tell her that he walked and did not lose his dignity.

Reverend Ambrose, as the quarter's **religious authority**, is an important figure in many of the inhabitants' lives. Especially in times of crisis, people like Tante Lou and Miss Emma turn to him and he is also called upon to visit Jefferson in jail and even witness his execution. In desperate circumstances, Reverend Ambrose's solution is to **turn to God and the hereafter**, which includes lying to soften the harsh realities, as he himself admits. To Grant this is **hypocritical** and indeed the Reverend often seems **self-righteous** in his behaviour towards the unbelieving Grant. In the end, however, the two men come to a truce, realising that they have the same aim, namely helping Jefferson. Each tries to do so in his own way.

Vivian is Grant's **beautiful and intelligent** girlfriend. She works as a teacher as well, is **married** and has **two small children**. While she wants to get a divorce to live openly together with Grant, her children are her priority. Vivian is not only a **consolation** to Grant in difficult moments, but she is also the one who makes him see reason and continue in his **commitment** to his students as well as to Jefferson when Grant wants to give in and quit everything. Tante Lou seems to realise her **positive influence** because while she is sceptical of her nephew's girlfriend at first, she accepts her and even begins to admire her.

Themes and Interpretation

Racism in the southern states of the USA: *A Lesson Before Dying* is set in the late 1940s, after World War II, when a new age was dawning for Black people in America: The Civil Rights Movement was slowly gaining momentum. However, in the rural South, where the events around Grant Wiggins and Jefferson take place, segregation and racism still existed. Ernest Gaines shows the humiliation African Americans are exposed to in their daily lives because of the system of "separate but equal" facilities, thus criticising the **Jim Crow laws** (laws enforcing racial segregation) in America's south.

He also reveals the **deeply ingrained racism** which made many White people feel superior to their Black compatriots, who were not officially slaves any longer, but still treated as such. Furthermore, as Grant's experiences as a teacher show, it was still very difficult for Black people to really advance in life. For many of the children Grant teaches, their fate to die early or live a life in poverty seems inevitable. Despite his education, even Grant himself cannot really leave his past behind. In addition to the **racism between White and Black people** there is also **racism between Black and mixed-race people**. Racially prejudiced mixed-race people refuse to work side by side on the plantations with Black workers. At the Rainbow Club Grant Wiggins gets into a fight with two of them, when he hears them making derogatory comments about Jefferson.

Furthermore, Ernest Gaines adds one particular aspect of racism: the unfair "Southern Justice". The story of young Jefferson is a **tragedy of injustice**. The uneducated Black boy is wrongfully sentenced to death and executed for a crime he did not commit. Against an all-White jury he does not stand a chance. The prejudice against Black people is stronger than factual evidence. Not only is Jefferson found guilty, but he is also stripped of his dignity by being regarded as an animal. Even Jefferson's lawyer uses the argument of his client being not fully human to avert the death sentence. This plan fails and only serves to harden Jefferson's poor self-esteem.

Capital punishment: The detailed and sometimes painful description of how Jefferson is prepared for the electric chair and how the execution is carried out may also be used as a starting point for a debate about the death sentence. Supporters argue that such punishment can be deserved and has a **deterrent effect**. On the other hand, opponents maintain that killing someone as punishment for a crime is **inhuman**. In addition, as statistics regularly prove, the death sentence does not deter people from committing crimes and incorrect judgements **cannot be rectified**.

Danny Strong/Lee Daniels, *The Butler* (2013)

The Butler is loosely based on the true story of Eugene Allen, who served in the White House for 34 years before retiring as head butler in 1986. It was written by screenwriter Danny Strong and directed by Lee Daniels. *The Butler* was nominated for two British Academy Film Awards and received mostly positive reviews, one of them by former US President Barack Obama, who said he was "teared up" when watching the film.

Contents

The Butler narrates the life story of Cecil Gaines, an African American who was born in Georgia in 1919, comes to Washington in the 1950s and eventually serves seven US presidents as a butler in the White House. During his work there, he witnesses important steps of the Civil Rights legislation and finally lives to see Barack Obama become the first African American US president in history.
Cecil grows up on a cotton plantation in Macon, Georgia, where at the age of seven, he witnesses his father being killed by the White boss, who has raped Cecil's mother. The plantation's matron Annabeth feels sorry for the young boy and takes him into the house to be trained as a "house nigger". Although the conditions in the house are better than those on the fields, once he is grown up, he leaves the plantation and tries to find a new job. One night in hunger and desperation, he breaks into a pastry shop, which is part of a hotel in North Carolina. He is lucky, as, instead of punishing Cecil and sending him away, the head servant accepts the young man as a helper, trains him further and eventually lands him a job in a first-class hotel, the Hotel Excelsior in Washington.
While working there, he meets Gloria, who becomes his wife and mother of their two sons, Louis and Charlie. Through his diligent work and discreet behaviour, he impresses his employers and the hotel's high-ranking guests. In 1957, he is finally offered the position as a butler of the president of the USA in the White House.
The first president under whom Cecil serves is **Dwight D. Eisenhower**. Cecil overhears a discussion, in which the president hesitates to enforce **school desegregation** by the use of the armed forces. However, he eventually orders the troops to get involved, thereby becoming the first White man Cecil has ever seen standing up for the rights of Black people.
While Cecil tries to stay out of politics as far as possible, his son Louis becomes more and more politically involved. He has started to attend Fisk University in Nashville, Tennessee, where he meets his future girlfriend Carol and both join a group of Civil Rights activists. They take part in non-violent protest actions, such as **restaurant sit-ins**, where they refuse to leave the all-White areas. Even after being humiliated, beaten and finally arrested, they do not give in and eventually join the **Freedom Riders** on a bus to Birmingham in Alabama where they are attacked and almost killed by Ku Klux Klan racists. Louis and the others are presented as even inspiring **President Kennedy** to deliver his **Civil Rights Message to Congress** in 1963, in which he orders "**desegregation in all public facilities**, such as hotels, restaurants, theatres, and retail stores". All the while, Cecil does not really understand his son's fight, and their estrangement as well as Cecil's long working hours at the White House put a strain on Gloria, who

is very unhappy and starts drinking heavily. The news of **Kennedy's assassination** in 1963 comes as a deep shock to Cecil, while Gloria accuses him of caring more for Jackie Kennedy than for his own wife and sons

Kennedy's successor, **Lyndon B. Johnson**, eventually signs the **Voting Rights Bill** in 1965, a big step in the history of the Civil Rights Movement. In 1968, however, the Civil Rights leader **Martin Luther King**, in whose entourage Louis and Carol are active, is shot dead and violent clashes between Black and White Americans break out. On his way home, Cecil finds himself caught in one of these confrontations. At the White House, Cecil's plea for equal pay and fairer chances for promotion for the Black staff is bluntly rejected by Mr Warner, the head of staff at the White House.

Louis's relationship with his parents finally breaks up after a bitter argument which develops while Louis and Carol visit the Gaines in their home. The young couple have joined the new, more radical **Black Panther Party** and Louis angers his father with his views. In the end, even his mother has had enough and throws them out of the house after Louis's insolent remarks about "Mr Butler".

Charlie, Louis's younger brother, wants to go to **Vietnam** to fight for his country, instead of against it like his brother, as he remarks. He is later killed in action, which leaves Cecil and Gloria desperate. Meanwhile, Louis has separated from Carol because he does not support the Black Panthers' increasing use of violence. He has earned a master's degree in political studies and wants to visit his father, who now works for **President Nixon**. Cecil, however, is enraged that Louis did not even attend his brother's funeral and sends him away.

Reagan, who becomes the seventh president for whom Cecil works (after Eisenhower, Kennedy, Johnson, Nixon, **Ford** and **Carter**) finally overrules Mr Warner's rejection of Cecil's repeated request for equal pay. Very much to Cecil's surprise the president's wife Nancy invites him and his wife Gloria to a state dinner as guests. Gloria enjoys the occasion, but Cecil feels rather uncomfortable and out of place. On the other hand, President Reagan resists pressures to support **sanctions against South Africa** because of the South African government's apartheid policy. Reagan's attitude confuses Cecil, who had thought that Reagan was on their side, and he begins to see his son Louis in a new light, not as a criminal, but as a hero who is fighting for the soul of their country. In 1986, he eventually hands in his resignation, comes to a demonstration where Louis speaks in favour of Nelson Mandela, tells him that he is sorry and makes up with him, before both are arrested.

Over 20 years later, in 2008, Cecil and Gloria, who are already in their 80s, are very excited to be voting for the first time in history for a Black man as president. As they are about to get ready, Gloria collapses and dies of a heart attack. When the final results come in, they confirm that **Barack Obama** will be the next US president. The film ends back at the White House, where Cecil is about to meet the president.

Main Characters

Cecil Gaines, the main character of the film, is a **hardworking**, **honest** and **dependable** butler, who always performs his duties to the full satisfaction of all his employers. He is also a **loving husband** and **caring father**, his family and professional life sometimes coming into conflict with each other. Growing up in a sharecropper family formed his character. The **traumatic experience** of witnessing his mother's rape and his father being shot for protesting teaches him that resistance is futile. The best way for a Black person to survive in a hostile racist environment is **submissiveness** and keeping a low profile. He has perfected that behaviour, always staying impassive, even if he is asked about matters that are of utmost importance to the African American community. In the White House, he puts up with his superior Mr Warner's patronising behaviour and avoids all dispute for fear of losing his job. He is **grateful** for having been given the opportunity to earn a decent living and provide for his family. Because of his work ethic and desire to please his employer, he puts so much energy into his job that he begins to **neglect his marriage and family life**. Furthermore, he comes into **conflict with his elder son Louis**, who rejects his father's submissive behaviour and wants to effect change. Cecil's reactions to his son's political engagement vary between a lack of understanding – because he does not feel or rather does not want to feel misrepresented by his employers, the presidents – and open disagreement, when Louis shows ingratitude towards his father's efforts to provide for his family. Cecil's actions are mainly motivated by love and loyalty to his family: Although he does not always show it, he is deeply worried about Louis's safety. Consequently, the real break between father and son occurs when Louis does not attend his brother's funeral, which represents the height of disloyalty to Cecil. However, Cecil suffers from having no contact and he gradually begins to see his son's political point as well. For instance, he asks for equal payment and better promotion opportunities for the Black staff and in the end even resigns partly because of his disillusionment with Reagan's South Africa policy. Therefore, he has learnt from Louis and his own experiences that **servility is not the way to achieve recognition**. Barack Obama's election victory is like a dream come true for Cecil: a Black man like himself in the position for which he has always given so much.

Gloria is Cecil's **loving wife**, who looks after the household bringing up their sons Louis and Charlie. She is a **strong-willed** and rather outspoken character, who is the **centre of her family** and does not hesitate to criticise her husband. Initially, she is excited and proud about Cecil working in the White House. When Cecil is working such long hours and, as a discreet butler, refuses to share stories about the people living there with his wife, she begins to feel **rejected, lonely and bored**, starts drinking and has an affair with their neighbour Howard. However, she copes with her **alcohol problem**, when Cecil spends more time with her at home. Although she often tries to **mediate between Cecil and their rebellious son Louis**, **loyalty and respect** towards her hard-working husband are not negotiable for her, which is why she throws out Louis and his girlfriend Carol when Louis behaves disrespectfully towards his father. However, she stays in touch with her son and often presses Cecil to make up with him. As a **loving mother**, she experiences Charlie's death as a huge blow and does not want to lose her other child as well. At the end of the film, she is shown as a devoted grandmother who unfortunately does not live long enough to see Barack Obama become president. After being invited by Nancy Reagan to a White House state dinner, that would certainly have been another triumph for **proud Gloria**.

Louis is the **elder son** of the Gaines family. In the beginning, he is a quiet-spoken, **respectful** and obedient son. Louis gets **drawn into politics** when Mamie Till, the mother of the murdered 14-year-old Emmett, tours the country, denouncing lynchings and campaigning for racial equality. **Tension with his father Cecil** begins to develop, when Louis decides to go to Fisk University. Influenced by **Civil Rights activists** and by **Carol**, whom he meets at university and who later becomes his girlfriend, he is no longer willing to accept his father's subservient behaviour and decides to work for change. He takes part in lunch counter protests, joins the **Freedom Riders** and eventually the **Black Panthers**. His tenacity results in **numerous arrests and prison sentences**. He is often drawn between Carol's more radical view and trying to defend his father's position who works for the White establishment. Influenced more and more by the Black Panther Party and Carol's disregard for his parents' views, **the final rift** between him and his father occurs during a dinner in the Gaines household. Later though, his relationship with Carol breaks up because Louis is **not willing to follow the radicalisation and mounting violence** in the Black Panther Party. He focuses on his studies and more constructive methods of effecting change. At a peaceful protest for Nelson Mandela's release from prison, Louis and his father finally make up. Louis seems to have shown his father the necessity of change and he continues to fight for it, even becoming a **politician** running for Congress.

The US presidents, whom Cecil serves, are Dwight D. Eisenhower (1953–1961), John F. Kennedy (1961–1963), Lyndon B. Johnson (1963–1969), Richard Nixon (1969–1974), Gerald Ford (1974–1977), Jimmy Carter (1977–1981) and Ronald Reagan (1981–1989). In the film, they play more or less minor roles and are rather employed to represent the political climate of the time. While some of them are shown with their particular characteristics (for instance, Kennedy as the well-bred son from a rich family background or Johnson as a rather aggressive and outspoken man), all of them are mainly depicted as swaying and often compromising on Civil Rights demands. Therefore, their representation can be seen as corresponding to Cecil's point of view: On the one hand, they are honourable and impressive men, on the other, often too weak or too pragmatic to be true beacons of hope for their African American citizens.

Themes and Interpretation

Eighty years of African American history: The main theme of the film *The Butler* is the history of African Americans in the 20th and early 21st centuries from **suppression and segregation** to **Barack Obama's election** as the first Black US president. The historic events are presented from the perspective of the main character Cecil Gaines and his family. Working as a butler in the White House for almost 30 years, Gaines witnesses how seven presidents react to important stages in the battle of Black Americans for **racial equality** and the rise of the **Civil Rights Movement** and he also changes in his own outlook on the injustices towards his people. President Eisenhower sends in troops to protect the Black students in Little Rock, Arkansas, who want to exercise their right to go to a **desegregated school** and are prevented from doing so by an angry mob of White people. Shocked by the horrific aggression against the **Freedom Riders**, who refuse to sit in bus areas separated by colour, Kennedy takes action by delivering his **Civil Rights Address**, in which he demands the "Nation to fulfil its promise" and give freedom and equality to all its people. Following the **Freedom March** on Selma, in which African Americans protest for equal voting rights, Lyndon B. Johnson calls for federal voting rights legislation and Congress passes the **Voting Rights Act in 1965**. However, there are also drawbacks and the presidents often hesitate to make an effort for change, e. g. when Reagan does not support **sanctions against the apartheid regime in South Africa**. Not only are the **legislative measures** and the political ups and downs during those years in turmoil shown, but also the **reactions of individual Black citizens** are presented: They have to navigate between **adjustment and acceptance** of the unjust circumstances to at least preserve relative prosperity and safety for their own family and **open rebellion**, either **non-violent** like propagated by Martin Luther King or more aggressive like advocated by the **Black Panther Party**. The Gaines and the Black people of America feel equal and "free at last", when a man of African American heritage is elected into the highest office in the country. It should be noted, however, that there are critics who feel that the final scenes of *The Butler* are **too optimistic**. They point out that racial injustice has not ended with **Obama's election** – it is a dream that has yet to be fulfilled.

The conflict between the generations: Cecil Gaines has come a long way – from poverty and helpless victimisation to relative independence and comfort. Having lost his parents to White despotism, the **safety** of his family is paramount to Cecil and he believes that hard work, **obedience and subservience** are the only ways to preserve their secure existence. Despite the always obvious social gap between himself and his employers, he is treated with respect by the presidents, and pays that back with **gratitude, loyalty and almost devotion**. His son Louis, on the other hand, who has never known the poverty and deprivation under which Cecil has grown up, does not understand his father's wish to be as inconspicuous as possible and his thankfulness for the favours bestowed upon him by the White presidents. He **believes in real equality** and is prepared to fight and even die for it. These very divergent views of Cecil and Louis illustrate the **gulf** between a subservient older generation of African Americans and their impatient and radical offspring. In their case, that even leads to an estrangement lasting for years during which father and son are not on speaking terms. However, in the end, **both seem to learn from one another**: Cecil starts to question the fairness of the system he works for, he demands equal pay and finally even resigns and joins Louis at a protest rally. Louis, on the other hand, gives up the violent protests propagated by the Black Panther Party, and seems to realise that a constructive way forward is the most effective. Furthermore, he accepts that his father deserves **respect and admiration** for his honest work and quiet perseverance. Even the presidents are influenced in their decisions, if not always consciously, not only by the Civil Rights Movement, but also by their consideration of Cecil's quiet thoughts. Thereby both Cecil's and Louis's conduct have paved the way to more equality.

Monolog

Candidate A

Candidate B

Assignments

1. Describe the picture.
2. Then talk about your dream job:
   Outline the factors that influence your choice and assess whether having a certain dream job in mind is positive for starting a career.

Dialog

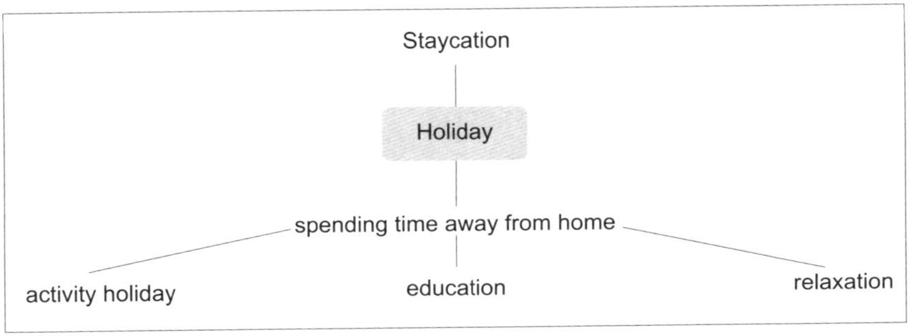

Assignments

1. Talk about different kinds of holidays and add your own ideas to the chart above.
2. Imagine you and your partner(s) would like to go on holiday together after the A-levels.
   Agree on a holiday destination with your partner(s). Besides your personal preferences, you might want to include ecological as well as financial aspects into your argumentation.

Lösungsvorschläge

Monolog

1. *This task is supposed to "warm you up" to talking about career choices. Therefore, a detailed description of the picture is not necessary. You should concentrate on the key issues. It might be helpful to think about a general topic sentence to either start or end your description, e. g. "The picture deals with different career choices and the challenge of picking a suitable one."*
   It is useful to know some of the following phrases to describe visual material:
   - *"The picture shows …"*
   - *"In the background/foreground there is/are …"*
   - *"On the left/right …/Above …/Below …/Next to …/In front of …/Behind …"*

   Candidate A: Description picture
   - girl sitting in front of a blackboard/at a desk
   - open books before her → student
   - looking dreamily into the air
   - above her: thought bubble with career choices

   Candidate B: Description picture
   - girl standing in front of a blackboard
   - looking thoughtful
   - seems to be undecided
   - above her: thought bubble with icons (family, money, shopping cart, car, house, mobile phone, plane)

2. *Now you need to go into detail about your own dream job. It is probably a good idea to choose one you are really interested in as you should have some knowledge about it. The sample solution might give you an idea about what aspects could be worth mentioning. However, you should not forget that the task is twofold: You are not only supposed to talk about your dream job, but also to conclude your explanations with an assessment of whether an exact idea about your future profession is helpful or rather counterproductive.*

   Outline:
   - career choice (e. g. "I would like to be a veterinarian.")
   - characteristic features that you like about the job (e. g. "In this profession I could work with animals, which I love.")
   - studying/training/apprenticeship (e. g. "However, I will have to go to university and study for many semesters, which will be a challenge, but as I am interested in biology and medicine, I hope it will also be great fun.")
   - positive/negative sides of the job (e. g. "Of course, I like the idea of being able to heal and save animals. On the other hand, I can imagine the difficulties of the

job as well, as sometimes I might not be able to help the sick animals and will have to put them to sleep.")

- importance of salary (e. g. "Of course, money and income also play a role and I think veterinarians are not poorly paid. However, it is not my primary concern to become rich because what is more important is that you like what you do.")
- family (e. g. "What I also love about this job is that many veterinarians I know live at their surgery. Therefore, I could have my family close to me and see them often despite possibly difficult working hours.")
- experiences/knowledge about the job (e. g. "I really think I would love this job because as an enthusiastic horse rider, I know the vet at our stable very well and have already assisted her during school holidays.")
- excitement (e. g. "What I especially like is that the job as a vet will never get boring as you treat so many different kinds of animals and a variety of illnesses.")

Assessment:

- positive point of view: "All in all, I think that it is very positive to have a certain goal in mind because you will be more motivated to reach it and chances are higher that you will be happy and successful."
- negative point of view: "However, you might have the wrong idea about the job and the work might turn out not to be what you expected, which might result in disappointment."
- conclusion: "Therefore, you should stay open-minded and flexible."

Dialog

1. *In this part of the assignment, you could start with discussing the meanings of the individual items, e. g. explain what a "staycation" is. Afterwards, you should think of concrete examples for the different ways of spending your holiday. Always remember that this part of the exam is supposed to be a dialogue. So try to talk and listen to your partner in about equal measures. You can, for example, take turns in explaining the different kinds of holidays.*

- Staycation: staying at home
- activity holiday: camping, hiking, sailing, going to a horse ranch, …
- education: attending a language course abroad, visiting a city/sightseeing, working during the holidays/doing an internship, …
- relaxation: lying on the beach, going to a spa resort, boarding a cruise ship, …

2. *Discuss the pros and cons of the different ways of spending your holidays. Listen to your partner's arguments and react to them. Then find a compromise. As pointed out in the assignment, different aspects, like your personal preferences or financial and ecological sustainability, might help you to justify your answers. In the following, you can find one possible dialogue. Of course, your individual solution will depend on your own ideas.*

PARTNER A: I prefer staying at home because it is cheap and I just want to relax and get away from the daily hustle and bustle without having the stress of travelling to a faraway place.

PARTNER B: You could also relax at a spa resort or on a cruise ship. Then we could at least see something new. Staying at home is boring.

PARTNER A: But being at a crowded spa resort is not my idea of spending my holidays sensibly. I'd prefer to do something worthwhile – working for an environmental organisation, for example. Then we would not be the typical tourists who only pollute the environment, but rather give something back.

PARTNER B: I agree, that is a commendable aim. But on the other hand, a holiday is supposed to be a time when you are not working. If you really want to profit from our time off, how about a city trip? It is exciting and you learn millions of new things when you visit museums, see sights, etc.

PARTNER A: … and you will also meet millions of people. No thanks, a crowded city is not my cup of tea. Besides, city trips are really expensive. Then, I would rather spend my time at some quiet beach.

PARTNER B: I really think we will have to find a compromise because I like being active, seeing new things and meeting other people while I am travelling.

PARTNER A: Maybe we should choose a place that offers both relaxation on the beach and the possibility of going hiking, windsurfing, etc. What about going to Madeira? I have heard that its nature is spectacular and there are still places which are not too crowded.

PARTNER B: Oh yes, I like the idea. And isn't it the island of flowers? So, you could maybe even do something environmentally related there.

PARTNER A: That would be great. I will try to research whether they have some projects of the sort. So, we will only have to find out how to get there, where to stay and how to get a cheap group offer.

Monolog

Candidate A

© Christine Anderson/cartoonstock.com

Candidate B

© Theresa McCracken/cartoonstock.com

Assignments

1. Present the cartoon.
2. Describe how social media has changed our lives and assess whether these changes are for the better or worse.

Dialog

A "Anybody who thinks small towns are friendlier than big cities lives in a big city." (Richard Peck: *A year down yonder.* New York: Dial Books for Young Readers, 2000)

B "City life is millions of people being lonesome together." (Henry David Thoreau)

Assignments

1. Explain the quotations in front of you and discuss with your partner which quotation you can relate to. Give reasons for your choice.
2. Agree on a number of characteristics a city must have in order to guarantee a good life for "millions of people".

Lösungsvorschläge

Monolog

1. *When you present a cartoon, you should start by describing it. Speech bubbles or captions are usually especially important to understand the message the cartoonist is trying to convey. You could end your description with an interpretation, which will also lead you to the second task of the monologue in which you will have to focus on the controversial topic of social media in more detail.*
   Some helpful phrases for describing cartoons are the following:
   - *"The cartoon shows .../In the cartoon, you can see ..."*
   - *"In the background .../In the foreground .../In the centre of the cartoon ..."*
   - *"On the left .../In the top right-hand corner you can see .../The left half shows ..."*
   - *"The cartoon has a/no caption ..."*
   - *"The cartoonist/artist illustrates .../wants to express the fact that ..."*
   - *"The cartoon is a reference to .../refers to .../is a criticism of ..."*
   - *"The message of the cartoon is .../The cartoon might suggest that ..."*
   - *"It is an interesting, multi-layered cartoon .../It shows an exaggerated view of ..."*
   - *"To get across this message, the cartoonist ..."*

   Candidate A: Description cartoon
   - fortune teller and client, sitting opposite each other
   - fortune teller is pretending to tell the man's fortune from a crystal ball but is actually using her cellphone to retrieve information about him from the Internet
   - information is very private: family members, favourite kind of music, time of graduation
   - **message:** to warn of the dangers of social networks that know "everything" about people

   Candidate B: Description cartoon
   - family in a car, driving by the Grand Canyon
   - mother is driving and taking photos with her cellphone at the same time (without looking at the scenery)
   - children in the back seats are asking if they can stop to look at the Grand Canyon
   - mother refuses because they can look at her photos later (online)
   - **message:** no real experience of life, only a copy of the real world on Facebook or other virtual media

2. *In the second task, you should describe the effects social media has had on our daily lives. Afterwards, you are supposed to come to a balanced assessment as to whether these effects are overall positive or negative in your opinion. Feel free to include your background knowledge as well as the aspects alluded to in your cartoon. In the following, you can find some possible arguments for and against social media. You will not have time to mention all of them, rather focus on one or two pros and cons, so that your partner will also have the chance to contribute some new arguments.*

Positive effects of social media:

- It is easier to stay in contact through Facebook, WhatsApp, etc., especially with friends who live far away.
- Information is easily accessible.
- The access to information is free of charge, therefore socially just.
- It has become more difficult to keep things secret. → Information on injustices, immoral or illegal conduct by governments or companies can be shared anonymously on the Internet and fuel protests.

Negative effects of social media:

- Presenting ourselves in a favourable light becomes addictive and sometimes even more important than real-life experiences.
- We cannot concentrate on one thing at a time anymore.
- We feel we must answer our phones any time and be always accessible. → more stress
- Spying on each other has become much easier. → Our data and secrets are not safe anymore. People have become careless and share private information with strangers on Facebook, Instagram and Snapchat.

Conclusion:

- We cannot turn back time and undo the development of social media. Therefore, we should make use of its benefits, but be careful not to become addicted. For example, we could leave our phones at home from time to time and have personal face-to-face contact "only".
- While it is helpful and also socially just that information is easily accessible to everyone, we should protect our personal data as carefully as possible. We should rather not post any personal information on social networks and only use the Internet for informative purposes.

Dialog

1. *You should start off by making sure you understand the quotations correctly, so you could paraphrase them first. Then you should discuss how adequate the quotations are in your opinion.*

Explanation quote A:
- "The grass is always greener on the other side.": People tend to want what they do not have.
- Life in a big city is better than most people think, living in a small town does not only have advantages.

Explanation quote B:
- City life is very lonely.
- Although there are millions of people in a big city, they do not really have close contact with each other.

Discussion quote A:
- disadvantages of living in a small town (e. g. gossip, social control/pressure, fewer educational/recreational facilities, ...) versus advantages of city life (e. g. more independence, many choices for entertainment/work, ...)
- however, also many advantages of small town life (probably less pollution, agreeable to know everyone and feel safe, less crime, ...) and disadvantages of city life (e. g. anonymous, noisy, dirty, expensive, ...)
- true that you would probably have to know both ways of living to really compare them in a balanced way

Discussion quote B:
- exemplary cases of people dying and nobody noticing for weeks (anonymity)
- however, close personal contacts and friendships possible in city as well as in small town (depiction too negative)
- being surrounded by many people without really knowing them can feel lonelier than really being alone → loneliness in the city probably as common as in a small town, but might feel worse

2. *First of all, you should think of aspects that are important to you to lead a good life. Share these ideas with your partner. You can also include both negative and positive examples of cities you have visited to substantiate your claims.*

Possible aspects:
- cleanliness and well-organised basic infrastructure (e. g. adequate housing, water supply, waste/sewage treatment system) vs. pollution and dirt
- adequate public transport vs. traffic jams and congested streets
- good educational facilities
- hospitals
- entertainment offers (e. g. cinemas, museums, theatres, ...)
- recreational areas (e. g. parks, swimming pools, nature) vs. noise and stress
- social security and safety instead of poverty and crime
- social cohesion: smaller districts in which more familiarity is possible
- affordable prices of housing, essential goods, etc. instead of exorbitant costs of living in many cities

Text 1: Umsatzbringer „Die drei Fragezeichen“: Da sieht Lady Gaga alt aus

Seit Jahrzehnten lösen die kindlichen Krimihelden „Die drei Fragezeichen“ einen Fall nach dem anderen – und es ist kein Ende in Sicht. […]

Die Superstars dieser Welt – sie alle kommen nicht gegen drei milchgesichtige Hobby-Ermittler an. Justus Jonas, Bob Andrews und Peter Shaw, besser bekannt als „Die drei Fragezeichen“. Sie stellen selbst Showbiz-Größen wie Lady Gaga in den Schatten.

Die Reihe aus Hörspielen und Büchern über die kindlichen Krimihelden bescherte dem Musiklabel Sony-Europa und dem Kosmos-Verlag seit ihrem Deutschland-Start 1968 einen Gesamtumsatz von fast einer halben Milliarde Euro, wie die *Wirtschaftswoche* am Samstag unter Berufung auf Branchenschätzungen berichtete. In Deutschland seien bislang mehr als 45 Millionen Tonträger und 16 Millionen Bücher der Reihe verkauft worden. […]

Die Geschichten funktionieren nach einem einfachen Grundprinzip: Verbrechensaufklärung mit einer Portion Grusel und einem hohen Wohlfühleffekt. […]

(110 Wörter)

afp, 30. 11. 2013. http://www.spiegel.de/kultur/literatur/die-drei-rekordumsatz-mit-den-kindlichen-krimihelden-a-936500.html

Text 2: Kinderbuch als Bühnenshow: Die Live-Hörspiele der „Drei ???“ befördern den Kult um sie.

Ein Interview mit Jens Wawrczeck.

Drei Jugendliche, die in Kalifornien Kriminalfälle lösen: Justus Jonas, Peter Shaw und Bob Andrews sind Helden für jede Generation von Kindern in Deutschland seit 1968 – damals erschien der erste Band von *Die drei ???*[1] in deutscher Übersetzung. Die Reihe wird wegen ihres Erfolgs hierzulande weitergeführt, obwohl sie in den USA 1994 eingestellt worden ist. Zur Popularität tragen die Hörspiel-Adaptionen der Krimis bei. Seit 2002 treten die Sprecher Oliver Rohrbeck (Justus), Jens Wawrczeck (Peter) und Andreas Fröhlich (Bob) zudem mit „Drei ???“-Bühnenshows auf. Dabei verwandeln sie jede noch so schnöde Halle in den fiktiven Sehnsuchtsort Rocky Beach.

Herr Wawrczeck, warum schreibt sich der Erfolg der „Drei ???“ derart fort?

Wir werden vererbt. Menschen, die mit uns Kindheitserinnerungen verbinden, möchten uns in ihrem Leben behalten. Das klappt, wenn sie ihre Kinder *Die drei ???* hören lassen. Auch wenn ich mir den Kultstatus nicht ganz erklären kann, fiel der Beginn in eine sonnenbeschienene Stunde des Hörspiels: Die Folgen spielten in Amerika. Das war damals ein weit entferntes Land, man konnte alles behaupten. Die Cover waren sehr einprägsam und stylish, nicht unbedingt wie bei Kinderhörspielen, daher konnten auch Erwachsene das kaufen, ohne rot zu werden. Inzwischen ist das ein Familien-Produkt, bei den Live-Auftritten versammeln sich die Generationen, jeder hat seine eigene Assoziation.

Die Geschichten bedienen Heldenfantasien von Heranwachsenden; zugleich kriegen Erwachsene erzählt, dass die Dinge in einer vermeintlich komplizierten Welt mit Tatendrang und Aufrichtigkeit ganz einfach zu regeln sind. Ist das der Trick?

Wir stehen in der Tradition erfolgreicher Kinderbücher, die den Erwachsenen zeigen: Ihr wisst nicht alles, ihr könnt nicht alles. Zudem sind Justus, Peter und Bob sozusagen Teile eines gesplitteten Menschen. Jeder steht für verschiedene Eigenschaften: Justus ist das Gehirn, Peter eher die Emotion, Bob erdet alles.

Haben sich die Hauptfiguren und ihre Geschichten über die Jahrzehnte verändert, vielleicht auch verändern müssen – um diejenigen zu bleiben, die sie sind?

Veränderungen sind nötig, um dem Zeitgeist gerecht zu werden – vor allem bei technischen Neuerungen. Aber alles, was diesen Kosmos zu sehr aus der Balance bringt – Freundinnen etwa – wird vom Publikum nicht akzeptiert und hat die Geschichten auch nicht befruchtet. […] Und je nostalgischer die Geschichten sind, desto besser funktionieren sie meines Erachtens. Auf keinen Fall wollen wir sprachlich hipp sein, wir verwenden keine extremen Schimpfwörter. Morde passieren eigentlich nie. Es ist dann vielleicht von Toten aus der Vergangenheit die Rede, aber es ist, glaube ich, noch nie richtig Blut geflossen.

Wie ticken Serienfiguren, damit sie für mindestens eine Generation das Potenzial zu Kindheitshelden haben?

Sie müssen authentisch sein. Meine Helden haben eine Haltung und enttäuschen mich darin nicht. Sie verkörpern ein Ideal, aber eines mit Schwächen. Glatte Helden sind uninteressant. Eine Identifikation muss schon möglich sein. Ein Held ist im Grunde jemand, der uns in einer idealen Form zeigt. Und „Die drei ???“ zeigen eine ideale Form der Freundschaft. […] (466 Wörter)

„Männerliebe“, Stefan Fischer, SZ.de vom 23. 09. 2015

1 Amerikanischer Originaltitel: The Three Investigators

Assignment

You are a guest student at an American high school and your class is working on a project about fiction series. You have been asked to contribute an example from Germany.

Based on the given texts, write an article for the project website in which you present the series and the reasons for its success in Germany.

Lösungsvorschläge

This assignment requires you to adopt the perspective of a German guest student at an American high school. For a successful mediation you should not translate the complete texts but extract the relevant information and structure it according to your needs. Here the assignment requires you to focus on the content of the series and the reasons for its popularity. The product expected in this assignment is an article within a project, so keep in mind the formal requirements of this text form, such as a suitable headline and clearly structured information.

***The Three ???*: How an American Detective Series for Children has been Capturing Germans of all Generations for more than 50 years**

Having started in 1968, the children's detective series *The Three Investigators*, which in German reads *The Three ???*, became an immediate success, and while the American original petered out in 1994, its German counterpart has been selling record numbers of books and CDs and has been filling venues all across Germany with live performances of the stories. So what makes the adventures of three young amateur detectives in an imaginary place in California so popular?

The formula for success could be narrowed down to the series offering exciting and slightly scary detective stories with a feel-good factor which are written for children but are still popular with the older generations. The three young heroes serve as an authentic embodiment of basic human characteristics, with one of the boys being the intellectual, the second his emotional counterpart and the third down-to-earth and pragmatic. While they present an ideal of teamwork and friendship, they retain individual weaknesses and are therefore perfect for identification. Furthermore, the well-ordered, somewhat nostalgic setting, to which only necessary technological innovations, but no swear words or excessively violent scenes have been added throughout the years, offers a simple and welcome escape from an otherwise complex and chaotic world.

The distinctive cover design and the fact that the stories are available as books, radio plays and live shows enabling different generations to listen to or watch the stories together add to *The Three Investigators'* success. No wonder that in Germany the love of the series has been passed on from one generation to the next. *(256 words)*

Alice Walker, "The Welcome Table"

Introductory note: Set during the period of the Civil Rights Movement.

The old woman stood with eyes uplifted in her Sunday-go-to-meeting clothes: high shoes polished about the tops and toes, a long rusty dress adorned with an old corsage, long withered, and the remnants of an elegant silk scarf as head rag stained with grease from the many oily pigtails underneath. Perhaps she had known suffering. There was a dazed and sleepy look in her aged blue-brown eyes. But for those who searched hastily for "reasons" in that old tight face, shut now like an ancient door, there was nothing to be read. And so they gazed nakedly upon their own fear transferred; a fear of the black and the old, a terror of the unknown as well as of the deeply known. Some of those who saw her there on the church steps spoke words about her that were hardly fit to be heard, others held their pious peace; and some felt vague stirrings of pity, small and persistent and hazy, as if she were an old collie turned out to die.

She was angular and lean and the color of poor gray Georgia earth, beaten by king cotton and the extreme weather. Her elbows were wrinkled and thick, the skin ashen but durable, like the bark of old pines. On her face, centuries were folded into the circles around one eye, while around the other, etched and mapped as if for print, ages more threatened again to live. Some of them there at the church saw the age, the dotage, and the missing buttons down the front of her mildewed black dress. Others saw cooks, chauffeurs, maids, mistresses, children denied or smothered in the deferential way she held her cheek to the side, toward the ground. Many of them saw jungle orgies in an evil place, while others were reminded of riotous anarchists looting and raping in the streets. Those who knew the hesitant creeping up on them of the law, saw the beginning of the end of the sanctuary of Christian worship, saw the desecration of the Holy Church, and saw an invasion of privacy, which they struggled to believe they still kept.

Still, she had come down the road toward the big white church alone. [...] She stopped to calm herself on the wide front steps, not looking about her as they might have expected her to do, but simply standing quite still, except for a slight shivering of her throat and tremors that shook her cotton-stockinged legs.

The reverend of the church stopped her pleasantly as she stepped into the vestibule. Did he say, as they thought he did, kindly, "Auntie, you know this is not your church?" As if one could choose the wrong one. But no one remembers, for they never spoke of it afterwards, and she brushed past him anyway, as if she had been brushing past him all her life, except this time she was in a hurry. Inside the church she sat on the very first bench from the back, gazing with concentration at the stained-glass window over her head. [...]

The young usher [...] went up to her and whispered that she should leave. Did he call her "Grandma", as later he seemed to recall he had? But for those who actually hear such traditional pleasantries and to whom they actually mean something, "Grandma" was not one, for she did not pay him any attention, just muttered, "Go 'way", in a weak sharp bothered voice, waving his frozen blond hair and eyes from near her face.

It was the ladies who finally did what to them had to be done. Daring their burly indecisive husbands to throw the old colored woman out they made their point. God, mother, country, earth, church. It involved all that, and well they knew it. Leather bagged and shoed, with good calfskin gloves to keep out the cold, they looked with contempt at the bloodless gray arthritic hands of the old woman, clenched loosely, restlessly in her lap. Could their husbands expect them to sit up in church with that? No, no, the husbands were quick to answer and even quicker to do their duty.

Under the old woman's arms they placed their hard fists (which afterwards smelled of decay and musk – the fermenting scent of onionskins and rotting greens). Under the old woman's arms they raised their fists, flexed their muscular shoulders, and out she flew through the door, back under the cold blue sky. This done, the wives folded their healthy arms across their trim middles and felt at once justified and scornful. But none of them said so, for none of them ever spoke of the incident again. Inside the church it was warmer. They sang, they prayed. [...] (787 words)

Alice Walker, "The Welcome Table", in: The Complete Stories, *W & N 2001, pp. 74–77*

Assignments

1. Describe the old woman and her behaviour. *(30 %)*
2. Analyse the churchgoers' attitude towards the old woman and the means used to present it. Focus on content and language. *(40 %)*
3. You are part of your school's debating club and you have come across the story while preparing for the next debate. Its topic is: "Non-violent resistance: The key on the road to equality?"

   Write the script for your speech referring to the old woman's experience. Include your background knowledge. *(30 %)*

Lösungsvorschläge

1. *This task is designed to check your text comprehension. When you look at the given list of "Operatoren", you will find the information that "describe" means "to give a detailed account of sth or sb". In this case it is the old woman you are supposed to describe. So, you will have to go through the text and look for passages that describe her outer appearance as well as her behaviour.*
   As for language, you will have to make sure not to quote from the text and to try to use your own words. In case you need help with finding suitable synonyms for expressions from the text, use the thesaurus section of your English-English dictionary.
   To structure your text, it might help to write a short introductory sentence. Bear in mind that this task is worth 30 % of the overall mark that you will receive.

   The given text, which is an excerpt from Alice Walker's "The Welcome Table" published in a collection of her short stories, deals with a peculiar old African American woman who in winter attends a church ceremony in an obviously White-only church in the Southern United States.
   The nameless woman shows up at the steps of the church in originally fine and elegant but now dirty and worn-away clothes. Her clothes and her skin, basically her whole appearance, are marked by age, work and climate. In other words, she seems to have had a hard life and while making an effort to dress for the occasion of her visit to the church, she is limited in her choices by poverty. She is also described as having an obnoxious odour and rather unkempt hair.
   On the whole, she seems exhausted, stressed and nervous but also determined when she resolutely brushes past the priest in order to rush into the church and sits down in the last row to stare absent-mindedly at a stained-glass window ignoring everybody and paying no attention to either people's hostile glares nor the usher's attempts to convince her to leave. In the end, she can only be driven out of the church by force. The reasons for her defiance against the rules of the time remain in the dark. *(221 words)*

2. *This assignment counts for 40 % which is slightly more than the other two tasks and makes this the main part of your exam. So, you should search the text thoroughly for hints about the churchgoers' attitude towards the old woman. "To analyse" means "to study or examine sth methodically and in detail, typically in order to explain and interpret it" which means that you are expected to not only list incidences of where the churchgoers' attitude becomes apparent, but to go one step further and try to explain what is behind all this. Bear in mind that you are not only supposed to work on the content level but to examine the means of language deployed.*
   Again, you might want to add a short introduction in which you might, for instance, summarise your main findings. After that, try to work your way through the text logically and in the end also write a short conclusion to structure your text.

When the old Black lady turns up in an all-White church, the other churchgoers seem to feel disturbed and vaguely threatened by her disregard for the common rules segregating the Black and the White parts of the population. At the same time, they seem to be slightly ashamed of the whole situation, as they keep silent after the incident and would prefer to forget about it.

The first reaction by those who see the old woman walking up the steps to the church already shows this: on the one hand, they seem to be curious to know what she wants there (cf. ll. 5–7), on the other hand, they search for answers only "hastily" (ll. 5/6), in other words furtively without wanting to admit their curiosity. As the old lady's face is "shut [...] like an ancient door" (l. 6), the churchgoers' insecurity increases because they cannot explain her appearance. Their resulting "fear" (l. 7), which is even heightened to "terror" (l. 8), finds different expressions: some of the people comment on her appearance with "words [...] that were hardly fit to be heard, others held their pious peace; and some felt vague stirrings of pity [...], as if she were an old collie turned out to die" (ll. 9–11). This shows a whole spectrum of reactions. On the one end of this spectrum people apparently use swear words to describe what they are about to witness while on the other end there are more human feelings for the woman but only to that extent that she is compared to an old dog about to die. Thereby, the human feeling of pity is immediately dehumanised and while the people might notice the old woman's plight, they turn their back to it as if it were something regrettable, but not of further interest, let alone something that should be changed.

The connotations the old woman's appearance conjures up in the White churchgoers' minds represent a mixture of age-old prejudices and fears as well as their own experiences with African American people which are limited to certain spheres of life: while some only see poverty in her (cf. ll. 16/17), a few others are immediately reminded of servants or exploited mistresses (cf. ll. 17/18) and the majority is filled with fear. Their fearful associations are fed by prejudice, like "jungle orgies in an evil place" (ll. 19/20) and by pictures of "riotous anarchists looting and raping in the streets" (ll. 20/21) that they probably know from the news. They also fear "the end of the sanctuary of Christian worship, [...] the desecration of the Holy Church" (ll. 22/23), in other words in the tumultuous times of the Civil Rights Movement, this one old woman challenges the last White stronghold of racial segregation – their congregation.

According to their fear, their measures of engagement also show a wide array of options to remove the intruder from where she obviously does not belong. After the White bystanders' whispering to each other, the priest is the first person to address the old woman directly. He uses the comparatively friendly title of "Auntie" (l. 29) only to be cold-shouldered by her. The next person to try to get her attention is the young usher, wo calls her "Grandma" (l. 36), which could be seen as an inappropriate insult and is a further step towards escalation, because the old lady counters it with her only verbal reaction in the given excerpt, "Go 'way" (l. 38). She keeps sitting on her seat in the last row of the church and it seems like nothing can break her determination to stay. However, the White women of the congregation are not prepared to tolerate that. They wear fine leather shoes and handbags (cf. ll. 42/43),

have "good calfskin gloves to keep out the cold" (l. 43), and look down upon "the bloodless gray arthritic hands of the old woman" (l. 44). Later on, their arms are described as "healthy" (l. 51), their bodies as "trim" (l. 51), which perfectly illustrates the contrast to the old lady's haggard appearance (cf. ll. 1–5, 12–17). These White women urge their obviously puzzled passive husbands to action (cf. ll. 40/41). The husbands' "hard fists" (l. 47) and "muscular shoulders" (l. 49) which are used to throw out the old woman seem unnecessarily violent in the face of a single old and rather weak-looking lady. With that being taken care of and the White order restored, the women go back to business, i. e. they sing and pray sanctimoniously, or as the anaphora in the text goes, "They sang, they prayed." (l. 53).
The narrative perspective the author employs corroborates the image of an unjustified rejection of a helpless outsider. The point of view is one of an omniscient narrator who sometimes speaks directly from the churchgoers' perspective, like in line 4 ("Perhaps she had known suffering.") or especially when describing the women's indignation. Here, short catchphrases are used with which they want to justify their behaviour towards the old lady ("God, mother, country, earth, church.", ll. 41/42). These are all expressions that appeal to their husbands' honour. By presenting the women's words and thoughts in free indirect speech ("and well they knew it", l. 42; "Could their husbands expect them to sit up in church with that?", l. 45), the author manages to stress that their actions are only superficially "justified" (l. 51).
The narrator's comment in line 30, "As if one could choose the wrong [church]", makes obvious that despite their pretence to be dutiful Christians, their discrimination happens in a place where race actually should not matter. That the people themselves try and pretend to forget about the whole incident (cf. ll. 30/31, 35/36, 51/52) might be a hint that they themselves know about the un-Christian misguidedness of their behaviour. *(982 words)*

3. *You are supposed to write a speech in which you can include your background knowledge on equality and non-violent resistance. You might also mention current developments. Furthermore, you should refer to the short story by Alice Walker. For a speech, it is imperative to address your fellow students, explain what your speech is about, use the right register, speak persuasively with convincing arguments and examples and come up with a fitting ending. To create a convincing and coherent text, you should link the short story to the historical developments: in what way does "The Welcome Table" present an example of non-violent resistance? How can that be compared to other incidents of non-violent protest? Were these attempts successful? Why/Why not?*

My fellow students,

Today I have the honour to stand here before you and talk about the topic of "Non-violent resistance: The key on the road to equality?". This would seem like quite a task … But Alice Walker's short story "The Welcome Table" gave me an idea as to where to start: Ms Walker wrote a short story about an old African American woman who, during the time of the Civil Rights Movement, i. e. the 1950s or 60s, went to a church in a White district only to be thrown out by the White congregation who prayed and sang afterwards as if nothing had happened. And there it was, the idea for my speech …

Because what is the difference between this old lady's attempt to worship in a church of her choice and let's say Rosa Parks's unbending resolution to not give up her seat on the bus to a White passenger, or Elizabeth Eckford's silent endurance of the insults she had to bear from a White mob who thought she should not go to a "White" high school? The numerous non-violent protest actions organised by Martin Luther King of course also come to mind in this context.

These Civil Rights Movement fighters' courage is preeminent. Look at how they changed our society. For us it is normal that people regardless of their race or colour ride on the same bus. For us it is normal that people regardless of their race or colour go to the same school. For us it is normal that people regardless of their race or colour peacefully demonstrate against injustice. So, the answer to the lead question of my speech seems easy. "Yes, non-violent resistance is the key on the road to equality", you might say after having heard of these successful examples BUT – and unfortunately there still is a but – the USA hasn't quite arrived at the point that the country's forefathers put in the declaration of independence "that all men are created equal". What about the discrimination in matters of housing, education, payment or jobs in general? What about the situation in the so-called ghettos that still exist? What about police violence against African Americans? What about the racial injustice in the US legal system? I could go on and list many more examples, but don't you think that this is embarrassing?

We live in the 21st century and still people do not get it – instead the USA has elected a president who divides the country and is not interested in solving any of the listed problems. His predecessor Barack Obama as the first Black president stood for hope that things would change. But his eight years in charge weren't enough. Since the end of the Civil War African Americans have been equal to their White fellow Americans by law, but are they really? No, they are not. They are still struggling and nothing has changed. Let me just quickly come back to the old lady in Alice Walker's story: what happens to her? She is thrown out of the church. So, we could conclude that she did not really achieve anything, similar to the Civil Rights activists who certainly did achieve something, but seemingly not enough.

However, what is the alternative? If everyone picked up their weapons and fought another civil war, no one would win. Violence only breeds further violence, so in the end, that leaves us with only one option: non-violent resistance. It might not be the fastest key to equality but definitely the most effective one. And let's be honest: Gandhi and Mandela didn't change their societies on a single day. And thanks to our Civil Rights activists we are on the right but stony path – I wouldn't call it a road yet – to equality. What the old woman in the story might have achieved after all is that people felt bad about treating an old, helpless, non-violent lady the way they did. That is also what other non-violent protesters achieved. Let's hope that morality will triumph in the end.

Thank you for your attention. *(680 words)*

Abitur 2018 Schleswig-Holstein – Englisch (Kernfach)
Textaufgabe 2: African Americans: Free at Last? Equal at Last?

Barack Obama, "Remarks by the President at the Dedication of the National Museum of African American History and Culture"

"James Baldwin once wrote, 'For while the tale of how we suffer, and how we are delighted, and how we may triumph is never new, it always must be heard.'

Today, as so many generations have before, we gather on our National Mall, to tell an essential part of our American story, one that has at times been overlooked. We come, not just for today, but for all time.

President and Mrs. Bush, President Clinton, Vice President and Dr. Biden, Chief Justice Roberts, Secretary Skorton, Reverend Butts, distinguished guests, thank you.

Thank you for your leadership in making sure this tale is told. We're here in part because of you, and because of all those Americans, the Civil War vets, the Civil Rights foot soldiers, the champions of this effort on Capitol Hill, who for more than a century kept the dream of this museum alive [...].

And so this national museum helps to tell a richer and fuller story of who we are. It helps us better understand the lives, yes, of the president, but also the slave, the industrialist but also the porter, the keeper of the status quo but also of the activist seeking to overthrow that status quo, the teacher, or the cook, alongside the statesman.

And by knowing this other story, we better understand ourselves and each other. It binds us together. It reaffirms that all of us are America, that African American history is not somehow separate from our larger American story, it's not the underside of the American story.

It is central to the American story, that our glory derives not just from our most obvious triumphs, but how we've wrested triumph from tragedy, and how we've been able to remake ourselves again, and again, and again, in accordance with our highest ideals.

I, too, am America.[1] [...]

A museum alone will not alleviate poverty in every inner city, or every rural hamlet. It won't eliminate gun violence from all our neighborhoods, or immediately ensure that justice is always color-blind. It won't wipe away every instance of discrimination in a job interview, or a sentencing hearing, or folks trying to rent an apartment.

Those things are up to us, the decisions and choices we make. It requires speaking out, and organizing, and voting, until our values are fully reflected in our laws and our policies and our communities. But what this museum does show us, is that even in the face of oppression, even in the face of unimaginable difficulty, America has moved forward.

And so this museum provides context for the debates of our times, it illuminates them and gives us some sense of how they evolved, and perhaps keeps them in proportion. Perhaps they can help a white visitor understand the pain and anger of demonstrators in places like Ferguson and Charlotte.

But it can also help black visitors appreciate the fact that not only is this younger generation carrying on traditions of the past, but within the white communities across this nation we see the sincerity of law enforcement officers and officials who, in fits and starts, are struggling to understand, and are trying to do the right thing.

It reminds us that routine discrimination and Jim Crow aren't ancient history, it's just a blink in the eye of history, it was just yesterday. And so we should not be surprised that not all the healing is done. We shouldn't despair that it's not all solved. And knowing the largest stories should instead remind us of just how remarkable the changes that have taken place truly are – just in my lifetime. And thereby inspire us to further progress. [...] Young people, come here and see your ability to make your mark. The very fact of this day does not prove that America's perfect. [...]

It is a monument, no less than the others on this mall, to the deep and abiding love for this country and the ideals upon which it is founded. For we, too, are American. So enough talk. President Bush was timing me. He had the over/under at 25.[2] Let us now open this museum to the world. [...]

God bless you. God bless the United States of America." (704 words)

Barack Obama's speech at the Museum of African American History and Culture, Sep 24, 2016

1 *I, too, am America:* line taken from a famous poem written by Langston Hughes (1902–1967)
2 *He had the over/under at 25:* Bush is checking whether Obama sticks to 25 minutes in his speech.

Assignments

1. Outline the functions the museum fulfils for the American society as presented by Obama. *(25 %)*

2. Examine the means and strategies Obama employs to create the atmosphere of the dedication ceremony. *(35 %)*

3. You are a student journalist of a high school in Washington D. C. and have just listened to Obama's speech in class.

   For the comment section of your school's homepage you write a motivational blog entry that picks up Obama's call for action: "Young people, come here and see your ability to make your mark. The very fact of this day does not prove that America's perfect." (ll. 47/48).

   Write the blog entry elaborating on how young Americans can learn from the past and tackle some of the current challenges Obama refers to in his speech. Include your background knowledge. *(40 %)*

Lösungsvorschläge

1. *According to the list of command terms (dt. „Operatoren"), "outline" means "to give the main features, structure or general principles of a topic omitting minor details". This assignment is designed to find out if you understood the text and are able to restructure it since you are supposed to put emphasis on a special aspect, i. e. the functions the museum fulfils for the American society, according to Obama. So, in a close reading of the text, focus on passages that refer to the question of why the museum is important. Use the present tense. Leave out any examples, interpretations or evaluations of the information at hand and do not quote from the text in this task. Just sum up the core information and present it in a logically structured way. Start with a short introduction on the general information that you have.*

The speech delivered by Barack Obama on occasion of the opening of the National Museum of African American History and Culture in Washington D. C. on 24 September 2016 shows what Obama believes this museum could mean to the American society.

Obama says that the National Museum of African American History and Culture will make African American history understandable as part of the American history and give its complexity a voice by keeping memories alive. It will illustrate the African American past with all its ups and downs and is supposed to fulfil an important educational function. Obama hopes that it will let people learn from the past to solve present-day problems in the future.

By showing that even little successes can be seen as part of a constructive development of the American society, Obama wants the museum to motivate people to fight peacefully and patiently to keep up the dialogue of historical and social development. The museum therefore has an inspirational and encouraging role as well.

What the museum cannot and should not portray is an idealised version of past and present society. Instead, it will display fields of conflicts without accusing anyone but rather be a reminder of the wrongs done and a memorial for certain ideals. In embracing all which is part of America, he believes that the National Museum of African American History and Culture is a place of patriotism for all Americans.

(237 words)

2. *Here you are supposed to "examine" the means and strategies Barack Obama uses to make the dedication of the museum solemn. That means that you are supposed to find the stylistic devices that create the celebratory tone. However, you should not only list rhetorical devices, but also pay attention to the general structure of the speech, to certain word choices, etc., and put it all in a larger context. Work closely with the text by giving quotes. Keep your text logical. Start with an introduction and end with a conclusion.*

Barack Obama is well-known for his eloquence and since he was the first African American president of the United States, it is a natural choice to have him deliver one of the dedication speeches for the National Museum of African American History and Culture. In his speech, he masterfully manages to make the occasion an act of celebration as well as a strong signal for future improvements in race relations. Obama sets the mood by quoting the American author James Baldwin, "For while the tale of how we suffer, and how we are delighted, and how we may triumph is never new, it always must be heard" (ll. 1/2). It immediately puts the audience in a position to expect something important and festive to follow.

The significance of the moment is also set by Obama personally addressing the most important of the present attendants, e. g. former presidents and other politicians (cf. ll. 6/7). The guest list alone marks the weight of this event, but Obama does not stop at thanking present dignitaries. He also puts the foundation of the museum in a wider historical context by additionally thanking "the Civil War vets, the Civil Rights foot soldiers, the champions of this effort on Capitol Hill" (ll. 9/10). All of them have contributed to the history of the museum, which therefore represents many former generations. Obama specifically alludes to "so many generations" (l. 3) who have been gathering on the National Mall, a place of historical significance where the National Museum of African American History and Culture is about to open. Further stressing the importance of the event, he says that it plays a role "not just for today, but for all time" (l. 5).

Throughout his speech, Barack Obama tries to connect past and present. Besides the museum's historical focus, he alludes to "Ferguson and Charlotte" (l. 37), places where racial conflicts are still very pressing issues. Obama does not want to hide structural problems like poverty, gun violence, discrimination in court, housing or employment. In a striking anaphoric structure, he mentions all these areas where more needs to be done and where a museum alone will not suffice to bring about healing (cf. ll. 25–28). In an extreme contrast, he makes obvious that "every inner city [and] every rural hamlet" (l. 25) can be affected. Coming back to history, he reminds his listeners that "routine discrimination and Jim Crow aren't ancient history" (l. 42). Using an exaggerated metaphor, he calls the time which has passed since then "just a blink in the eye of history, [...] just yesterday" (l. 43).

In this context, he further stresses the fact that the museum will not change the situation at once. Instead, the complexity of problems needs "speaking out, and organizing, and voting" (ll. 29/30). In his use of the first person plural when he says that "Those things are up to us, the decisions and choices we make" (l. 29), Obama cleverly appeals to all his listeners to not tire in their efforts for a more equal society.

Another aim of the former president is to appeal for unity. The diversity of the nation becomes obvious in his antithetical enumeration of people whose lives should be reflected in the museum, "the president, but also the slave, the industrialist but also the porter, the keeper of the status quo but also [...] the activist seeking to overthrow that status quo, the teacher, or the cook, alongside the statesman" (ll. 13–15).

Another strategy by which he wants to unite all Americans is by pointing out America's greatness, which is especially evident in times of trouble. By using strong, dramatic words, like "glory" (l. 20) or the alliteration "wrest[...] triumph from tragedy" (l. 21), he tries to touch his listeners emotionally and encourages them to keep

fighting for a common goal by reminding them that the country has been able to reinvent itself "again, and again, and again" (l. 22).
In the quote by another famous African American writer, Langston Hughes, "I, too, am America" (l. 24), Obama refers to himself as an individual as well as the president of the country. When he picks the quote up again, he varies it slightly, saying "we, too, are American" (l. 50), thereby gathering everybody behind him once more.
In sum, Obama uses a simple, easy to understand language with only a few foreign words so that the majority of the American people can and will understand his message. Ending his speech on the patriotic and religious note, "God bless the United States of America" (l. 53), which is typical in speeches of US presidents, Obama once more appeals to his listeners' patriotism and sense of moral duty. *(788 words)*

3. *Here, you have a vast variety of options for your answer. It is important to bear in mind the restrictions and requirements of a blog entry, which to be honest are close to none and leave you with maximum freedom. However, you are writing for your school's homepage, so it makes sense to structure your answer clearly, for instance according to ways in which young Americans can influence their country's future. Besides, you are also free to include your background knowledge whenever possible. Ideas are actually given by Obama himself and you are free to pick them up. If you can think of other examples, use them. The more you can logically fit into your text the better because, as you have seen, this task is worth an overall 40 %.*

Genie_in_a_Bottle, 26 September 2016, 17:34

Well done!!! BO on NMAAHC opening ceremony…

Have you seen it? Have you heard it? "Young people, come here and see your ability to make your mark. The very fact of this day does not prove that America's perfect." Dead-on, Mr. President!
What do you think? Can we, as Barack Obama suggests, really do anything to improve the situation? – Oh, you really don't know what I am talking about? – Well then, for all those hillbillies who didn't pay attention in class again, here it comes: Among others, President Obama delivered a speech at the opening ceremony of our new National Museum of African American History and Culture. Like most of the other orators Obama savoured the importance of the museum and sounded a note of caution on the present-day problems of our society. AND as my quote from his speech at the beginning of my entry shows, he also demanded our help to bring the American society a step forward towards equality.
How is that possible, you ask? What can I do? Well – let me tell you in the words of our President himself, who wants us to visit the museum and afterwards talk about it. Visiting the museum won't make things better on a single day but it will make you understand the contexts that are necessary to lead a successful discussion on these matters. A discussion is the first step to solving a conflict. And of course, as our history shows, this discussion has to be a dialogue, not a one-sided instruction out of the ivory tower. But to make an enlightened dialogue possible, all sides need

some background knowledge. Arm yourselves with knowledge and maybe that will make other arms unnecessary!
Of course, I hear you protesting that talking alone has never changed anything, especially if the "other side" is not prepared to listen. So, what can we do then? Raising awareness is a critical step. That is what the Civil Rights Movement or in recent times the Black Lives Matter Movement are trying to do. If you look at the legacy of racism that was enshrined in slavery, segregation or the Jim Crow laws, you see how much discussion and civil disobedience were necessary to make things right. Remember the demonstrations against police violence? Why not start demonstrations against our liberal firearms laws? It is just about making your voice heard and maybe even seen. Be uncomfortable for those in office! Make them change things for the better! And even after laws were changed, like for instance in the famous case of Brown v. Board of Education, which ruled segregated high schools unconstitutional, it took more than that to really overcome discrimination. Just think of the Little Rock Nine and the difficulties they had to put up with – despite legally being allowed to attend a "White" high school. And now, students of different ethnic origins attending the same school is luckily completely normal. So, we will certainly need patience, but we can make a difference.
AND – you will be surprised – but President Obama is right when he says that it will also need a lot of voting before things will move in the right direction. So, again it will take time and changes will only come gradually. That is the disappointing part here – with everything we do, we will have the feeling that it won't change a thing but remember: constant dripping wears away a stone. And if we – the young generation – stop believing in a better America and stop going out and stop talking about it, nobody will and that will stop the improvement of nothing less than our own future.
And let's be honest, there are more hurdles to clear than just the assault weapons laws. What about poverty? What about housing? What about the unjust legal system? Aren't African Americans convicted to more severe sentences than any other ethnic group in the US? What about chances on the labour market? Aren't African Americans on average paid less than White workers? What about education? Don't African Americans have worse access to higher education than others?

PICK YOUR TOPIC! TALK ABOUT IT! MAKE YOUR VOICE HEARD! AND ELECT LEADERS WHO ARE PREPARED TO LISTEN!

DON'T GIVE UP ON US! DON'T GIVE UP ON AMERICA! LET'S MAKE OUR FUTURE!

What are you still waiting for? Start now … *(726 words)*

Ken Follett, *Whiteout*

Introductory note: Toni (Antonia) Gallo is the head of security at Oxenford Medical, a Scottish company that develops medication for the treatment of extremely dangerous viruses, and is currently looking for a missing employee.
The high-tech laboratories are located in an old Victorian building nicknamed "the Kremlin" because of the strict security measures and its fortress-like architecture.

[…] Powerful security lights lit up the towers and gables of the Kremlin. The temperature was five below zero, but the sky was clear and there was no snow. The building faced a Victorian garden, with mature trees and shrubs. A three-quarter moon shed a grey light on naked nymphs sporting in dry fountains while stone dragons stood guard.

The silence was shattered by the roar of engines as two vans drove out of the garage. Both were marked with the international biohazard symbol, four broken black circles on a vivid yellow background. The guard at the gatehouse had the barrier up already. They drove out and turned south, going dangerously fast.

Toni Gallo was at the wheel of the lead vehicle, driving as if it were her Porsche, using the full width of the road, racing the engine, powering through bends. She feared she was too late. In the van with Toni were three men trained in decontamination. The second vehicle was a mobile isolation unit with a paramedic at the wheel and a doctor, Ruth Solomons, in the passenger seat.

Toni was afraid she might be wrong, but terrified she might be right.

She had activated a red alert on the basis of nothing but suspicion. The drug might have been used legitimately by a scientist who just forgot to make the appropriate entry into the log, as Howard McAlpine believed. Michael Ross might simply have extended his holiday without permission; and the story about his mother might have been no more than a misunderstanding. In that case, someone was sure to say that Toni had overreacted – like a typical hysterical woman, James Elliott would add. She might find Michael Ross safely asleep in bed with his phone turned off, and she winced to think what she would then say to her boss, Stanley Oxenford, in the morning.

But it would be much worse if she turned out to be right.

An employee was absent without leave; he had lied about where he was going; and samples of the new drug were missing from the vault. Had Michael Ross done something to put him at risk of catching a lethal infection? The drug was still in the trial stage, and was not effective against all viruses, but he would have figured it was better than nothing. Whatever he was up to, he had wanted to make sure no one called at his house for a couple of weeks; and so he had pretended he was going to Devon, to visit a mother who was no longer alive. […]

[Toni] could hardly bear to think of the consequences if the Madoba-2 virus had somehow escaped. It was highly infectious, spreading fast through coughs and sneezes.

And it was fatal. A shudder of dread went through her, and she pushed down on the acceleration pedal.

The road was deserted and it took only twenty minutes to reach Michael Ross's isolated home. The entrance was not clearly marked, but Toni remembered it. She turned into a short drive that led to a low stone cottage behind a garden wall. The place was dark. Toni stopped the van next to a Volkswagen Golf, presumably Michael's. She sounded her horn long and loud.

Nothing happened. No lights came on, no one opened a door or window. Toni turned off the engine. Silence.

If Michael had gone away, why was his car here?

"Bunny suits, please, gentlemen," she said.

They all climbed into orange space suits, including the medical team from the second van. It was an awkward business. The suit was made of heavy plastic that did not easily yield or fold. It closed with an airtight zip. They helped each other attach the gloves to the wrists with duct tape. Finally they worked the plastic feet of the suits into rubber overboots.

[…] When they were ready, Toni looked again at the house. Should someone glance out of a window now, and see seven people in orange space suits, he would think UFO aliens were real.

If there was someone in there, he was not looking out of any windows.

"I'll go first," Toni said. She went up to the front door, walking stiffly in the clumsy plastic suit. She rang the bell and banged the knocker. After a few moments, she went around the building to the back. There was a neat garden with a wooden shed. She found the backdoor unlocked and stepped inside. […] (745 words)

Ken Follett, Whiteout, *Pan Books, London, Basingstoke and Oxford 2005, pp. 13–15*

Assignments

1. Describe the situation and the problems Toni Gallo has to face. *(25 %)*
2. Analyse the means the author uses to convey an atmosphere of tension and suspense. *(35 %)*
3. Michael Ross is found dead, killed by the virus. You are a journalist in Ken Follett's fictional world working for a local newspaper. Using the incident as a starting point, you decide to write an editorial entitled "Oxenford Medical – Biotech or Biohazard?"

   Write the editorial and include your background knowledge. *(40 %)*

Lösungsvorschläge

1. *This reading comprehension assignment requires you to collect the most important information presented in the text and rearrange it logically. Under no circumstances should you speculate about events or intentions at this point. Neither should you quote from the original text, so take care to use your own words. Remember to use the present tense.*

   In the given text extract from Ken Follett's novel *Whiteout*, protagonist Toni Gallo, head of security at a medical company developing medication against very dangerous diseases, and her team go in search of missing employee Michael Ross. Ross has not returned to work after his holiday and Gallo is suspicious that his absence might be related to the disappearance of an experimental anti-viral drug from the laboratory.
   Her suspicion is heightened by the fact that before leaving for his holiday, Ross claimed to visit his mother who Gallo has reasons to believe is dead. Hence, she fears he might have been infected with a dangerous virus and stolen the drug to treat himself. In this case, his failure to return might be a sign that the treatment has gone awry. As a consequence, Gallo fears that the extremely dangerous virus might spread further and cause a great number of deaths. Nevertheless she is apprehensive of the reactions of colleagues and superiors to her initiating an emergency response if her suspicions turn out wrong.
   Arriving at Ross's home, Toni Gallo feels her fears were right as his car is parked in front of the house, but no one opens the door. So, Toni, clothed in a suit that is supposed to protect her from infection, has to enter the premises. *(219 words)*

2. *This assignment requires you to do two things: first, you have to find the stylistic devices that characterise this text. Second, you have to explain the intention the author had in using them. In this case, you should focus on means to create tension and suspense. Make sure you have an idea of the effect a stylistic device is meant to create before you mention it in your analysis, otherwise you will simply produce a list of meaningless elements of speech. Remember that the atmosphere may not only be created by the author's choice of words, but also by the way a text is structured. When you write your analysis, make sure to use your own words and prove your points by giving quotations. Do not follow the structure of the text, but put your points in a logical order.*

   In the extract from Ken Follett's novel *Whiteout*, the author creates an atmosphere of tension and suspense by conveying an impression of impending danger. To begin with, he accomplishes this by his choice of words from the semantic field of "emergency", e. g. in line 11 "three men trained in decontamination" are mentioned, they are accompanied by "a paramedic" (l. 12) and "a doctor" (l. 12). Furthermore, Toni Gallo thinks about activating "a red alert" (l. 15). All this makes the readers aware that something highly dangerous must have happened. By reading about the safety staff's complex routine of dressing in their protective clothes in detail (cf. ll. 45–

48), the reader feels involved in the process and the sense of the gravity of the situation is furthered.

While the readers can feel the atmosphere of dread, they are initially kept in the dark about the reason why the alert team is dispatched and are only fed this information bit by bit. As an unknown danger is usually especially threatening, this heightens the tension in the reader. For instance, the protagonist's feelings who is "afraid she might be wrong, but terrified she might be right" (l. 14) show that she suspects something terrible, as being right "would be much worse" (l. 23) than being wrong. Similarly, the nature of the pathogen in question is first only hinted at as a virus for which the laboratory has developed a new drug, which might have been used "legitimately" (l. 16), but which is still at a "trial stage" (ll. 26/27). Only in the course of the narration does it become clear that the team is fearing the "risk of catching a lethal infection" (l. 26) with a virus that is "highly infectious, spreading fast [...] [a]nd [...] fatal" (ll. 32/33).

The protagonist's fear is expressed repeatedly and intensifies from the fairly moderate "feared" (l. 10) and "afraid" (l. 14) to the much stronger "terrified" (l. 14), culminating in "[a] shudder of dread" (l. 33) and becoming unbearable (cf. l. 31). Additionally, the reader also gets to share her feelings of insecurity about the whole situation, which are conveyed by the author's repeated use of conditional forms like "might" or "would" (ll. 15, 17, 18, 20, 27) and indefinite expressions like "[w]hatever" (l. 28) or "somehow" (l. 32) when Toni Gallo speculates about the possible events around Michael Ross's disappearance. Furthermore, the author makes the reader directly share the thoughts running through Gallo's mind in two interior-monologue-style questions about Michael Ross (cf. ll. 25/26, 42).

In addition to this, Follett also manages to create the feeling that the protagonists are pressed for time in their emergency response. When they leave the grounds, "[t]he guard at the gatehouse had the barrier up already" (l. 7), allowing them quick access to the road. There, they drive fast, ignoring speed limits and traffic rules for the sake of speed. Follett's vivid depiction of this journey fires his reader's imagination: they go "dangerously fast" (l. 8), Toni is "driving as if it were her Porsche, using the full width of the road, racing the engine, powering through bends" (ll. 9/10) and "pushe[s] down on the acceleration pedal" (ll. 33/34). The impression of speed and pressure is heightened by the author's paratactical style with short, partly elliptic sentences like "Nothing happened. No lights came on, no one opened a door or window. Toni turned off the engine. Silence." (ll. 40/41).

However, when it comes to Toni having to enter Ross's property, Follett delays the moment of her finally seeing the truth by enunciating in detail how Toni walks up to the door, rings the bell, bangs the knocker, waits a bit and continues to go to the back door (cf. ll. 53–56). He additionally sprinkles in a description of the "neat garden with a wooden shed" (l. 55), by which he both renders the scenery vivid and further heightens the tension before letting Toni enter the shed and probably discover at last what has happened to Ross.

Generally, the backgrounds Follett creates evoke a sense of dread and urgency in his readers. Michael Ross apparently lives in quite a secluded area. The road to his house is "deserted" (l. 35), the house itself does not have a "clearly marked" (l. 36)

entrance and is described as "a low stone cottage behind a garden wall" (l. 37). Furthermore, the scenery at the beginning seems almost as if it is taken from a Gothic novel with its "towers and gables" (l. 1), "Victorian garden" (l. 3), "dry fountains" (l. 4) and "stone dragons" (l. 4). The laboratory's nickname, "the Kremlin" (l. 1), consolidates the undertones of possibly threatening power and severe security. Against this background, the reader is exposed to stark optical and acoustic effects. The calm and melancholy scene in the gardens surrounding the laboratory on which "[a] three-quarter moon shed a grey light" (ll. 3/4) is suddenly interrupted by "[p]owerful security lights" (l. 1) and "the roar of engines" (l. 5) shattering the fragile silence like glass.
All of this makes the readers feel as if they are directly participating in the chase, while at the same time, the suspense becomes especially unbearable with the reader not always knowing what exactly is taking place. *(885 words)*

3. *An editorial is a newspaper article intended to present the newspaper's stance regarding a certain topic to the readers and to instigate discussion about it. Before you start, you should therefore decide on your own view of the situation. In your article you should then go on to present your opinion clearly while at the same time enabling your readers to form their own opinion by giving them all the necessary background information. Remember that an editorial should be controversial enough to incite discussion, but not polemic.*
Since you are required to include your background knowledge as well as your personal opinion on biotechnology (or at least the opinion of your fictional character), the content of your editorial depends very much on the subjects covered in your English classes. The text below should therefore be treated as an example of what a possible solution might look like. Do not worry if your version differs from it. Use the facts from the novel as a starting point and then turn the train of arguments into the direction which suits you best. You might want to use the opportunity to discuss the chances and perils of biotechnology or the responsibility of researchers for the impending risks, or even the dilemma of researchers caught between the pursuit of knowledge and the economic demands for results.
The following solution focuses on the benefits of biotechnology and the research into virus medication. Of course, you can also decide to argue against biotechnology instead.

Oxenford Medical – Biotech or Biohazard?

30 January 2017

Oxenford Medical is a gift to our region, it really is. When founder Stanley Oxenford decided to establish his laboratories here in Inverness eight years ago, enthusiasm was abounding. Now there is enough work for 25 researchers, 60 lab assistants, an army of cleaners, security staff and caretakers. Oxenford has become a major economic factor in our community.

Benefit or burden?

But now there has been an accident. And Oxenford's contribution to the economy of Inverness is starting to be overshadowed by the suspicion that all is not well in the laboratory complex fondly nicknamed "The Kremlin". Stanley Oxenford's repeated comments that "investigations are still underway, but there is no need for public alarm" are less than helpful, to be honest. They rather sound like something from a horror movie.

What do we know?

Michael Ross, employee at Oxenford Medical, contracted a deadly infection with the fatal Madoba-2 virus around Christmas. Instead of following the standard containment protocol, he decided to steal an experimental drug from the laboratory and treat himself at home. In order to not be disturbed he applied for leave and spread the story about a visit to his mother. Only when he did not appear after his leave expired did his colleagues become suspicious.

Apparently, Mr Ross died on 14 January in his home in Mousehill. Samples of the anti-viral drug were found in his kitchen. Oxenford claims that the infection has been contained and that there is no further risk for the population.

Is it worth it?

It would be easy now to paint a picture of the demon of genetically modified monsters and call for the torches and forks to drive Stanley Oxenford from the village. Too easy, in fact.

Biotechnology saves lives. Every day. Without it, we would not have vaccines. We would not even know what is responsible for many ailments that plague us. So, we are in a real dilemma here.

Right now, Oxenford Medical's research gives us the chance to win the fight against Ebola. This is a chance we must not give up. And even if we might not be directly affected by this epidemic, we have a responsibility as fellow human beings to work as hard as we can for its extermination. To force Oxenford Medical out of the county now would be a classic case of "NIMBY" – "Not in my back yard", "I agree on the necessity of this research but please, do it somewhere else." This is wrong. This is our opportunity to shoulder some responsibility for global health, and we should take it.

What is more, if I have the choice between living next to a biotechnology laboratory and seeing all the know-how migrate to faraway parts of the world where it might be used for even more sinister purposes, I'll choose the laboratory any time. In addition, let us not pretend we do not gain from Oxenford Medical's success. They pay our salaries, they pay their taxes, they shop in our stores. We should not abandon them now.

Of course, we all love predictability. But research is never predictable. Life is full of risks. And we all hate risks. But in this case, the good of the many outweighs the risks to the few. Admittedly, there has been a major security breach at OM laboratories. And this must certainly be a wake-up call for their security staff. Nevertheless, this is an isolated event. In the last eight years, there has been no comparable incident, so whoever is spreading fears and rumours about a biohazard lurking in Oxenford Park is doing just that – spreading fear and confusion.

We should be above that. This is the 21st century, after all. So, while we are keeping an eye on our researchers to employ due diligence, we should still trust them enough to do their job and ensure a safer future for all of us. *(655 words)*

Ana Mano, "Brazil's Mato Grosso[1] Leads Push for GM-Free Soy"

Cuiabà, Brazil – A movement to replace genetically modified soybeans with conventional seeds is gaining traction in Brazil's largest soy-producing state of Mato Grosso as farmers anticipate growing demand from Asia and Europe.

Brazil was an early adopter of transgenic crops and more than 96 percent of its soy harvest is of GM varieties, which helped to transform the country into the world's largest soy exporter.

Biotech crops, such as corn, soybeans and cotton, are genetically modified to resist pests or disease, tolerate drought or withstand sprayings of weed killers like glyphosate, the active ingredient in Monsanto Company's Roundup[2] herbicide.

Wininton Mendes, coordinator of a program to promote use of conventional seeds run by Mato Grosso growers and the government agricultural research agency Embrapa, said doubts related to the impact of GM food on human health is one driver behind demand for conventional raw materials.

Proponents of biotech crops say the technology lowers the cost of food and helps farmers to manage pests and diseases more safely. But some consumers and environmental groups argue that GM crops boost pesticide use and pose threats to the environment and human health.

Mendes said that Mato Grosso's drive to plant more conventional soy is backed by three trading firms – including Amaggi SA, owned by the family of Agriculture Minister Blairo Maggi – which pay a premium. The other two traders are Imcopa International SA and Caramuru Alimentos SA.

The average premium stood at 12 reais[3] per 60-kilogram bag of GM-free soy this season, he told Reuters[4].

Reintroduction of conventional soy creates a niche market for farmers with deep pockets, since non-GM crops require strict controls to avoid contamination during production and shipping, which may raise costs.

Encouraged by the premia[5] paid this season, farmers may plant more non-GM soy in the next cycle, according to Daniel Ferreira, the superintendent of agricultural research agency Imea.

Endrigo Dalcin, who planted 1,500 hectares (3,700 acres) of GM-free soy this harvest, plans to almost double that in the 2017/18 crop.

"Some farmers in Mato Grosso are already planting 100 percent GM-free thanks to the premium and international demand," Dalcin said.

However, for many farmers the difficulty remains the availability of seeds.

An estimated 13.6 percent of the 2016/17 soybean harvest in Mato Grosso was conventional, according to agricultural research agency Imea. This was down slightly from 15 percent previously as Brazil's conventional seeds supply remains low, said Mendes, the conventional seed program coordinator.

Mato Grosso's program aims to give farmers "a choice", he said.

Monsanto's RR and Intacta technology account for all the transgenic soy in Brazil, data sampled this season by consultant Agroconsult show.

Soy demand from China, a major factor in Brazil's agricultural expansion, remains strong. However, a Chinese consumer backlash against GM crops is beginning to dent demand for soy oil, its main cooking oil, and could spell trouble for the crushing industry[6], which relies on GM soybeans from Brazil and the United States.

China, which does not grow GM soy, needs 11 million tons of conventional soybeans for food production per year, Lin Tan, an executive at Hopefull Grain & Oil Group, told Reuters.

Local farmers cannot supply at least 3 million tons of demand from crushers, he said.

"China has a market gap and the additional grains must come from somewhere," Tan said.

A group of 14 European Union countries imported about 2.7 million tons of non-GM soybean meal equivalent, according to a 2015 report, and there is potential demand from India, Mendes said.

Maggi, whose family's Amaggi is a partner in Mato Grosso's GM-free soy program, told Reuters Brazil needs to step up research to develop conventional seeds for mass production.

"I am an enthusiast," he said. But he cautioned that the government has no funds to promote GM-free soy production, adding there is space for both kinds in the marketplace.

(639 words)

1 *Mato Grosso:* Brazilian state, third largest by area
2 *Roundup:* brand of an herbicide produced by the Monsanto Company
3 *reais:* plural of the Brazilian currency "real"
4 *Reuters:* international news agency headquartered in London
5 *premia:* plural of premium
6 *crushing industry:* industry which crushes soy beans to particle size

Assignments

1. Sketch the development on the Brazilian soy market as presented in the article. *(25 %)*

2. Examine the means and strategies the author employs to present the matter in an objective and informative way. *(35 %)*

3. In an interview with *The New York Times*, Monsanto's director of corporate communications stated: "Monsanto should not have to vouchsafe the safety of biotech food. Our interest is in selling as much of it as possible. Assuring its safety is the F.D.A.'s[1] job."

   Write a letter to the editor of *The New York Times* in which you comment on the statement, using the article and your background knowledge. *(40 %)*

   1 *F.D.A.*: Food and Drug Administration

Lösungsvorschläge

1. *This assignment is meant to test your reading skills. Before you start, you should mark the relevant information in the newspaper article and then structure your text logically. Your text should "sketch" the developments, which means you should roughly outline the most important aspects without losing yourself in too many details. The wording of the assignment also means that you can name the reasons behind certain decisions, but you need not present them in an argumentative style. Avoid interpretations and evaluations at this point, and make sure you do not quote from the original text but use your own words.*

   In response to an increasing international demand for soybeans, especially from China and Europe who are not able to satisfy domestic demand with their own agriculture, Brazil has become the world's leading exporter of soybeans. The country largely relies on transgenic soybeans, which make up 96 % of the total produce. Transgenic crops are preferred in grand-scale farming because they are designed to result in a more predictable harvest, being more resistant to climatic problems or diseases, and are often genetically tailored to tolerate specific herbicides used to kill weeds. Therefore, cultivating them is usually cheaper than the conventional variety. However, since international demand for genetically modified (GM) seeds is waning on grounds of health, safety and environmental concerns, farmers have started to return to cultivating conventional seeds. The problems these farmers are facing are manifold: on the one hand, since the supply of conventional seeds is limited, seed prices are increasing, forcing farmers to run financial risks in cultivating them or even limiting the supply to rich farmers. Brazilian trading companies attempt to tackle this particular problem by paying premia for non-GM soybeans in order to enable more farmers to invest in these seeds. On the other hand, there is the problem

of contamination: from harvest to processing, the soybeans must not come into contact with transgenic crops. Consequently, the production becomes increasingly costly.
So far, the majority of Brazilian soybeans remains genetically modified. However, the developments to bolster conventional seeds are taking place in Mato Grosso, which is the country's state with the highest soybean production numbers. So, the future might see both varieties more equally distributed. *(269 words)*

2. *The assignment makes clear that the matter of GM seeds vs. conventional seeds for soybeans in Brazil is presented in an objective and informative way. So, you need not discuss whether the author is taking an objective stance or not, but rather take that as a given fact for which you have to find proof. Means and strategies can be stylistic devices the author employs. In a fact-based article like the one in question, however, you will rather find evidence when focusing on the structure, the use of numbers or authoritative sources, the choice of technical terms, etc.*

In her article "Brazil's Mato Grosso leads push for GM-free soy" from May 2017, Ana Mano presents the Brazilian farmers' shift back from transgenic to conventional seeds in an objective way, starting with the strictly informative headline and an introductory sentence which states the facts but does not evaluate them in any way (cf. ll. 1–3). The author goes on to facilitate her readers' comprehension by providing background facts on soybean production in Brazil in general (cf. ll. 4–6) and the growing of genetically modified organisms in particular (cf. ll. 7–9).
Mano's factual approach is expressed in her use of precise amounts, prices and dates. In line 22, she mentions "[t]he average premium […] at 12 reais per 60-kilogram bag of GM-free soy", in lines 30 and 31 Endrigo Dalcin's case is presented, "who planted 1,500 hectares (3,700 acres) of GM-free soy this harvest [and] plans to almost double that in the 2017/18 crop". When she talks about the percentage of conventional seeds, she gives the number of "[a]n estimated 13.6 percent of the 2016/17 soybean harvest in Mato Grosso" (l. 35). By stating these precise facts, Mano demonstrates her expertise and profound research on the topic. This impression is reinforced when she gives the full names and backgrounds of the companies involved in the soy industry (cf. ll. 19–21, 40, 47/48).
In addition to this, Mano supports her claims by quoting experts and research companies, thus lending credence to her presentation. In fact, there is not a single sentence in which Ana Mano's own view is expressed. In lines 35 and 36, she bases her findings on "agricultural research agency Imea" and the data she mentions in line 40 stems from "consultant Agroconsult". She also identifies the people she quotes by their professions and relation to the issue, which underlines their statements' relevance to the topic. In large parts of her article (cf. ll. 10–13, 18–23, 35–38, 53–55), she portrays Wininton Mendes's opinion, whom she identifies lengthily as "coordinator of a program to promote use of conventional seeds run by Mato Grosso growers and the government agricultural research agency Embrapa" (ll. 10–12). Additionally, agricultural researcher Daniel Ferreira's explanations for

the return to non-GM crops are mentioned (cf. ll. 27–29). Mano's account gains further neutrality when she adds accounts from farmers like Endrigo Dalcin (cf. ll. 30–33) and seed oil industry representative Lin Tan (cf. ll. 46–52) as well as Agricultural Minister Blairo Maggi (cf. ll. 56–61), who regard the issue not only from a political perspective but also from the producer's as well as the customer's side.

Mano's strictly informative approach is also reflected in her sophisticated style. Hypotactic structures like in lines 43 to 45 ("However, a Chinese consumer backlash against GM crops is beginning to dent demand for soy oil, its main cooking oil, and could spell trouble for the crushing industry, which relies on GM soybeans from Brazil and the United States.") are not easy to read, but contain a lot of information. Additionally, her consistent use of technical terms, e. g. "Biotech crops" (l. 7), "glyphosate" (ll. 8/9), "herbicide" (l. 9) or "transgenic" (ll. 4, 40) reflects her expert knowledge of the subject and her anticipation of her readers' comprehension.

In quoting, Mano is careful to retain her objectivity. Firstly, this can be seen in the accumulation of strictly neutral introductory words like "say" and "tell" (cf. ll. 12, 18, 23, 33, 37, 39, 48, 50, 52, 55, 57, 59). Secondly, expectations for the future are moderated by the use of modals, e. g. the introduction of GM-free beans "<u>may</u> raise costs" (l. 26), "farmers <u>may</u> plant more non-GM soy in the next cycle" (ll. 27/28) or the sinking demand "<u>could</u> spell trouble" (l. 44). Data is often preceded by qualifying adjectives or adverbs, such as "[a]n <u>estimated</u> 13.6 percent" (l. 35) or "<u>about</u> 2.7 million tons" (l. 53) (emphases added). Thirdly, the structure of her text also shows her effort to always present a balanced view on the otherwise often heavily criticised issue of genetically modified products: The "doubts" (l. 12) about the dangers of transgenic foods as well as environmentalists' concerns (cf. ll. 15–17) are not hidden, but they are mentioned in direct opposition to GM food's benefits (cf. ll. 7–9, 14/15).

Therefore, the readers themselves, being informed by Mano's article, can come to a balanced conclusion as to what the future of soybean production will or should look like. Mano's article is not an easy read, but it gives the impression of being well-researched and the issue is presented in an objective and credible way.

(781 words)

3. *In order to complete this assignment, you should first form an opinion of your own about the question of biotech safety – or assume one for a fictional reader of* The New York Times. *Clearly refer to the given statement, explain its meaning and then agree or disagree with it. You should then go on to give reasons for your agreement or disagreement. Back up your argumentation with information from the article or further knowledge of the topic you have acquired in class. Remember to follow the rules for a letter to the editor.*

Re: Interview with Monsanto's director of corporate communications

Sir or Madam,

In an interview with your newspaper from 18 May, Monsanto's director of corporate communications stated that "Monsanto should not have to vouchsafe the safety of biotech food. Our interest is in selling as much of it as possible. Assuring its safety is the F.D.A.'s job." This is another example of a company's putting their profits before our safety and for shirking the responsibility if anything goes wrong. It is irresponsible to introduce a new, possibly untested, technology into the world and expect politics and the public to bear the consequences. But the public is not taking it anymore!

Just last week (11 May) you published an article about the change of thinking in Mato Grosso in Brazil, where an increasing number of farmers strive to turn back from genetically modified soybeans to conventional seeds, supported by the state's government and administration ("Brazil's Mato Grosso leads push for GM-free soy"). Their main incentive behind this is consumer demand: consumers are starting to worry about the safety of GMOs, thus they prefer conventional produce. Their worry is not so much that transgenic food might make them ill – that is improbable – but the impact these organisms might have on the ecosystems they are introduced into.

Monsanto should be asking themselves: what will happen if a pesticide- or herbicide-resistant organism is set free into our environment? How great is the risk that the modified gene proliferates in an uncontrolled way because the GMO cross-breeds with related weeds? We might end up with super-resistant weeds that cannot be contained naturally, thus disturbing the ecological balance. The costs of such an ecological disaster are horrendous! Not to mention the long-term consequences for the ecosphere and our lives.

If companies like Monsanto are not ready to calculate these risks and ensure proper precautions, I consider their products not safe enough to introduce them into nature. Passing the buck to the F.D.A. and thus the public is dishonest and ruthless, especially because companies like Monsanto should be the first to have the money and know-how to do proper research. You cannot only pick the profits and leave responsibility to someone else.

To sum up, if Monsanto is not willing to do their job properly and bear the consequences of the answers thorough testing might yield, then they should not be tampering with our ecosystem. I am sure there is huge competition on the market of biotechnological research institutes. As far as I am concerned, a company which knows about its duties to mankind and nature should be given preference over a ruthless money-making machinery. As a matter of fact, I appreciate their spokesperson's honesty about their sense of responsibility, but this is the only point in their favour. In my opinion, like all manufacturers, Monsanto should be liable for the inherent risks of the products they sell.

Sandra Holmes, Albany, NY *(484 words)*

Abitur 2019 Schleswig-Holstein – Englisch (Kernfach)
Mediation

Was essen wir morgen?

Ziel der traditionellen Küche war es einst, satt zu machen. Heute gibt es verschiedene Trends, die das Kochen und Zubereiten bestimmen. Hanni Rützler, Ernährungswissenschaftlerin und Gesundheitspsychologin aus Wien, kennt sie alle. Martina Hahn fragte nach Details.

Frau Rützler, ob Weizen, Fleisch oder Salz – immer mehr Konsumenten predigen und leben den Verzicht. Ist Essen die neue Religion?

Vielleicht nicht unbedingt Religion. Aber Essen wird immer mehr zum Mittel, unsere Individualität und unseren jeweiligen Lifestyle auszudrücken. Man ist, was man nicht isst. Durch Weglassen von Fleisch oder bestimmten Inhaltsstoffen signalisiert man: Ich bin sensibel, ich bin reflektiert, ich schau auf Mensch und Natur. Durch das Essen kann man auch Werte und Moral transportieren und zeigen, wer man ist. Früher war es die Mode oder der Haarschnitt, über den man sich ausdrückte oder mit dem man andere provozierte. Heute ist es das Essen. Über Essen kann man trefflich streiten.

Dieses Essen ist richtig und jenes falsch – manche Menschen sind da fast schon fundamentalistisch. Finden Sie das gesund?

Nicht immer – zumal manche Zusatzstoffe und Zutaten, die da verdammt werden, durchaus sinnvoll sind. Und auch nicht jeder, der plötzlich auf glutenfrei schwört, leidet an einer Gluten-Unverträglichkeit. Darüber kann man schmunzeln. Andererseits ist die Macht des Weizens enorm. Gluten befindet sich in sehr vielen Lebensmitteln. Dass viele Kunden heute sagen, es tut mir vielleicht gut, das wegzulassen, hat auch sein Gutes: Wir machen uns auf die Suche nach anderen Lebensmitteln und bringen so mehr Abwechslung in unseren Speiseplan. [...]

Ist das der Trend in der Zukunft: weniger Fleisch?

Ja, der Fleischkonsum wird zurückgehen. Es ist ja auch unappetitlich, wie wir Schlachttiere in der industriellen Fleischproduktion behandeln. Da werden standardisierte Tiere standardisiert gehalten, standardisiert gefüttert, standardisiert getötet. Das halten wir dann ja auch nur aus, wenn das Tier für uns Konsumenten unsichtbar wird, wenn das Filet in einer Schale und mit Schutzfolie umhüllt gar nicht mehr an das Ausgangsprodukt erinnert. Essen ist damit auch ein moralisches Thema. Und nicht alle aufstrebenden Staaten werden unserem Fleischdiktat folgen. Viele sind stolz auf ihre reichhaltigen vegetarischen Traditionen. Dennoch ist auch die fleischlose Küche nur ein Trend unter vielen Food-Trends. Essen ist heute sehr komplex – so komplex wie die Gesellschaft. Und Essenstrends spiegeln ja immer den Wandel der Gesellschaft wider. [...]

Ist auch Nachhaltigkeit ein Food-Trend?

Auf jeden Fall – gerade unter jungen Konsumenten. Das Thema mag trocken klingen, aber es ist das Thema der Zukunft. Nachhaltigkeit findet in unserer gesättigten Gesellschaft derzeit ganz viel Applaus. Die „Digital Natives", also die jungen Menschen, die mit den neuen Medien aufwachsen, sind weit gereist. Sie haben viel gesehen, auch andere Esserfahrungen gemacht. Und sie sind im Wohlstand aufgewachsen und wissen, dass wir uns mit noch mehr Konsum auch mehr Probleme einhandeln. Noch mehr zu besitzen, hat für sie keinen Wert mehr. Diese jungen Konsumenten sehen, wie wir mit unseren natürlichen Ressourcen umgehen. Sie sehen die Macht globaler Marken und die enorme Machtkonzentration weniger Lebensmittel- und Handelskonzerne. Auch dem leisten sie Widerstand – auch und gerade über ihr Essverhalten. Schauen Sie nur auf die Food-Märkte und Markthallen in Berlin, Rom, Paris, Wien. Sie boomen, und für diese jungen Leute sind es Orte, an denen glaubwürdig gezeigt wird, woher das Essen kommt. […]

Auch Sehnsucht nach dem Lokalen in einer sehr globalisierten Welt?

Ja. Auch deswegen kommen regionale Lebensmittel gut an – ein weiterer Trend. Regional ist derzeit ein starker Vertrauensträger. Auch beim Fleischkonsum. Wer weiterhin Fleisch isst, will das mit Genuss tun. Der will wissen, woher das Fleisch kommt und womit das Tier gefüttert wurde. Dazu braucht der Kunde aber Infos – und das ist noch immer so schwierig! Wer als Anbieter von Essen solche Bedürfnisse stillen kann, der punktet beim Verbraucher. Wir werden in Zukunft in kleineren Kreisläufen Essen produzieren. Das alte Paradigma „schneller – billiger – mehr" hat uns vielleicht Wohlstand gebracht. Es ist aber kein Rezept für die Zukunft. (629 Wörter)

„Was essen wir morgen?", https://www.freiepresse.de/ratgeber/essen-trinken/was-essen-wir-morgen-artikel9312639, 25. 09. 2015

Assignment

You are taking part in an international school project on "Trends in Society in the Western World".

On the basis of the interview with food expert Hanni Rützler, write an article for the project website on eating habits. Refer to the changing attitudes towards food and the trends that go with them.

Lösungsvorschläge

For this mediation task, you have to write an article for a project on new eating trends. Often the assignment for a mediation task gives you certain hints as to which aspects you will have to focus on in your solution. In this case, however, the topic is quite comprehensive, namely "changing attitudes towards food and the trends that go with them". So, it is probably helpful to just summarise each aspect Hanni Rützler talks about in the interview in a few words. Then arrange your ideas in a way fitting for an article: an introduction that arouses the readers' interest, a main part including Hanni Rützler's theses, and a conclusion that rounds off the topic.

What's for lunch?

Traditionally, people ate to appease their hunger. Today, when food bloggers inundate Instagram, Flickr and Pinterest with food porn, the choice of what to eat has become a whole lot more complex. In the so-called western world, for many, food has been transformed from a bare necessity into a way of expressing the eater's individuality, demonstrating their values and moral choices.

One important trend is that of giving up certain foods: by abstaining from meat, for example, people can emphasise how much they care about the preservation of natural resources or animal rights – because intensive livestock farming is detrimental to the environment as well as cruel to animals. Others reject certain ingredients like gluten in products made from wheat. Although not all these choices are sensible as regards people's health, looking for alternatives often creates a more balanced diet and is a sign of a more critical attitude about the provenance and production of food. Such a critical attitude is typical among the so-called digital natives who have seen a lot of the world and confidently challenge traditionally powerful food providers as well as the exploitation of nature.

Consequently, these critical consumers attach increasing value to the sustainability of production methods. In that context, they also embrace locally produced food because there they can be sure about its origins. Instead of the old motto "faster – cheaper – more", a new one might be "Think global, eat local". *(236 words)*

John Henrik Clarke, "The Boy Who Painted Christ Black"

He was the smartest boy in the Muskogee County School[1] – for colored children. Everybody even remotely connected with the school knew this. The teacher always pronounced his name with profound gusto as she pointed him out as the ideal student. Once I heard her say: "If he were white he might, some day, become President." Only Aaron Crawford wasn't white; quite the contrary. His skin was so solid black that it glowed, reflecting an inner virtue that was strange, and beyond my comprehension. […]

His great variety of talent often startled the teachers. This caused his classmates to look upon him with a mixed feeling of awe and envy.

Before Thanksgiving, he always drew turkeys and pumpkins on the blackboard. On George Washington's birthday, he drew large American flags surrounded by little hatchets. It was these small masterpieces that made him the most talked-about colored boy in Columbus, Georgia. The Negro principal of the Muskogee County School said he would some day be a great painter […].

For the teacher's birthday, which fell on a day about a week before commencement, Aaron Crawford painted the picture that caused an uproar, and a turning point, at the Muskogee County School. The moment he entered the room that morning, all eyes fell on him. Besides his torn book holder, he was carrying a large-framed concern[2] wrapped in old newspapers. As he went to his seat, the teacher's eyes followed his every motion, a curious wonderment mirrored in them conflicting with the half-smile that wreathed her face.

Aaron put his books down, then smiling broadly, advanced toward the teacher's desk. His alert eyes were so bright with joy that they were almost frightening. The children were leaning forward in their seats, staring greedily at him; a restless anticipation was rampant within every breast.

Already the teacher sensed that Aaron had a present for her. Still smiling, he placed it on her desk and began to help her unwrap it. As the last piece of paper fell from the large frame, the teacher jerked her hand away from it suddenly, her eyes flickering unbelievingly. Amidst the rigid tension, her heavy breathing was distinct and frightening. Temporarily, there was no other sound in the room.

Aaron stared questioningly at her and she moved her hand back to the present cautiously, as if it were a living thing with vicious characteristics. I am sure it was the one thing she least expected.

With a quick, involuntary movement I rose up from my desk. A series of submerged murmurs spread through the room rising to a distinct monotone. The teacher turned toward the children, staring reproachfully. They did not move their eyes from the present that Aaron had brought her … It was a large picture of Christ – painted black!

Aaron Crawford went back to his seat, a feeling of triumph reflecting in his every movement.

The teacher faced us. Her curious half-smile had blurred into a mild bewilderment. She searched the bright faces before her and started to smile again, occasionally stealing quick glances at the large picture propped on her desk, as though doing so were forbidden amusement.

"Aaron," she spoke at last, a slight tinge of uncertainty in her tone, "this is a most welcome present. Thanks. I will treasure it." She paused, then went on speaking, a trifle more coherent than before. "Looks like you are going to be quite an artist … Suppose you come forward and tell the class how you came to paint this remarkable picture."

[…] He did not speak at first; he just stood there in front of the room, toying absently with his hands, observing his audience carefully, like a great concert artist.

"It was like this," he said, placing full emphasis on every word. "You see, my uncle who lives in New York teaches classes in Negro History at the Y.M.C.A.[3] When he visited us last year he was telling me about the many great black folks who have made history. He said black folks were once the most powerful people on earth. When I asked him about Christ, he said no one ever proved whether he was black or white. Somehow a feeling came over me that he was a black man, 'cause he was so kind and forgiving, kinder than I have ever seen white people be. So, when I painted his picture I couldn't help but paint it as I thought it was."

After this, the little artist sat down, smiling broadly, as if he had gained entrance to a great storehouse of knowledge that ordinary people could neither acquire nor comprehend. […] (770 words)

John Henrik Clarke, "The Boy Who Painted Christ Black", in: Black American Short Stories, *Hill and Wang, New York 1993, pp. 108–114*

1 *Muskogee County School:* School in Columbus, Georgia, USA
2 *concern:* (here) thing
3 *Y.M.C.A.:* Young Men's Christian Association (CVJM)

Assignments

1. Describe Aaron and his actions on the teacher's birthday. *(20 %)*
2. Examine the means and strategies the author employs to create suspense. *(40 %)*
3. A white school inspector visited Muskogee County School one week after the teacher's birthday and saw Aaron's painting on display in the school's auditorium.

   Using your background knowledge, write an ending to the short story, set in the late 1950s, in which the narrator remembers the school inspector's visit. *(40 %)*

Lösungsvorschläge

1. *Task 1 consists of two parts: First, you will have to collect all the information you can find about Aaron. Second, you should focus on what Aaron does on his teacher's birthday. However, remember that this is a reading comprehension task that is worth "only" 20 % of your mark. So, keep it rather brief, stick to the facts and avoid a profound analysis of the text at this stage.*

   Aaron Crawford is an African American boy who attends Muskogee County School, an apparently segregated school, in Columbus, Georgia. He is widely considered to be the brightest student there, for which he is praised by his teachers and admired as well as envied by his classmates. Aaron's special talent lies in painting, which is reflected in his birthday present to one of his teachers: a picture of Jesus Christ as a Black man.

   The fact that he presents his teacher with this gift in front of the whole class and his proud and happy demeanour while doing so show his self-confidence. That also becomes apparent in his explanation about why he painted Jesus that way: Aaron is convinced that Jesus must have been a Black man, not only because of the great power Black people had in former times, but also because of his kindness and generosity, which Aaron connects with African Americans rather than White people. All in all, Aaron is a very special boy who is not afraid to express his extraordinary opinion. *(175 words)*

2. *For task 2, you are supposed to explain how this story works and how the author manages to create suspense. First of all, you can do this by looking closely at the narrative perspective. Another important means to create suspense is the structure of the excerpt. You can focus on questions like the following: When are the contents of the present revealed for the first time? How does the text lead up to this point? How does it progress from there? Skim the text for phrases that help you to make your point. You might also look for stylistic devices that corroborate your findings.*

   In his short story "The Boy Who Painted Christ Black", John Henrik Clarke informs his readership about an unusual present: Aaron, a talented African American student, gives his teacher a painting of Jesus Christ as a Black man for her birthday.

   One of the first remarkable things about the story is the narrative perspective employed. The story is narrated by an I-as-witness narrator who seems to be one of Aaron's classmates, even though we are never told his or her name or any details about his or her background. This point of view helps to build suspense as the perspective is limited and the action can be revealed bit by bit.

   Consequently, the structure of the short story is rather unusual: the first two paragraphs (ll. 1–14) only give background information on Aaron. Lines 15 to 37 already deal with the present for the teacher in quite a detailed way, but only in line 37 does the reader really get to know what this present is: "a large picture of Christ –

painted black!" The rest of the text (ll. 38–61) describes the reactions to this extraordinary present, but again Aaron's explanation as to why he decided to paint Jesus as a Black man comes quite late in the text (cf. ll. 55–58).

So, the whole text presents the reader with many gaps that need filling, which is a perfect means to create suspense. For instance, the very first word of the text is "[h]e" (l. 1), but only in line 5 does the reader learn who that he is, namely Aaron Crawford. However, Aaron's being special is already hinted at before: Clarke uses superlatives or positive connotations to describe him. That he is "the smartest boy" (l. 1), "the ideal student" (l. 3) or that he would even be fit to be President if only he were White (cf. l. 4) creates certain expectations on what is to come.

After Aaron's name has been mentioned, more details about his talents are revealed, especially his painting skills for which different examples are given (cf. ll. 10–12). Once more, the reader does not really know where Aaron's talent is going to lead him, but expectations are high, especially after the foreshadowing remarks in line 16 that Aaron's present "caused an uproar, and a turning point".

Once the present is in the room, the suspense seems to peak. The denouement of what exactly that present is is postponed by the slow and detailed descriptions of the narrator. Together with the "teacher's eyes" we follow Aaron's every movement, first to his desk and then back to the teacher (cf. ll. 19–23). The descriptions of Aaron's joy as "almost frightening" (l. 23) and of the "restless anticipation" (ll. 24/25) in the room make the excitement seem almost threatening. This impression is underlined when "the last piece of paper [falls] from the large frame" (ll. 27/28). The reader still does not know the exact nature of the present, but the teacher's reaction, who "jerk[s] her hand away from it" (l. 28), makes it appear dangerous. This effect is heightened by the use of adjectives and adverbs in the following sentences: the teacher's eyes are "flickering unbelievingly" (ll. 28/29), there is "rigid tension" (l. 29) in the room and her breathing is "heavy [...] distinct and frightening" (ll. 29/30). The simile that the teacher treats the present "as if it were a living thing with vicious characteristics" (l. 32) further underlines its almost fearsome quality.

Another means to create suspense is to not only describe what can be seen, but also what can or cannot be heard. The auditory impressions range from utter silence (only punctuated by the teacher's breathing) (cf. ll. 29/30) to "submerged murmurs [...] rising to a distinct monotone" (ll. 34/35). The readers almost feel as if they were in the room themselves and are left in the highest anticipation. The way the picture's content is finally revealed, with a short break in mid-sentence and an exclamation mark (cf. l. 37) at the end, emphasises the surprise of all those who see it.

While the climax of the story has been reached with revealing the present, suspense is kept up, albeit at a lower level, because both the teacher's reaction as well as Aaron's motivation to paint such a controversial piece of art are still left open. Aaron's "feeling of triumph" (l. 38) at first seems at odds with the conflicting emotions his present evoked. However, with a "curious half-smile [...] blurred into a mild bewilderment" (l. 40), a glance at her gift "as though [it] were forbidden amusement" (ll. 42/43) and "a slight tinge of uncertainty in her tone" (l. 44), which all

show her insecurity, the teacher finally praises Aaron for his outstanding creation (cf. ll. 44–46).
Before Aaron reveals his reasons for painting Christ Black, details again slow down the revelation. He pauses and toys "absently with his hands, observing his audience carefully, like a great concert artist" (ll. 49/50). After his explanation the excerpt ends with the suspense still quite high and the situation unresolved, because the reader can only guess what will happen next. Even the narrator remains mystified by the "great storehouse of knowledge" (l. 60) that Aaron seems to have accessed, but that is unreachable for "ordinary people". *(895 words)*

3. *For this assignment, you have to use your background knowledge of the late 1950s. Therefore, you can include information on segregation and discrimination against African Americans, but also on the beginnings of the Civil Rights Movement. As to the style of your writing, you will have to adapt it to the short story at hand since you are supposed to write an ending to it. You can try to include some of the author's means to create suspense in order to imitate his style. Of course, there are many ways of ending this story, either with a positive or negative ending but the following things are given and you need to respect them in your writing: the point of view (I-as-witness narrator), the classmate's perspective and the fact that the narrator says that the picture "caused an uproar, and a turning point, at the Muskogee County School" (ll. 16/17).*

Honestly, I did not know what to make of this explanation. The explanation itself was fine, what didn't match was the teacher's face. At first, however, it looked as if Aaron could celebrate another big success. When our teacher took the painting to the staff room, something must have happened because the next day, it showed up in our school auditorium. It was right there for everybody to see even though it was Miss Cartwright's birthday present. Either she or our headmaster must have put it up there.
Then the next uproar came about one week later. I believe it was a Thursday. During our maths class, we suddenly heard yelling from the auditorium: "… a disgrace to our school system … blasphemy at its highest degree … you will hear from the board …" When we went to see what was going on during our break, the painting was gone as if it had never been on display, and when Aaron was missing during the next lessons, it slowly dawned on us that the disturbance of our maths period must have been over Aaron's birthday present.
The next time I saw Aaron was about three weeks later. That was the next time I saw our headmaster, too. I found them on the newsstand around the corner from our school on the front page of the newspapers on display. In bold letters everybody could read the day's headline: "Blasphemy Scandal at Muskogee County School – Headmaster and Local Schoolboy Suspended".
We might have thought that this was the end but to a certain degree it was just the beginning. At first there was a big investigation at our school. A lot of White people came and sat in our classes to hear "what our teachers taught us", or so they said.

Then a lot of Black people turned up and we became famous, since they came with their posters and flyers to protest, like it was with Rosa Parks and the Little Rock Nine. Then even more White people and the police arrived on the scene. They shut down our school and divided us up to attend the surrounding schools for coloured children. But again, this was not the end because even more protesters came and our governor sent the National Guard to drive them away. That was about the time when my mom did not allow me to go out for anything else but to go to school. Even Martin Luther King, a man who became famous a few years later for delivering a speech in Washington, showed up to support the protesters.
In the end, our school was reopened, and we were able to attend the way we used to – except for all the school inspectors who still turned up to make sure that we would not be the centre of another uproar. But it was too late – we had become a beacon of the Civil Rights Movement already. I finally finished school – quite well, I might add – we got a new headmaster and Aaron, well, Aaron had invented the symbol of a Christian Civil Rights group.
In the 1970s, he finally started a successful career as a painter in the tradition of the Harlem Renaissance in New York. And that is why today I am proud to present to my visitors on their tour through the Museum of African American History the painting "Black Jesus" by Aaron Crawford. *(570 words)*

Fredrick deBoer, "Why Rachel Dolezal Would Want to Pass as a Black Woman"

It's hard to think of a more bizarre story, or one more representative of contemporary America, than that of Rachel Dolezal. Dolezal is an academic and activist who represented herself as African American for many years, earning a degree in Africana studies, even ascending to the position of president of the Spokane, Washington, chapter of the NAACP[1].

Dolezal's parents, however, have recently made matters uncomfortable for her, telling the media that she is in fact Caucasian and showing photos of her as a younger woman with blond hair and blue eyes. The NAACP is standing behind Dolezal, stressing that "racial identity is not a qualifying criteria or disqualifying criteria for NAACP leadership." But there are additional questions regarding, among other things, her position on a local police council. When applying to the Spokane police ombudsman[2] commission, she indicated a racial category of black, which if untrue would violate the city ethics code.

Dolezal, for her part, acknowledged that her biological parents are two self-identified Caucasians, but has thus far refused to elaborate.

The story has predictably been catnip[3] to our pundit[4] class, provoking commentary ranging from the outraged to the sympathetic to the amused. Almost everyone, however, has been shocked – shocked that someone would act this way and shocked that someone could pull it off. I am shocked that people are shocked. Rachel Dolezal was inevitable. We made her.

Human behaviors are the product of incentives. We repeat behaviors that are rewarded. And clearly, Dolezal believed she would find rewards in representing herself as a black woman. […]

Why, then, would someone try to occupy that position of oppression? The answer has a lot to do with the spaces that Dolezal had advanced in: political activism and academia.

[…] And in those spaces, a set of social norms have created direct incentives for Dolezal's behavior – and forbidden anyone from checking up on her story.

First, there is a series of dubious and problematic presumptions made about black people that, while ultimately unhealthy, might have appeared attractive to Dolezal. The notion of black people generally and black women specifically as inherently more authentic, more wise, or more connected to nature are alive and well in many academic and activist contexts.

Though many race theorists have convincingly argued that such stereotypes are actually connected to the most noxious attitudes about race, and ultimately perpetuate racial inequality rather than combat it, for an individual white person working in those spaces, blackness might appear to be the kind of thing you might want to borrow – particularly given that you wouldn't have experienced a lifetime of petty bigotry and major discrimination. Indeed, part of what makes this story so offensive to many lies in the fact that Dolezal has borrowed a racial identity without suffering from the harsh consequences of American racism.

She might not have attempted such a deception if not for another aspect of academic and activist culture: the notion that race does not equate to skin color, complexion or other physiological markers. I have attended many academic conferences where speakers have passionately argued against the notion of someone "looking black", that you can never tell by looking at someone what their racial identity might be.

I have no opinion on this issue; it's not my question to answer. But with that kind of social taboo in place, there was little to fear for Dolezal in representing herself as black; only the belated attention of her parents brought the truth to light. Nor did she have to worry that anyone would dig into her claims that she'd received hate mail and was the victim of hate crimes – which are also now in doubt.

Who, exactly, would feel confident in questioning the claims of a self-identified victim of a hate crime? Particularly when that person was serving as the head of a regional NAACP branch? The outraged tweets write themselves. Dolezal was no dummy. She knew how these cultures operate. She knew she was protected.

In the end, perhaps Dolezal simply believed the convictions of her academic culture a little too much. After all, we on the left have insisted for years that the various demographic categories we are placed into are merely social constructs, the creation of human assumption and human prejudice. That race is a social construct is a stance that brooks no disagreement in left-wing spaces.

It should not surprise us, then, when an individual chooses to create a different racial identity for herself. I'm not saying that's a legitimate reading of social construct arguments. I'm not saying I condone her behavior; like most people, I find it offensive. I'm simply saying that this behavior is inevitable given the current social and linguistic codes of the worlds in which Dolezal lives. We created those incentives and so we've created this behavior. (800 words)

Fredrick deBoer: "Why Rachel Dolezal Would Want to Pass as a Black Woman", Los Angeles Times, *June 13, 2015*

1 *NAACP:* National Association for the Advancement of Colored People; an American organization that fights for the rights of African Americans, founded during the Jim Crow Era
2 *ombudsman:* a person (such as a government official or an employee) who investigates complaints and tries to deal with problems fairly
3 *catnip:* (here) something very attractive
4 *pundit:* a person who gives opinions through the mass media as an expert or a commentator

Assignments

1. Describe Rachel Dolezal's career, the presumed deception and its consequences. *(30 %)*

2. Analyse the means and strategies the author employs to present the case in its complexity. *(30 %)*

3. You work as a volunteer for the NAACP[1] Youth Council. The council feels urged to react to the media hype around Rachel Dolezal's case in order to prevent possible damage to their reputation. On their website they want to shift the public focus back to their original goals and current challenges in the fight for equality.

   Write a blog entry using your background knowledge. *(40 %)*

1 *NAACP:* National Association for the Advancement of Colored People; an American organization that fights for the rights of African Americans, founded during the Jim Crow Era

Lösungsvorschläge

1. *This assignment checks your comprehension skills. With its three parts, it is quite complex and requires you to give a brief summary of the text focusing on the aspects of Rachel Dolezal's career, her deception and its consequences. Make sure that you deal with all three of them.*

Rachel Dolezal has a degree in Africana studies and is a political activist for the African American movement. Her career in activism has been so successful that she even ended up in the position of a local president of the NAACP. Furthermore, she has a seat in the Spokane police ombudsman commission.
The text states that at some point in her life, she deliberately changed her racial identity to African American despite being of Caucasian origin. According to her own words, she has experienced discrimination, hate mail and even hate attacks. These claims are now doubted just as everything else is about her.
After the exposure of her presumably Caucasian origin by her parents, she is seen as an imposter and her career is at risk. When applying for the position as police ombudsman under a wrong racial identity, she might even have committed a transgression of Spokane's ethics code. While the NAACP still supports her, her case is heatedly discussed in public discourse and the media. Reactions vary from shocked, offended and enraged on the one hand to understanding or amused on the other.

(185 words)

2. *Here you have to analyse how the author manages to capture the complexity of the given topic. This is quite an open assignment. To approach the task, it is always helpful to start with a topical sentence, giving the main background information on the source and trying to summarise Fredrick deBoer's intention behind his article. One possible interpretation could be that he wants to present Dolezal's case on the one hand, but especially that he tries to find an explanation for her behaviour. So, you might want to focus on the following points in your analysis: How does deBoer present the case? Whom or what developments and opinions does he hold responsible? How does he show that?*

The title of Fredrick deBoer's article, "Why Rachel Dolezal Would Want to Pass as a Black Woman", which he published in the *Los Angeles Times* in 2015, already indicates the author's main aim in writing about the topic. His intention is to detect reasons why someone like Rachel Dolezal, who was presumably born Caucasian, would want to become part of the generally disadvantaged African American community. Furthermore, he tries to explain how she could successfully carry out her fraud.
The first thing the author does is that he calls Dolezal's case "bizarre", but at the same time "representative of contemporary America" (ll. 1/2). With that sentence, he arouses interest and hints at the complexity of the topic. The reader wonders how a "bizarre" case can be representative of America. That is what deBoer tries to show in the following paragraphs.

He starts by briefly summarising Dolezal's deception: Rachel Dolezal is introduced as a self-identified African American as well as a well-educated academic and president for the Spokane branch of the NAACP (cf. ll. 2–5). In slight irony, deBoer explains that "Dolezal's parents [...] have recently made matters uncomfortable for her" (l. 6) by stating that they and consequently Rachel too are Caucasian and supporting their claims with photos from Rachel's youth (cf. ll. 6–8). Although deBoer tries to present a balanced view by indicating that there is no hard evidence against Dolezal yet and by quoting the NAACP, which is so far supportive of her (cf. ll. 8–10), he also expounds on the possible problems connected with her deception. For instance, it might even have legal repercussions because Dolezal supposedly tricked herself into an ombudsman commission (cf. ll. 10–13). He finishes his explanation of the situation with Dolezal's doubtful reaction, who "acknowledged that her biological parents are two self-identified Caucasians, but has thus far refused to elaborate" (ll. 14/15).

DeBoer seems to be more interested in the reactions to and especially the reasons for the deception. In lines 18 to 20, he repeats the word "shocked" five times, first to describe the general public's response, but then, rather surprisingly, to state that he is "shocked that people are shocked" (l. 19). As he puts it in quite a drastic statement, for him "Rachel Dolezal was inevitable" (ll. 19/20).

The following rhetorical question, why someone would choose "to occupy that position of oppression" (l. 24) and pretend to be an African American, catapults the reader right in the middle of the topic. Throughout the rest of his text, deBoer tries to find out the many layers of responsibility in this scandal. His first argument is a psychological one: as he puts it, "[w]e repeat behaviors that are rewarded. And clearly, Dolezal believed she would find rewards in representing herself as a black woman" (ll. 21–23). He gives several examples of opinions in academic and activist circles that might have looked "attractive to Dolezal" (cf. ll. 30–33). However, by connecting these opinions to "racial inequality" (l. 36) and describing them with negative adjectives, such as "dubious" (l. 29), "problematic" (l. 29), "unhealthy" (l. 30) and "noxious" (l. 35), deBoer criticises Dolezal for taking advantage of them. He judges Dolezal's behaviour as particularly reprehensible as she tried to gain benefits from using an African American identity without ever having suffered from it (cf. ll. 38–41). Especially the verb "borrow", which deBoer uses twice (ll. 37, 40), seems to indicate that Dolezal used the African American identity as long as it provided her with rewards and could have easily shaken it off when it no longer suited her.

The second root for Dolezal's successful deception lies in what deBoer calls a "social taboo" (l. 48). According to that, you are allowed neither to put anybody into racial categories based on outward criteria (cf. ll. 43–46) nor to question anyone's self-identification as a "victim of hate crime" (l. 53). With the two rhetorical questions in lines 52 to 54, deBoer clearly shows what a tricky matter it is for society to unmask people like Dolezal. He further condemns her strategic behaviour saying that "Dolezal was no dummy. She knew how these cultures operate. She knew she was protected" (ll. 54/55), even employing parallelism to emphasise the importance of this sentence.

Despite his criticism of her, deBoer does not only blame Dolezal herself, but also society at large. He shows that by using personal pronouns like "we" (e. g. ll. 20, 57/58, 65) and "us" (e. g. l. 61) to make it perfectly clear that everyone should feel responsible. That he does not exempt himself from that criticism becomes very apparent in the paragraph about race as a "social construct" (cf. ll. 56–60). DeBoer identifies as part of the left-wing culture (cf. l. 57) which has been pivotal in the possibly problematic idea of race as a "creation of human assumption and human prejudice" (ll. 58/59).
In the end, he sums up his own stance. His anaphoric sentences, "I'm not saying that's a legitimate reading of social arguments. I'm not saying I condone her behavior; like most people, I find it offensive. I'm simply saying that this behavior is inevitable given the current social and linguistic codes of the worlds in which Dolezal lives" (ll. 62–65), once more underline his criticism of both Dolezal herself and society at large. *(897 words)*

3. *This is quite a tricky task: while you should refer to the text and Rachel Dolezal's case as an incentive for your blog entry, you should mainly focus on the NAACP's original goals and the current challenges it faces. Here, you need to include your background knowledge. You should not simply write a summary of the NAACP's history, however. For a blog entry, it makes more sense to stress current developments. Remember that in a text like this, you can also include invitations for comments in the comments section or other interactive elements. Use your imagination, stylistic devices and convince your readers of what you have to say.*

Hello friends and followers of the NAACP Youth Council Blog,

Today it is my turn to inform you on what is going on in the Youth Council these days. Of course, the topic Rachel Dolezal and what is true and what is fake about her is a big issue around here. While I understand that emotions are running high, I want to quote our main NAACP body which stated that "racial identity is not a qualifying criteria or unqualifying criteria for NAACP leadership". In other words, you might be disappointed by Rachel's behaviour, you might be confused or even outraged. Remember, however, that no matter our activists' skin colour, we are all fighting for equality and there are so many things to do that we should not let ourselves be sidetracked.
Since our association's founding, people of different races have fought side by side. And while we've made progress, especially during the Civil Rights Movement's heyday in the 1960s, there is still so much to fight for. Yes, we may have achieved our former goals of ending segregation and the disenfranchisement of African Americans. But does official legal equality really translate into de facto equality? We believe it does not and that is why we still have to push for changes in the current system.
Let's focus on social equality: how is it possible that even today African American workers are paid less than their White counterparts in the same position? How is it possible that the infrastructure in predominantly non-White districts is less funded

and less developed than in predominantly White districts? How is it possible that student loans and thus higher education are less available for people of colour? How is it possible that more African Americans get shot by police than members of any other ethnic group in the US? How is it possible that our justice system convicts so many innocent African Americans even though they should have the same rights as White people and should be treated equally? How are we supposed to be united as one as long as we are still divided?
We think it would help to take an admittedly huge amount of money to invest in the local infrastructure of rundown districts. Guarantee safety on the roads by police who know the area and understand the people living there. Renovate schools and stock them with enough staff to make a difference not only by transferring knowledge but also by helping the students to cope with the problems they face. Create an affordable healthcare system for everybody. And try to overcome the segregation in our heads by creating worthwhile encounters between members of different ethnicities.
These are topics definitely worth discussing. If we could achieve real equality, in some distant future it might really be completely irrelevant to know to which race Rachel Dolezal or whoever else in fact belongs, because belonging to different races will no longer mean living in different worlds.
Let's start now and invest in the future. Thanks for feedback in our section below. Please also help us with detailed approaches as to how to help your neighbourhood. Keep fighting. We can and we will make a difference.

Best, Tobias *(532 words)*

Abitur 2019 Schleswig-Holstein – Englisch (Kernfach)
Textaufgabe 3: Science (Fiction) & Technology: Blessing or Curse?

Ruth L. Ozeki, *All Over Creation*

Introductory note: In this excerpt from the novel, the five young anti-GM activists, Frank, Y, Geek, Lilith and Charmey, stage a protest in a supermarket. They have all filled their carts with various foods and are now lining up at different cashiers. Y starts a conversation with his cashier, Shawna.

1 "Those potatoes, do you know if they are genetically engineered?" Y asked. His voice was really loud now, booming over the ambient Christmas music being pumped in through the PA system[1] […].

"Are you, like, serious?"

"Yeah, I really want to know." Y turned toward the fit young mother behind him. "Maybe you could tell me," he said, looking apologetic but still very concerned. "Do you happen to know if these are genetically engineered?"

The woman shook her head. "No, I'm sorry. I don't know –"

Y nodded. "That's the problem, isn't it?" He held out his finger to the infant in the shopping cart, making her dribble and coo. "We don't know because they don't tell us! They're genetically engineering poisons into potatoes these days. But they refuse to label it, so how are you supposed to know what you're feeding your baby?"

Meanwhile Shawna was hollering over to the next cashier.

"Hey, Doreen, you hear anything about someone engineering the potatoes?"

The woman next in line tapped the young mother on the shoulder. "Did he say something about bug poison?"

"Poison?" cried Lilith over in Line 1.

"Poisoned potatoes?" echoed Charmey in Lane 7.

And just then a deep, amplified voice boomed out over the PA system. "Attention shoppers! Did somebody say *POTATOES*?"

The loud reggae version of "Here Comes Santa Claus" drowned out the Christmas carols and silenced the crowd. They turned and stared at the apparition dancing toward them.

It was Mr. Potato Head[2], twirling a candy-striped cane as he pushed a shopping cart bearing an enormous boom box toward the cash registers. Now, Mr. Potato Head was not just any old spud. He was a sweet, sporty potato, friendly and dapper. […]

When the music was quiet, Mr. Potato Head took up a small microphone.

"First we want to thank Thrifty Foods[3] for opening its doors to us," he said. He turned to the kids, wiggling with rosy, discoid ears. "Who wants to play a game with Mr. Potato Head?"

The children had formed a circle around him. […]

"What's this?" he asked. "Can anyone tell me?" […]

"A potato?" asked a little boy.

"Nope." Mr. Potato Head stepped forward. "It's not a potato …" […]

He leaned over the heads of the children and invited a mother to pull off the scarf. "It's …"

The woman giggled, then gave a yank.

"… bug poison!"

And sure enough the potato had been transformed in his hand into a large spray can of household insecticide, which he held up for all to see.

"This, my friends, is the perverted magic of biotechnology." Mr. Potato Head's voice grew serious now, as he addressed the mothers over the heads of their offspring. "But genetic engineering is no joke, not when it comes to the food you feed your children. As of 1997 over thirty genetically modified crops were approved by the U.S. government for sale, including potatoes that are genetically spliced with a bacterial pesticide and tomatoes crossed with fish genes to increase their resistance to the cold. Then there's corn, canola[4], soybeans, squash …"

He had the mother's attention.

Frank, meanwhile, was counting. He figured they had about five minutes before the cops showed up. He looked around for Charmey. He tested the strength of his wire.

"Approximately sixty to seventy percent of processed foods now contain some form of genetically modified corn or soy. That means infant formulas, baby foods, pizza, soda, chips …"

The mothers scanned the contents of their carts.

"And it isn't just vegetables either …"

Frank looked out the window and realized he was wrong again. Five-0[5] was pulling into the parking lot. Three squad cars. He alerted Y, then stood close to Charmey in case things got rough. Y passed the word on to Mr. Potato Head, who started speaking faster now.

"Who here drinks milk?" He looked around at the circle of children, then to the mothers behind. There wasn't a woman without a gallon and a child. […]

"Without labels, you don't even know what you are buying and feeding your families!" Mr. Potato Head shouted, bug eyes popping, jumping up and down. "It is a violation of your consumer's right to know!" […] (705 words)

Ruth L. Ozeki: All Over Creation. *Picador, London 2003, pp. 86–89*

1 *PA system:* public address system
2 *Mr. Potato Head:* American toy many children are familiar with
3 *Thrifty Foods:* chain of supermarkets located in British Columbia, Canada
4 *canola:* variety of rapeseed grown widely in North America
5 *Five-0:* police unit

Assignments

1. Delineate the course of events in the supermarket as presented in the excerpt. *(25 %)*

2. Examine the strategies the activists employ to influence the customers and the way the author presents these strategies. *(40 %)*

3. The GMO company Nu Life Potatoes[1] feels urged to react to the activists' protest in order to prevent possible damage to their reputation. In a statement at a press conference, the company's spokesperson promotes the benefits that GM food can offer both farmers and consumers.

   Taking into account your background knowledge, write the script for this statement. *(35 %)*

1 *Nu Life Potatoes:* brand of GM potatoes

Lösungsvorschläge

1. *This reading comprehension assignment requires you to concisely sum up the main points from the original text in your own words. Remember that you need not interpret the actions for a task like this. Otherwise you risk repeating yourself in tasks 1 and 2. Even though the original is written in the past, remember to use the present tense in your summary.*

In the excerpt from Ruth Ozeki's novel *All Over Creation*, which was published in London in 2003, five activists pretending to be ordinary shoppers protest against genetically modified food at a Thrifty Foods store. After they have joined different queues, one of them, called Y, inquires of the cashier whether the potatoes he is about to buy might be genetically engineered. The flustered cashier goes on to loudly ask her colleague at the next till, while Y attracts the other shoppers' attention by insinuating that genetically modified potatoes might be harmful. This information is repeated by his fellow activists throughout the shop before another one of them, dressed up as Mr Potato Head, draws first the children's and finally everybody's attention with a magic trick in which he exchanges a potato with a can of insecticide. He then goes on to inform the customers about the prevalence of genetically modified food and the problems with identifying it. When the police arrive unexpectedly early, he hastily finishes his speech by reminding his listeners of their consumer rights to know what they are buying. *(182 words)*

2. *In this assignment you must differentiate between the content level, i. e. the actions of the activists, and the style level of the excerpt. Try to come up with reasons why the protagonists act in a certain way to serve the cause of their protest and how Ozeki illustrates that in her text. Besides describing the activists' successive means to make their point (sowing doubts, gaining customers' approval through seemingly unobtrusive behaviour and a popular figurehead, appealing to mothers' specific responsibilities, presenting facts and figures to appear convincing), you can also consider the narrative perspective and the use of pronouns, especially in the activists' utterances. When you write your analysis, make sure to use your own words and prove your point by giving quotations. You do not necessarily have to follow the structure of the text. Instead, you can put your points in a logical order that suits your argumentation.*

The anti-GM episode in *All Over Creation* is told from a third-person perspective. In this way, Ozeki manages to create a neutral, almost omniscient tone because the reader is presented with an overview of simultaneous, perfectly coordinated events: Y's conversation with the mother behind him and Shawna's inquiring from Doreen are presented as happening at the same time (cf. ll 5–14). Similarly, Frank is on the lookout for the police during Mr Potato Head's performance (cf. ll. 49–59).
The activists seem to have planned their act conscientiously, appealing to the maternal instincts of the shoppers who without exception seem to be mothers with children: in the queue Y addresses a "fit young mother" (l. 5), Mr Potato Head involves

a mother in his magic trick and catches "the mother's attention" (l. 48) and his focus on milk as a genetically modified product is effective because "[t]here wasn't a woman without a gallon and a child" (l. 61).
Although they have to be pretty loud in order to drown out the music (cf. ll. 1–3) and although they instil an immediate sense of alarm by repeatedly talking about poison (cf. ll. 11, 17, 18), the activists manage to gain the other shoppers' attention with Y's seemingly harmless questions and "apologetic but still very concerned" behaviour (l. 6), rather than by annoying them with their protest. It becomes clear that they do not just want to scare people but rather make them think critically about what they put in their trolleys. This is especially apparent in Y's questions to the woman behind him, whom he asks "But they refuse to label it, so how are you supposed to know what you're feeding your baby?" (ll. 11/12).
Furthermore, the GMO adversaries use the relatability of a popular figure like Mr Potato Head to persuade the shoppers to listen to them. Mr Potato Head, who with his "wiggling [...] ears" (l. 29) looks "sweet, [...] friendly and dapper" (l. 26), is a perfect antithesis to angry protests and demonstrations. Instead of threatening or scaring people, he manages to gain the attention of children and mothers alike with a magic trick before he starts his lecture on the prevalence of genetically modified crops in their shopping. The "giggl[ing]" (l. 37) woman who gladly participates in the trick shows the success of this feel-good strategy. Although Mr Potato Head starts off loud as well with his "boom box" playing reggae (cf. ll. 21–23), he then addresses his audience much more quietly when he has their attention. At the same time, he exchanges his funny behaviour for a serious manner when he directs attention to the adults and talks to them about biotechnology.
His ultimate success is due to two factors: on the one hand, he frequently addresses topics the women can relate to, i. e. food popular with children or considered healthy, such as "infant formulas, baby foods, pizza, soda, chips" (ll. 52/53), "milk" (l. 60) or generally "the food you feed your children" (ll. 43/44). Thus, he appeals to their feeling of responsibility as parents and carers.
On the other hand, his speech is laden with facts and figures, such as the number of genetically modified crops "approved by the U.S. government for sale" (ll. 44/45) and the percentage of foods with genetically modified components (cf. ll. 51/52). His insight knowledge lends him credibility in spite of his costume. This becomes apparent in the mothers' reaction when they start to reconsider their shopping choices and doubtfully "scan[...] the contents of their carts" (l. 54).
The activists have successfully shattered the shoppers' confidence in everyday matters like shopping by creating a rift between them and the authorities they usually trust to protect them. They do that by repeatedly addressing the women around them as "you" (e. g. ll. 12, 43, 62) or forging a bond with them by complaining "We don't know because they don't tell us!" (l. 10). The government as well as GM companies are derogatorily classed as an anonymous "they", as can also be seen in Y's conversation with his fellow shopper in lines 10 to 12. *(691 words)*

3. *This task requires you to assume the role of a company spokesperson. This means you cannot simply state your own opinion, but you must find arguments in favour of GM food and try to convince your audience of your perspective. Use the incident at the supermarket as a starting point for your statement and work your way into a more general view on the topic from there. As the assignment requires, you have to take advantages for both farmers and customers into consideration.*

Good afternoon, and welcome,

After the regrettable incident at a British Columbia Thrifty Foods Store, in which several customers were scared by a group of activists, we would like to reassure our clients that Nu Life Potatoes products are safe and healthy.
For years now, customers have appreciated Nu Life Potatoes for their flavour and quality. Our farmers have put the experience of generations into combining the most superior varieties of potatoes to create the perfect ingredient for every meal. This is how we arrived at our popular brands Nu Life Perfect Fries, Nu Life Perfect Mash and Nu Life Perfect Salad. However, genetic modifications do not only make the food tastier, but also healthier when it comes to providing consumers with important vitamins and other nutrients.
Health seems to be the biggest issue for the adversaries of GM food. Yet, what they are probably not aware of is that Nu Life Potatoes have also been especially and carefully designed to be resistant against the dangerous potato beetle. Fifty years ago, potato farmers had only two options in the fight against it: dousing their crops with poisonous pesticides or facing the risk of losing their harvest. This made farming a risky business, with unreliable price calculation, and had consumers legitimately worried about potential health threats from pesticide residue. Today, however, biotechnology gives us the opportunity to find a better response to this threat. By skilfully inserting a gene from the Japanese wild tomato into our Nu Life potato, our experts have managed to make it naturally indigestible for all species of potato beetles native to Canada. This allows farmers to dispense with pesticides.
Thereby, potato farmers can save considerable amounts of money and effort. By the simple expedient of making the potato in itself unattractive to the beetle, more reliable harvests with higher yields can be achieved. And reducing the risk of course safeguards the jobs of our farmers, on whom our whole food supply relies. Naturally, this also results in lower costs for consumers. In other words, the harvesting of potatoes becomes economically sound for everyone involved.
So, let me repeat that shoppers can be certain that with Nu Life Potatoes, they get a wholesome product without harmful chemicals because with this self-protecting potato, the use of pesticides has become unnecessary. Nu Life Potatoes contribute to a healthier lifestyle for all because everybody can afford to either produce or consume first-class products.
Thank you very much for your attention. I will be happy to take your questions now.

(419 words)

Abitur 2019 Schleswig-Holstein – Englisch (Kernfach)
Textaufgabe 4: Science (Fiction) & Technology: Blessing or Curse?

Barack Obama, "Remarks by the President at the White House Science Fair[1]"

[…] And there's nothing that makes me more hopeful about the future than seeing young people like the ones who are here – and they come from all over the country, they come in all shapes and sizes. All of you are showing the rest of us that it's never too early in life to make a difference. You teach us about the power of reason and logic, and trying things and figuring out whether they work, and if they don't, learning from that and trying something new. And you remind us that, together, through science, we can tackle some of the biggest challenges that we face.

Whether you're fighting cancer or combatting climate change, feeding the world, writing code that leads to social change, you are sharing in this essential spirit of discovery that America is built on.

John Holdren helpfully reminded me that today happens to be the 273rd birthday of Thomas Jefferson. And Thomas Jefferson was obviously a pretty good writer; the Declaration of Independence turned out pretty well. *(Laughter.)* He was a great political thinker and a great President. But he was also a scientist. And that was true of most of our Founders – they were children of the enlightenment. They had come of age when all the old dogmas were being challenged. And they had this incredible faith, this belief in the human mind, and our ability to figure stuff out.

And whether it was Benjamin Franklin or Thomas Jefferson, or all the others who were involved in the founding of our country, one of the essential elements that is embedded in our Constitution and the design of this democracy is this belief that the power of the human brain when applied to the world around us can do amazing, remarkable things.

And it also requires, as we're seeing from these outstanding teams, not just constant inquiry, but also strong teamwork and dogged perseverance. And by following the trail of your curiosity wherever it takes you, you are continually adding to this body of knowledge that helps make us a more secure, more prosperous, and more hopeful society. Science has always been the hallmark of American progress. It's the key to our economic success. I can't think of a more exciting time for American science than right now, because we are busy reigniting that spirit of innovation to meet so many challenges.

Just to give you a couple of examples. We're on the cusp of a new era of medicine that accounts for people's individual genes. And I've been doing a lot of work with Francis Collins, the head of NIH[2], around how we take the human genome that we've mapped, in part thanks to the good work of Francis and others, so that we are able to not just cure diseases generally, but figure out what exactly do you in your particular body need in order to keep it running well.

We're harnessing technology to develop cleaner sources of energy, and save our planet in the process. We're unraveling the mysteries of the human brain, unlocking secrets of the universe. In fact, just last month, Commander Scott Kelly returned from an almost a year-long stay on the International Space Station. Some of you may have read about that. He conducted countless experiments, and he also served as an experiment himself. His identical twin brother, Mark, who is an astronaut, as well – Mark stayed home during this entire time that Scott was up in the air, and that meant that NASA could study the two of them side by side to gain insights into how a long-term occupation in space changes your body and your operating systems.

It turned out, initially, it makes you two inches taller. *(Laughter.)* But I saw Mark just two weekends ago; apparently, you shrink back really quickly. *(Laughter.)* It makes your head bigger too. *(Laughter.)* But I don't know how big.

America has also got a selfie-taking rover that's Instagramming from Mars. The International Space Station just got its first inflatable habitat for astronauts. SpaceX, on the commercial, private venture side of space, just landed a returning rocket on a drone ship in the middle of the ocean. And that's opening up the possibility of reusing our rockets instead of just throwing them away once they have launched.

So the progress we're seeing across the board is extraordinary, and it's just the beginning. The rest is going to be up to you, the next generation. Somewhere in your generation, maybe in this room, are pioneers who are going to be the first to set their foot on Mars – the first humans, anyway. I don't know about other life forms. *(Laughter.)* […]

(780 words)

https://obamawhitehouse.archives.gov/the-press-office/2016/04/13/remarks-president-white-house-science-fair (accessed 28 November 2018)

1 President Barack Obama hosted the annual White House Science Fair from 2010 until 2016. The aim of the fair was to honour students from kindergarten to 12th grade who submitted projects from the following fields: science, technology, engineering, and mathematics.

2 *NIH:* National Institutes of Health

Assignments

1. Outline the relevance of science to the USA as portrayed by Obama. *(25 %)*
2. Analyse the means and strategies Obama employs to honour the young scientists and to encourage them to continue their work. *(35 %)*
3. You are an exchange student at an American college and are taking a course on "The Ethics of Science". Using Obama's speech as a starting point, you decide to write an article entitled "Technoethics: Technological Progress – for Whom and at What Cost?" for the college newspaper.

   Write this article including your background knowledge. *(40 %)*

Lösungsvorschläge

1. *This assignment is meant to test your reading skills. Before you start, you should mark the relevant information in the speech and then structure your text logically. Avoid interpretations and evaluations at this point, and make sure you do not quote from the original text but use your own words. The assignment requires you to focus on the relevance of science to the USA. So, you should look for hints as to how science and research have influenced the USA's national self-image.*

   In his address at the White House Science Fair in 2016, Barack Obama emphasises that the pursuit of knowledge has always been an essential part of the mindset of the USA. He points to the Founders, whose open-mindedness and appreciation for the values of the Enlightenment are reflected in the Constitution. That is why he regards scientific research, the ability to work hard, persistently and cooperatively, and the courage to question outdated beliefs as inherent virtues of the American society. Science is the foundation for the economic success of the USA as well as its role as trailblazer in academic progress, for example in the fields of genetics, renewable energies, conservation and space travel – subjects which Obama hopes will help solve the most important issues on earth like climate change, pollution and diseases. He ends with an outlook to the future, imagining that some people in the room might actually by the first to go to Mars, taking the typically American spirit of discovery and challenging oneself even beyond earth. *(170 words)*

2. *This assignment requires you to do two things: first, you have to find the stylistic devices used in this speech. Second, you have to explain in what way they convey a sense of respect or encouragement for the laureates. Make sure you keep in mind this second aspect before starting your analysis, otherwise you will risk simply producing a list of meaningless elements of speech.*
   Remember that "stylistic devices" may not only refer to the speaker's choice of words, but also to the way he structures his text, the topics he chooses and the tone he employs.
   When you write your analysis, remember to use your own words and prove your point by giving quotations. You do not necessarily have to follow the structure of the text, but should rather put your points in a logical order.

   In his speech at the White House Science Fair in 2016, then President Obama shows his esteem for the young scientists by addressing them directly in several instances (cf. e.g. ll. 3–6). The young people seem to be at the forefront of his mind and in the centre of his speech. By also regularly using first person plural pronouns like "us" (e.g. ll. 3, 4, 6, 21, 26) or "we" (e.g. ll. 6/7, 23, 29) and the possessive determiner "our" (e.g. ll. 15, 20, 27), he furthermore creates a feeling of togetherness and makes his listeners feel part of a greater community.
   That this community is a renowned one becomes apparent when Obama links the young people and their work to a long tradition of American values: the "spirit of

discovery" (ll. 9/10), for instance, makes up the foundation of the USA. Furthermore, Obama points out that the White House Science Fair is held on the 273rd birthday of Thomas Jefferson (cf. ll. 11/12), who he not only appreciates as a role model in his function as author of the Declaration of Independence, but also as a scientist characterised by the atmosphere of enlightenment and the pursuit of knowledge he and other great inventors and politicians grew up in (cf. ll. 14–22). By referring to these well-known and highly praised Founders as forerunners of the young people at the Science Fair, Obama expresses his respect for their achievements.

This esteem for his listeners becomes apparent right from the beginning when Obama describes the optimism he feels on seeing them before him (cf. ll. 1/2). The extent of his admiration is expressed in the high relevance he assigns them for American society. He regards them as teachers and role models who "show" the importance of science to the other Americans, "teach [them] about the power of reason and logic" and "remind [them that they] can tackle some of the biggest challenges" (ll. 3–7). This seems even more astounding considering their young age, but according to Obama, "it's never too early in life to make a difference" (ll. 3/4).

Furthermore, Obama's speech can be seen as motivating and encouraging, which is due to the reverence with which he speaks about science in general. In an impressive figure of three, he credits science with making America "more secure, more prosperous, and more hopeful" (l. 26). He repeats this idea in the two metaphors of science being "the hallmark of American progress" (l. 27) and "the key to [the country's] economic success" (ll. 27/28). With another metaphor, namely that right now the "spirit of innovation [is reignited]" (l. 29), he makes it hard for his listeners not to want to be a part of these exciting and groundbreaking developments.

However, it is not only the work itself that these students have completed, it is also their qualities as researchers and team workers that Obama values. He praises their diversity and their ability to work together when he uses powerful and positive adjectives like "outstanding" (l. 23) and "strong" (l. 24) to describe their work, as well as commending them for their discipline and diligence, or in Obama's own words, their "constant inquiry […] and dogged perseverance" (ll. 23/24).

Additionally, he motivates the young scientists to persevere in their work by emphasising its relevance for solving global problems as important as climate change, famine or disease (cf. ll. 8/9). In this context, he also links their role and their work to current cutting-edge researchers and their projects, like geneticist Francis Collins and astronaut Scott Kelly (cf. ll. 31–42), whose findings might revolutionise medicine and our comprehension of the planet. President Obama ends his address with an outlook to the future by predicting that his listeners might do extraordinary work themselves and take the pioneering spirit of the USA to another level, e. g. by being the first people to travel to Mars, a project that, at this moment, still seems like science fiction (cf. ll. 55–57).

Despite the enormous significance of his topic, Obama's tone is often light-hearted and humorous, for example when he jokes about the Declaration of Independence which "turned out pretty well" (l. 13) or the Founders' belief in "our ability to figure stuff out" (l. 17). He regularly makes his audience laugh by drawing unexpected conclusions, like when he talks about the results of the twin experiment on the effects of zero gravity on the human body and even slyly insinuates that astronauts might have an overrated sense of self-confidence when he makes a pun about the size of their heads after being in zero gravity (cf. ll. 47/48). Thus, he makes his listeners feel comfortable because he gears his choice of words to them and does not talk above their heads. That he manages to appeal to his listeners becomes apparent in the laughter that is noted in the transcript at several points (cf. ll. 13, 46–48, 57/58). *(833 words)*

3. *Remember to follow the rules for writing a newspaper article, i. e. structure your text accordingly with an introduction to your thesis, a main body with separate paragraphs, and a conclusion at the end. This assignment is a real opportunity to apply your background knowledge. So, you might want to include any hard facts, statistics or quotations you remember from your lessons to make your arguments more persuasive. As the assignment states, you may also use the original text as a source. However, since Obama's speech deals with the positive aspects of science only, you will have to go beyond this by discussing the pros and cons of technological progress. The text below is a suggestion. It focuses on the usefulness as well as the dangers of genetic research for medical and agricultural purposes; naturally, you are free to focus on key issues of your own choice, depending on your background knowledge.*

Technoethics: Technological Progress – for Whom and at What Cost?

"Science has always been the hallmark of American progress. It's the key to our economic success." President Obama said this in his address at the White House Science Fair. Or, in short, science equals progress equals success. Hence, if scientists receive enough support, it will benefit all Americans. On the one hand, that sounds like a good thing. The quest for knowledge should not be restricted, otherwise, how would anything new ever be developed, if nobody dared to think outside the norms? But on the other hand, the focus on economy seems slightly worrying. Is a research project always and only a good research project when it makes money? Or should other aspects be considered as well? Shouldn't the real question be: "Who exactly will benefit?"

The most prominent example for cutting-edge research that comes to mind is genetics. Mapping the human genome gives us not only a deeper understanding of the workings of the human body, but also the chance to combat diseases on a much more individual level because therapies could be tailored to the patient's metabolism or even work on a genetic level. Thus, treatments might become cheaper, more effective and less loaded with side effects compared to broadband drugs.

However, there might be drawbacks in making your genome transparent. What if insurance companies decided to screen your DNA for hereditary diseases or predispositions before calculating your risk? This might make your insurance rates soar although you yourself are perfectly fit and living a healthy lifestyle. On an even more dystopian note, what should stop employers from requiring an assessment on how suitable you are for a job, depending on your genetic makeup? Or stop the government from trying to assess your potential of becoming a criminal? Apparently, some restrictions are needed here in order to rein in the potential of genetic research.

Naturally, this doesn't only go for the human genome. Genetic research has also made impressive progress when it comes to crops and agriculture. Where in the past, the fight against crop-eating pests required pesticides, which could harm all insects and other life forms feeding on them, genetics gives us a much more effective tool. Genes can now be transferred from bacteria to crops or from one plant species to another to transmit certain desired properties. For instance, crops can be made unattractive to insects, thus allowing farmers to minimise their use of pesticides. At the same time, related technology has also led to the development of herbicides like glyphosate and crops especially designed to be resistant to it, making it possible to reduce the amount of herbicides used on the fields.

At first glance, all of this is extremely advantageous for consumers, who do not have to worry about poison in their food. However, there might be drawbacks. It is unclear how the newly acquired genes will behave in the wild. Will they spread by cross-breeding with related wild species? The repercussions are hard to predict. It is entirely possible that we will end up with "super-weeds" that spread inexorably across the planet due to their resistance to herbivores and herbicides, pushing aside other, more delicate plant life and resisting all efforts to root them out. It cannot be ruled out either that these newly acquired genes might alter more than the crops' reaction towards pests or herbicides. They might also become more allergenic and thus indigestible for people, thwarting the intended result.

In the case of glyphosate, it all seems to come back to the initial question: who exactly will benefit? While in the short term, it is farmers and consumers who benefit from greater yields and reliable harvests thanks to reduced risk and costs, in the long term it will be the companies selling herbicides and suitably engineered crop seeds who will make the greatest profit because farmers will become dependent on them.

In conclusion, it is important to consider all the implications of a research project. If the long-term drawbacks outweigh the advantages, it would be wiser to look for alternative, more sustainable ways to solve a problem. Research itself should be free, but the implementation of its results should be calculated carefully. And what is more, society should not allow itself to be fooled by companies into becoming dependent on them. In an ideal world, scientists and politicians would adhere to a kind of ethical code. But since this is not an ideal world, all of us must look out for ourselves. This is not to say that we should be against progress at all costs, but rather remain critical of its implications and ask ourselves whether what is offered to us is really to our advantage, or if there might be hidden agendas we are not aware of.

(789 words)

Ich glaube nicht, dass es eine vollständigere Sammlung gibt

Am Mittwoch dieser Woche eröffnet das weltweit erste Reclam-*Museum in Leipzig. Zu sehen geben wird es eine Präsenzbibliothek mit mehr als 10 000 Bänden, eine Dauerausstellung zur Geschichte der „Universal-Bibliothek" und Raritäten wie zwei Feldbüchereien[1] oder einen* Reclam-*Bücher-Automaten. […]*

Ein Interview mit Hans-Jochen Marquardt.

Je nachdem, wie gerne jemand den Deutschunterricht hatte, lösen *Reclam*-Bücher entweder Abscheu oder Nostalgie aus. Können Sie sich an Ihr erstes *Reclam*-Heft erinnern?

Meine Situation war etwas speziell, weil mein Vater lange Jahre Leiter des DDR-*Reclam*-Verlags war. Nach dem Zweiten Weltkrieg gab es ja einen Verlag in Leipzig und einen in Stuttgart. Ich hatte also schon von klein auf eine Verbindung zu dem Thema. Aber natürlich wurde auch ich – wie wohl jeder im deutschsprachigen Raum – in der Schule damit konfrontiert. Und wenn der Deutschlehrer reinkam mit einem Stapel Hefte und sagte: „Wir lesen heute mal *Emilia Galotti* mit verteilten Rollen", dann gab es sehr unterschiedliche Reaktionen. Entweder fiel die Kinnlade runter oder es ging ein Lächeln über das Gesicht. Bei mir war es eher Letzteres, ich liebte schon immer Literatur.

In den Zwanzigerjahren warb *Reclam* mit dem doch recht frechen Spruch „*Reclam* braucht keine Reklame".

Klar ist das ein bisschen frech. Ein Unternehmen, das damit wirbt, dass es keine Werbung braucht, hat es geschafft. Für diesen Erfolg gab es mehrere Gründe: 1867 wurden die Urheberrechte für viele Autoren frei, die 30 Jahre vorher gestorben waren. Das nutzten etliche Verlage, aber *Reclam* setzte sich dabei durch. Das lag an Neuerungen in der Drucktechnik, aber auch an *Reclams* Idee der „Universalbibliothek". Damit konnte sich plötzlich jeder für wenig Geld eine kleine Bibliothek zusammenstellen. Und zwar musste man nicht, wie damals üblich, eine ganze Buchreihe erwerben, sondern durfte einzelne Bände kaufen. So stillte man den Bildungshunger der Arbeiterklasse.

Könnte man im Internetzeitalter, in dem Wissen umsonst zur Verfügung steht, nicht meinen: *Reclam* ist überflüssig?

Loriot[2] hat mal gesagt, ein Leben ohne Mops ist möglich, aber sinnlos. So ähnlich ist es mit *Reclams* Universal-Bibliothek. Natürlich kann man auch ohne diese Buchreihe Literatur studieren. Aber ich würde es niemandem raten. Gerade für den Einstieg ist die Reihe wahnsinnig wichtig, weil *Reclam* Wert darauf legt, auch Texte, die man zigtausend Mal gedruckt hat, wie etwa Goethes *Faust*, immer wieder kritisch zu überprüfen, zu kommentieren und die Textgestalt zu hinterfragen. *Reclam* hat eine Geschichte, die mehr als 150 Jahre währt. Das ist eine gewaltige Kulturleistung, die da vollbracht worden ist. Das gibt es so nirgendwo in der Welt.

Wenn der Verlag noch so lebendig ist, warum braucht es dann überhaupt ein *Reclam*-Museum?

Reclam wurde ja einst in Leipzig gegründet, aber 2006 hat der Verlag die Stadt endgültig verlassen und ist seitdem nur noch in Ditzingen bei Stuttgart ansässig. Das riesige Verlagsgebäude, das *Reclam* von der Treuhand[3] zugesprochen bekommen hatte, wurde saniert und dann verkauft. Auch sonst ist fast keiner der großen Verlage, die nach dem Zweiten Weltkrieg aus Leipzig weggezogen waren, nach der Wende zurückgekehrt. Für die Buchstadt Leipzig war das natürlich bitter. Bei dem Museum geht es nun einfach darum, dass *Reclam* nicht aus dem kulturellen Gedächtnis der Leipziger verschwindet.

Die meisten Bände im Museum kommen aus Ihrem Privatbesitz.

Nein, alle.

Alle?

Ja, wobei das auch nur ein Teil meiner privaten Sammlung ist. Ich habe etwa mit 14 Jahren mit dem Sammeln angefangen.

Wie kommt ein 14-Jähriger darauf, *Reclam*-Bände zu sammeln?

Da mein Vater den Verlag in der DDR geleitet hat, hat er mir auch ab und zu einen Band geschenkt. Ich hab mich früh schon mit der Geschichte des Verlags beschäftigt und mich hat das Konzept fasziniert: Möglichst vielen Menschen Literatur zu einem kleinen Preis anzubieten. Später bin ich Germanist geworden, da hat sich das Interesse natürlich noch vertieft. Und irgendwann kam dann auch die Idee hinzu, dass ich der Stadt Leipzig gerne einmal die Sammlung schenken würde. […] (627 Wörter)

Luise Checchin: „Ich glaube nicht, dass es eine vollständigere Sammlung gibt“, Süddeutsche Zeitung *vom 22. 10. 2018, https://www.sueddeutsche.de/kultur/interview-am-morgen-reclam-verlag-ich-glaube-nicht-dass-es-eine-vollstaendigere-sammlung-gibt-1.4176912*

1 *Feldbücherei:* transportable Bibliothek für Soldaten im Ersten Weltkrieg
2 *Loriot:* Künstlername, eigentlich V. von Bülow (1923 – 2011), deutscher Humorist
3 *Treuhand:* Bundesbehörde, die die Umstrukturierung der Wirtschaft der ehemaligen DDR im Rahmen der Wiedervereinigung organisierte

Assignment

As an intern at the Leipzig tourist office, you have been asked to contribute an article about the *Reclam Museum* for the website www.english.leipzig.de.

On the basis of the interview, write the article presenting the museum, its founder and the *Reclam* publishing house.

Lösungsvorschläge

Your task is to collect information on the Reclam *museum, on its founder and on the* Reclam *publishing house from the interview and turn it into an article for a website of the Leipzig tourist office. To do so, you need to find a title that is catchy, start with an introduction that makes the reader want to read your article, put in the relevant facts and end either by saying why the museum is worth a visit or give some more information of the kind that you would expect in an article like this. Stick to your assigned role as an intern at the Leipzig tourist office and write an article aiming at international visitors. In this context, it is very important to explain the cultural background of certain things if you use them in your text, e. g.* Reclam *books, German classics, etc.*
The following information can be collected from the interview and should be part of your solution:

- *information on* **Reclam *publishing house:***
  - *in existence for more than 150 years (cf. l. 30)*
  - *concept: making literature accessible for everyone (individual books can be purchased at affordable prices) (cf. ll. 18–21, 49/50)*
  - *classical texts (with annotations, etc.) (cf. ll. 27–29)*
- *information on* **Reclam *museum:***
  - *publishing house originally located in Stuttgart and Leipzig, now only in Stuttgart (cf. ll. 5/6, 34/35)*
  - *museum to preserve* Reclam*'s importance for "book city" Leipzig (cf. ll. 37–40)*
  - *more than 10,000 books, exhibition on* Reclam*'s history, curiosities, such as a mobile library for soldiers at war or a vending machine for books (cf. introductory lines)*
- *information on* ***founder Hans-Jochen Marquardt:***
  - *his father was head of* Reclam *publishing house (cf. ll. 4/5, 47)*
  - *collected* Reclam *books since the age of 14 (cf. ll. 44/45)*
  - *gave his private collection to the museum (cf. ll. 41/42, 51/52)*

Literature lovers' heaven: The *Reclam Museum* in Leipzig — catchy title

Do you like literature? Experience the concept that has made it accessible to everyone in Germany. Visit the *Reclam Museum* in Leipzig. — introduction

Reclam is a German publishing house that was founded 150 years ago. Based on cheaper printing methods and a change in copyright, *Reclam* made literary works accessible to the common people at affordable prices. Everyone could put together their own little library according to their taste because contrary to other publishers, *Reclam* books could be bought individually. In connection with the classics, such as Goethe or Schiller, almost all Germans know *Reclam* books. — information on ***Reclam* publishing house**

After the Second World War, the publishing house had a West and an East German branch. The East German branch was managed by the father of our museum's founder, Hans-Jochen Marquardt. Young Hans-Jochen started collecting *Reclam* books at the age of 14. He — information on ***Reclam* museum and its founder**

remained true to his fascination for literature. So, he wanted to keep up the memory of the traditional publishing house in the “book city” when the publisher left Leipzig in 2006.
Marquardt donated 10,000 books from his own private collection to the museum. Apart from these, you can also find out about the history of *Reclam* in a permanent exhibition or admire rare exhibits, such as a mobile library from World War I or a book vending machine.
Isn’t that worth a visit? For further information, directions or ticket prices go to: www.reclam-museum-leipzig.de *(231 words)*

ending (fitting to text form)

Abitur 2020 Schleswig-Holstein – Englisch (Kernfach)
Textaufgabe 1: African Americans: Free at Last? Equal at Last?

Langston Hughes, "One Friday Morning"

Introductory note: Supported by her art teacher, Miss Dietrich, African American high school student Nancy Lee Johnson has painted a picture showing an African American woman looking at the American flag.

[…] "Sit down, Nancy Lee Johnson," said Miss O'Shay. "I have something to tell you." Nancy Lee sat down. "But I must ask you to promise not to tell anyone yet."

"I won't, Miss O'Shay," Nancy Lee said, wondering what on earth the [vice] principal had to say to her.

"You are about to graduate," Miss O'Shay said. "And we shall miss you. You have been an excellent student, Nancy, and you will not be without honors on the senior list, as I am sure you know."

At that point there was a light knock on the door. Miss O'Shay called out, "Come in," and Miss Dietrich entered. "May I be part of this, too?" she asked, tall and smiling.

"Of course," Miss O'Shay said. "I was just telling Nancy Lee what we thought of her. But I hadn't gotten around to giving her the news. Perhaps, Miss Dietrich, you'd like to tell her yourself."

Miss Dietrich was always direct. "Nancy Lee," she said, "your picture has won the Artist Club scholarship."

The slender brown girl's eyes widened, her heart jumped, then her throat tightened again. She tried to smile, but instead tears came to her eyes. […]

Nancy Lee was asked to think what she would say when the scholarship was conferred upon her a few days hence, both at the Friday morning high-school assembly hour, when the announcement would be made, and at the evening banquet of the Artist Club. Nancy Lee promised the vice principal to think calmly about what she would say.

Miss Dietrich had then asked for some facts about her parents, her background, and her life, since such material would probably be desired for the papers. Nancy Lee had told her how six years before, they had come up from the Deep South, her father having been successful in achieving a transfer from one post office to another, a thing he had long sought in order to give Nancy Lee a chance to go to school in the North. Now they lived in a modest Negro neighborhood, went to see the best plays when they came to town, and had been saving to send Nancy Lee to art school, in case she were permitted to enter. But the scholarship would help a great deal, for they were not rich people. […]

Dreams began to dance through her head, plans and ambitions, beauties she would create for herself, her parents, and the Negro people – for Nancy Lee possessed a deep and reverent race pride. She could see the old woman in her picture (really her grandmother in the South) lifting her head to the bright stars on the flag in the distance. A

Negro in America! Often hurt, discriminated against, sometimes lynched – but always there were the stars on the blue body of the flag. [...]

Friday morning came, the morning when the world would know – her high-school world, the newspaper world, her mother and dad. [...] The bright sunlight of an April morning woke her. There was breakfast with her parents – their half-amused and puzzled faces across the table, wondering what could be this secret that made her eyes so bright. The swift walk to school; the clock in the tower almost nine; hundreds of pupils streaming into the long, rambling old building that was the city's largest high school; the sudden quiet of the homeroom after the bell rang; then the teacher opening her record book to call the roll. But just before she began, she looked across the room until her eyes located Nancy Lee.

"Nancy," she said, "Miss O'Shay would like to see you in her office, please." [...]

The vice principal stood at her desk. There was no one else in the room. It was very quiet.

"Sit down, Nancy Lee," she said. Miss O'Shay did not smile. There was a long pause. The seconds went by slowly. "I do not know how to tell you what I have to say," the elderly woman began, her eyes on the papers on her desk. "I am indignant and ashamed for myself and for this city." Then she lifted her eyes and looked at Nancy Lee in the neat blue dress sitting there before her. "You are not to receive the scholarship this morning."

Outside in the hall the electric bells announcing the first period rang, loud and interminably long. Miss O'Shay remained silent. To the brown girl there in the chair, the room grew suddenly smaller, smaller, smaller, and there was no air. She could not speak.

Miss O'Shay said, "When the committee learned that you were colored, they changed their plans." [...] (765 words)

Langston Hughes, "One Friday Morning" (1941), in: Akiba Sullivan Harper (ed.), The Short Stories of Langston Hughes, *Hill & Wang, New York 1997*

Assignments

1. Describe Nancy Lee Johnson and outline the events on that Friday morning. *(20 %)*

2. Examine the means and strategies the author uses to make the reader empathise with Nancy Lee. *(40 %)*

3. Nancy Lee went on to become a celebrated painter. For the first day of "Black History Month 2020" at your high school, you as a student representative have been asked to deliver a motivational opening speech. You decide to use Nancy Lee's case as a starting point and to refer to past achievements and current challenges in the fight for equality in the US.

   Write the script for the speech using your background knowledge. *(40 %)*

Lösungsvorschläge

1. *As this task is twofold you should begin by scanning the text for information on Nancy Lee Johnson on the one hand and for descriptions of what happens on the Friday morning in question on the other. You can begin the task by writing a short* ***introduction*** *in which you mention the title and the author of the text and summarise its most important content. Make sure that you only use the facts that the text offers. Do not interpret them, use your own words and order the information you have found logically.*
   The following points should come up in your solution:
   - ***information on Nancy Lee Johnson:***
     - *African American high school student in her senior year (cf. introductory note, ll. 5/6)*
     - *good student (cf. ll. 5/6)*
     - *especially talented in arts (scholarship, plan to study arts after school) (cf. ll. 13/14, 28/29)*
     - *family background: move from Deep South to the North, rather modest circumstances (cf. ll. 24–30)*
     - *proud of her origins (cf. ll. 32/33)*
   - ***events on Friday morning:***
     - *Nancy Lee supposed to receive scholarship in front of the school assembly (cf. ll. 17–19, 37/38)*
     - *breakfast and way to school (cf. ll. 39–41)*
     - *announcement in vice principal's office that scholarship has been withdrawn due to colour of Nancy Lee's skin (cf. ll. 46–60)*

introduction

Langston Hughes's short story "One Friday Morning" from 1941 deals with an example of systematic discrimination against African American people in the United States of America at that time.

information on Nancy Lee Johnson

The main character is Nancy Lee Johnson, an African American high school student, who is raised in modest circumstances. Her family moved from the South to the northern United States six years before the story takes place. Nancy Lee is a good, ambitious senior student who is proud of her origin. After school, she would like to study arts. Because of her talent, she is selected for the Art Club scholarship for a painting that she created of an elderly African American woman looking at an American flag.

events on Friday morning

The day she is about to be honoured for winning the scholarship, she has breakfast with her parents and goes to school afterwards. Even before the attendance check, however, she is called to vice principal O'Shay's office, who apologises to Nancy Lee and informs her that the Art Club scholarship has been withdrawn. The committee has decided to do so because of the colour of Nancy Lee's skin. *(185 words)*

2. *Here you have to examine the text for any strategies and stylistic devices the author uses to create empathy with Nancy Lee. Use those you can find to write a text that is logical and coherent, which means that you can also diverge from the text's chronology and order the elements you have found in contextual paragraphs. Write a short* ***introduction*** *on what you are going to do, then explain your points and do not forget to cite from or at least give proof from the text. End with a short* ***conclusion*** *summing up the most important insights.*
   You could mention the following means and strategies:
   - *suspense built up through* ***in medias res beginning:***
     - *many examples of direct speech make reader feel a part of the scene (cf. ll. 1–14)*
     - *real reason for call to vice principal's office only revealed in lines 13/14, only hints before (cf. ll. 1/2, 11/12)*
   - *narrative perspective: third-person narrator,* ***personal viewpoint of Nancy Lee:***
     - *personification and enumerations of "[d]reams [...] danc[ing] through her head, plans and ambitions, beauties she would create for herself, her parents, and the Negro people" (ll. 31/32) → Nancy Lee's enthusiasm*
     - *detailed descriptions of Nancy Lee's feelings (cf. l. 15)*
   - *focus on* ***sensory perceptions*** *on Friday morning:*
     - *examples of what Nancy Lee sees (cf. ll. 38–40) and hears (cf. l. 43)*
     - *stream-of-consciousness-like description of events (cf. ll. 41–44)*
   - ***contrast*** *of two conversations in Miss O'Shay's office (beginning and end):*
     - *Miss Dietrich's smile (cf. l. 9) vs. Miss O'Shay's grave expression (cf. l. 49)*
     - *animated conversations (cf. ll. 1–14) vs. oppressive silence (cf. ll. 47/48, 50, 56)*
     - *repetitive metaphor of the room growing "smaller, smaller, smaller" (l. 57) and being airless → oppressive atmosphere*
   - ***tangible experience of discrimination:***
     - *Nancy Lee's background makes her seem deserving of the scholarship (cf. ll. 24–30)*
     - *disappointment in symbolic promise of American flag (cf. ll. 34–36)*

introduction

The author uses different strategies to make the reader empathise with Nancy Lee. He employs linguistic and stylistic devices, the detailed description of the main character's thoughts and feelings and a stark contrast between the positive atmosphere at the beginning of the story and its disappointing, discriminating end to create an emotional and touching narrative.

suspense through **in medias res beginning**

To draw the reader directly into the story, Hughes uses many examples of direct speech (cf. ll. 1–14). Thereby, one feels like a witness to the scene described. Furthermore, the reader, together with Nancy Lee herself, is kept in suspense because the real reason why the girl has been called to Miss O'Shay's office is only revealed in lines 13 and 14. Before that, there are mere hints at what will come, such as "I have something to tell you" (ll. 1/2) or "giving her the news" (l. 11), which make both Nancy Lee and the reader "wonder[…] what on earth the [vice] principal had to say" (ll. 3/4).

A second aspect is the narrative perspective of a third-person narrator with Nancy Lee's personal viewpoint, which is chosen well to give the reader direct insight into the protagonist's thoughts. For example, the realisation that she has won the scholarship makes "[d]reams […] dance through her head" (l. 31). You can directly share the joy Nancy Lee feels in that moment. The author uses the personification of "dancing dreams" (cf. l. 31) and enumerates the thoughts that are coming to her mind as "[d]reams […], plans and ambitions, beauties she would create for herself, her parents, and the Negro people" (ll. 31/32). The use of two enumerations in one sentence, both for her hopes and for the people she wants to represent, shows how the thoughts are bubbling through Nancy Lee's head and how unstoppable they are. With the personification the dreams appear even more vivid and Nancy Lee's enthusiasm becomes tangible.

narrative perspective: third-person narrator, **personal viewpoint of Nancy Lee:** personification and enumerations

The author does not only describe the girl's thoughts but also her feelings in a very detailed way. The enumeration of her "eyes widen[ing], her heart jump[ing] [and] her throat tighten[ing]" (l. 15) shows the overwhelming experience the young painter is going through. Once more, the personification of her jumping heart emphasises the pleasure Nancy Lee is experiencing, and one can almost feel one's own throat tightening with joy as well (cf. l. 15).

detailed descriptions of Nancy Lee's feelings

This method of creating a very accurate picture of sensory perceptions is also used in the paragraph that deals with the Friday morning leading up to Nancy Lee's supposed triumph. Both what Nancy Lee sees, "[t]he bright sunlight of an April morning" (ll. 38/39) as well as her parents' "half-amused and puzzled faces" (ll. 39/40), and what she hears, "the sudden quiet of the homeroom after the bell rang" (l. 43), is described in detail. Many other impressions follow each other in a kind of stream of consciousness (cf. ll. 41–44), which makes empathising with the protagonist of the story easy as it lets the reader participate directly in her hopeful and optimistic mood.

focus on **sensory perceptions** on Friday morning

This focus on atmosphere is especially striking if the beginning and the end of the story are directly contrasted. In the beginning, a very positive atmosphere is evoked, so that the reader is likely to feel the big disappointment after the turning point of the story all the more harshly. Miss O'Shay, for example, does not smile (cf. l. 49) when she meets Nancy Lee for their second conversation. This is in direct opposition to the first meeting when Miss Dietrich was smiling at Nancy Lee and there was a rather laid-

contrast of two conversations in Miss O'Shay's office (beginning and end)

back atmosphere (cf. l. 9). During that first conversation, the teachers were talking animatedly (cf. ll. 1–14) whereas in the latter one, "[t]he seconds [go] by slowly" (l. 50), "[i]t [is] very quiet" (ll. 47/48) and "Miss O'Shay remain[s] silent" (l. 56). This motif of silence signifies the cold atmosphere towards the end of the story. The repetitive metaphor of the room growing "smaller, smaller, smaller" and being without air (cf. l. 57) further underlines how oppressive the situation is in this moment.

tangible experience of discrimination: Nancy Lee deserving of the scholarship

One last aspect that needs to be mentioned is the discrimination of African Americans in general and that of Nancy Lee in particular. In the course of the story, the readers have to go through the process of discrimination together with Nancy Lee, which makes them compassionate for her situation. After getting to know Nancy Lee's modest family background – her father works as a post officer and tries everything to give her the opportunity for a better future (cf. ll. 24–30) – they feel that Nancy Lee really deserves the scholarship. Therefore, one feels utterly disappointed when she does not get it due to a racist decision.

disappointment in symbolic promise of American flag

In addition, disappointment can also be felt on a larger scale. Nancy Lee is being refused the scholarship despite her effort of painting her grandmother in front of the American flag. On behalf of so many African American people, who have been "hurt, discriminated against, sometimes lynched" (l. 35), Nancy Lee still wants to see the American flag as a promise and a beacon of hope. This important symbolism of the flag can also be seen in the fact that it is mentioned twice (cf. ll. 34–36). At the end of the story, however, all these hopes for a better future get brutally shattered.

conclusion

In conclusion, the author evokes feelings of hope and joy only to ruin them with the shocking ending that leaves one feeling disappointed and uncomfortable. Thereby, a very personal example, that of a young aspiring artist, whose hopes are undeservedly dashed, illustrates a far-reaching deplorable state of affairs, namely that of systemic racism in America. *(951 words)*

3. *You are supposed to write the script for a speech which allows you to not only write what you will eventually be saying but also to give stage directions to yourself on how to deliver your speech. Make sure that you have read the task thoroughly because it is imperative that you understand the exact circumstances of the speech and your role in delivering it. In this case, you are a high school student representative opening your school's "Black History Month 2020" with a motivational speech.*
As to the content of your speech, you should start with information on Nancy Lee Johnson and then widen your perspective to include your background knowledge about what you have learned about African Americans in the United States. Re-

member the assignment which tells you that Nancy Lee Johnson has become a celebrated painter. So, you can cite her as an example of success, but you can also use her past, in which she was a victim of discrimination, as an illustration of the challenges African Americans often face. This is exactly the two-partite structure your explanations on African Americans' general situation should follow, too: name both past achievements and current challenges in the fight for equality in the USA.
Make sure that your text is coherent, logical and motivating. In a speech, you should often address your audience and use rhetorical questions as well as other stylistic devices to be entertaining. Also keep in mind the formal requirements of a speech.
The following solution is structured like this:

- *greeting*
- ***introduction:** Nancy Lee Johnson's case*
  - *Nancy Lee Johnson's painting*
  - *Nancy Lee Johnson's story*
- ***transition** to "Black History Month" and African Americans' general situation:*
  - *Nancy Lee as one example of a success story*
  - *obstacles and discrimination*
- *"Black History Month" to highlight **African Americans' general situation:***
  - *past achievements (e. g. freedom from slavery, Civil Rights Movement against Jim Crow laws, Barack Obama)*
  - *present challenges (e. g. in legal system, economy)*
- ***conclusion:** appeal that more needs to be done*
- *thanks to the audience*

Dear fellow students, teachers and guests! — greeting

[showing a copy of Nancy Lee Johnson's painting] "A Negro in America! Often hurt, discriminated against, sometimes lynched – but always there were the stars on the blue body of the flag." There is a story to this painting that I want to share with you today. This painting was painted by Nancy Lee Johnson whose expressive words I opened with. The painting shows her own grandmother looking at the stars of our flag with belief, trust and hope. It seems to show that America stands for freedom, for equality and for the possibility to fulfil dreams. However, not everything is as idealistic as it may seem. I am going to tell you the story of disappointment, injustice and shattered hope behind this painting. — **introduction:** Nancy Lee Johnson's painting

Nancy Lee Johnson handed this picture in to apply for an Art Club scholarship. It won over the committee and the girl was told that she had taken first place and was about to receive the scholarship. Nancy Lee could not believe her luck. How would you feel after being given such news? Can you imagine the elation? For Nancy Lee Johnson, the scholarship would have quite simply changed her life. It would have lifted the financial burden off her parents' shoulders. It would have offered her a chance to live the Ameri- — Nancy Lee Johnson's story can Dream. So, there was hope for African Americans in the United States after all and she was living proof of it … Then, however, the committee learned that Nancy Lee was Black and they revoked their decision and took the scholarship away from her.

Of course, some of you might say "That was back in the day" or "Nowadays that is unlikely to happen" or "Look at what became of Nancy Lee Johnson in the end". Everybody who is a little into the arts knows that Nancy Lee Johnson became a celebrated painter despite all the obstacles that were put in her path.

transition to African Americans' general situation: Nancy Lee's success story

Still, it was so much harder for her and only her outstanding talent allowed her to live the American Dream. But what about all those that are not as talented? Do they not deserve to participate in the American Dream? Not so long ago, there was a time when Africans were brought here as slaves and treated like commodities. There was a time of segregation and there still is a time when daily news shows that we struggle with systematic discrimination up to this very day in this land where supposedly "all men are created equal".

obstacles and discrimination

During this month, we are going to explore the reasons behind these problems and the reasons why change is so difficult. We will look at racism today and will try to understand what it takes to make America a better place.

"Black History Month" to highlight **African Americans' general situation**

We will begin to look at the times when African Americans were exploited by wealthy plantation owners, at the times when segregation was a normal thing that nobody would question and at the times when the Civil Rights Movement fought to set the record straight. We will learn about the Underground Railroad, we will see and feel the injustice of the Jim Crow laws and paradigms such as "separate but equal" and we will discuss the historical achievements of the Civil Rights Act of 1964, the Voting Rights Act of 1965 and the impact personalities like Rosa Parks, Martin Luther King Jr. or Malcom X had on the fight for equality. We will also look at the example of Barack Obama, the first African American president of the USA, who seems to symbolise that nowadays everything is possible for Black people.

past achievements

However, we will also have to study how police violence, racial profiling and a high rate of African American convicts in our prisons reveal today's racism. There are so many areas where Black Americans are still disadvantaged. They have higher rates of poverty, of unemployment and of school dropouts. Yet, it is not only their chance at equal prosperity that is threatened but their very existence is often still in jeopardy. Think of cases such Trayvon Martin's, which triggered the Black Lives Matters Movement. There is still a vital need to fight for equality because it has certainly not been achieved yet.

present challenges

Fellow students, I have a dream that one day equality will be the force that lifts our beautiful country to more strength and wealth for everybody. May every single person have the chance to pursue their own happiness in a just and fair society that values people for who they are and not for what they look like. My dream is for a country where we will no longer say, "despite his background, Barack Obama became president", or, "despite her background, Nancy Lee Johnson became a famous artist", but we will truly look at a person's character and achievements alone and not at the colour of their skins. Let our discussions be one step towards the fulfilment of this dream.

conclusion: appeal

I hereby declare the "Black History Month 2020" officially opened. Thank you for your attention. *(840 words)*

thanks to the audience

Abitur 2020 Schleswig-Holstein – Englisch (Kernfach)
Textaufgabe 2: African Americans: Free at Last? Equal at Last?

Mitch Landrieu[1], "Speech on the Removal of Confederate Monuments in New Orleans"

Thank you for coming.

The soul of our beloved City is deeply rooted in a history that has evolved over thousands of years; rooted in a diverse people who have been here together every step of the way – for both good and for ill. It is a history that holds in its heart the stories of Native Americans [...], the enslaved people from Senegambia[2], Free People of Colorix[3], the Haitians, the Germans, both the empires of France and Spain. The Italians, the Irish, the Cubans, the south and central Americans, the Vietnamese and so many more.

You see – New Orleans is truly a city of many nations, a melting pot, a bubbling caldron of many cultures. There is no other place quite like it in the world that so eloquently exemplifies the uniquely American motto: e pluribus unum – out of many we are one. But there are also other truths about our city that we must confront. New Orleans was America's largest slave market: a port where hundreds of thousands of souls were bought, sold and shipped up the Mississippi River to lives of forced labor, of misery, of rape, of torture. America was the place where nearly 4,000 of our fellow citizens were lynched, 540 alone in Louisiana; where the courts enshrined 'separate but equal'; where Freedom riders[4] coming to New Orleans were beaten to a bloody pulp. So when people say to me that the monuments in question are history, well what I just described is real history as well, and it is the searing truth.

And it immediately begs the questions, why there are no slave ship monuments, no prominent markers on public land to remember the lynchings or the slave blocks; nothing to remember this long chapter of our lives; the pain, the sacrifice, the shame ... all of it happening on the soil of New Orleans. So for those self-appointed defenders of history and the monuments, they are eerily silent on what amounts to this historical malfeasance, a lie by omission. There is a difference between remembrance of history and reverence of it.

For America and New Orleans, it has been a long, winding road, marked by great tragedy and great triumph. But we cannot be afraid of our truth. As President George W. Bush[5] said at the dedication ceremony for the National Museum of African American History & Culture, "A great nation does not hide its history. It faces its flaws and corrects them." So today I want to speak about why we chose to remove these [...] monuments to the Lost Cause of the Confederacy[6], but also how and why this process can move us towards healing and understanding of each other. So, let's start with the facts.

The historic record is clear, the Robert E. Lee, Jefferson Davis, and P. G. T. Beauregard[7] statues were not erected just to honor these men, but as part of the movement which became known as The Cult of the Lost Cause. This 'cult' had one goal – through monuments and through other means – to rewrite history to hide the truth, which is that the Confederacy was on the wrong side of humanity. First erected over 166 years after the founding of our city and 19 years after the end of the Civil War, the monuments that we took down were meant to rebrand the history of our city and the ideals of a defeated Confederacy. It is self-evident that these men did not fight for the United States of America, they fought against it. They may have been warriors, but in this cause they were not patriots. These statues are not just stone and metal. They are not just innocent remembrances of a benign history. These monuments purposefully celebrate a fictional, sanitized Confederacy; ignoring the death, ignoring the enslavement, and the terror that it actually stood for. […]

I want to try to gently peel from your hands the grip on a false narrative of our history that I think weakens us. And make straight a wrong turn we made many years ago – we can more closely connect with integrity to the founding principles of our nation and forge a clearer and straighter path toward a better city and a more perfect union. […] (704 words)

Mitch Landrieu's Speech on the Removal of Confederate Monuments in New Orleans (May 23, 2017), https://www.nytimes.com/2017/05/23/opinion/mitch-landrieus-speech-transcript.html

1 *Mitch Landrieu:* mayor of New Orleans from 2010 until 2018, of Caucasian origin
2 *Senegambia:* West African region of Senegal and Gambia
3 *Free People of Colorix:* people of mixed African and European descent who were not enslaved
4 *Freedom riders:* civil rights activists riding interstate buses into the segregated southern United States in the 1960s
5 *George W. Bush:* US president from 2001 to 2009
6 *Lost Cause of the Confederacy:* ideological movement regarding the American Civil War as an honorable struggle for the Southern way of life while downplaying the role of slavery
7 *Robert E. Lee / Jefferson Davis / P. G. T. Beauregard:* commander / president / general of the Confederate States Army

Assignments

1. Outline Landrieu's arguments for the removal of the monuments in New Orleans. *(20 %)*
2. Examine the means and strategies the mayor uses to gain support for the removal of the monuments. *(40 %)*
3. In the final part of his speech Mitch Landrieu praises past achievements in the fight for equality and encourages his listeners to meet the current challenges. Write the script for the final part of his speech using your background knowledge.

   Start like this: *"Taking down these statues won't be enough. We also have to become a more open and inclusive society."* *(40 %)*

Lösungsvorschläge

1. *Read the text carefully and then briefly sum up Mitch Landrieu's arguments why the confederate monuments in New Orleans should be removed. In lines 30 to 32, the mayor explicitly states, "So today I want to speak about why we chose to remove these […] monuments to the Lost Cause of the Confederacy, but also how and why this process can move us towards healing and understanding of each other." So, you will probably find the main argument in the vicinity of this statement. Use your own words and do not quote from the text. Start with an introductory sentence that gives the reader some basic information on the text at hand.*
   You can structure your solution like this:
   - ***introduction:** general information on the text*
   - *Landrieu's main point against statues of Confederate leaders: **one-sided and misguided view of history***
     - *Confederacy inhumane (cf. l. 38)*
     - *lack of recognition for African American history (cf. ll. 44–46)*
   - ***biased version of history un-American and ultimately weakening for the country***
     - *Confederacy contradictory to American ideals (cf. ll. 41–43)*
     - *focus on all aspects of history ultimately strengthening (cf. ll. 47–51)*

introduction

In the given speech from May 2017, the mayor of New Orleans, Mitch Landrieu, argues why monuments remembering Confederate leaders should be removed.

one-sided and misguided view of history propagated by the statues

Mayor Landrieu's main point is that these monuments represent a one-sided and misguided view of history. According to Landrieu, leaders of the Confederacy receive honours inappropriate to the inhumane ideology for which they fought. Their glorification is especially problematic as it coincides with the city's lack of recognition for the sufferings and trials that African Americans faced.

biased version of history un-American and weakening

More broadly speaking, Landrieu is committed to the founding principles of the United States and says that these monuments contradict them. Their removal, on the other hand, will serve as a sign of solidarity among all Americans and thus enable a better future. *(123 words)*

2. *Read the text closely and find patterns showing how Landrieu wants to convince the audience of his opinion that bringing down the monuments is the right thing to do. When you are asked to examine means and strategies, these can be stylistic devices, but also other means, such as addresses to the audience, a certain choice of words, facts and figures that add credibility to a text and many more. Make sure that you explain how the detected strategies work. In order not to simply list elements you*

have found, it is often useful to group your findings into certain categories for different aims. It is perfectly all right to digress from the text chronology to create a logical and coherent analysis. Start with a short ***introduction*** *in which you explain what you are going to do, then describe your findings and end with a short* ***conclusion*** *summing up your results.*

You could mention the following means and strategies:

- *creation of a* ***feeling of community and togetherness:***
  - *addresses to the audience through use of pronouns and possessive determiners (cf. ll. 2, 11, 14, 21, 27, 32, 40, 47, 48, 49)*
  - *New Orleans as "our beloved City" (l. 2) → appeal to patriotism*
  - *"us" vs. "them" against historical and modern Confederates (cf. ll. 22/23, 42/43)*
  - *New Orleans as an inclusive place ("a city of many nations, a melting pot, a bubbling caldron of many cultures", ll. 8/9)*
- ***emotional and drastic description of African Americans' suffering:***
  - *to not hide away from "the searing truth" (l. 18)*
  - *"Freedom riders […] beaten to a bloody pulp" (ll. 16/17)*
  - *many enumerations: "souls were bought, sold and shipped […] to lives of forced labor, of misery, of rape, of torture" (ll. 13/14), "the pain, the sacrifice, the shame" (l. 21), "ignoring the death, ignoring the enslavement, and the terror" (ll. 45/46)*
  - *numbers to substantiate his report with facts and figures (cf. ll. 14/15)*
- *representation of* ***Confederates as un-American anti-patriots:***
  - *double contrast: "these men did not fight for the United States of America, they fought against it" (ll. 41/42), "[t]hey may have been warriors, but […] they were not patriots" (ll. 42/43)*
  - *allusion to Declaration of Independence ("[i]t is self-evident that", l. 41; "the founding principles of our nation", ll. 49/50)*
- ***encouragement*** *that healing is possible:*
  - *quote by former President Bush (cf. ll. 27–30)*
  - *extended metaphor for journey (cf. ll. 48–51)*

introduction

Mayor Landrieu is convinced that the monuments dedicated to Confederate leaders should be brought down. In order to make his audience agree with his conviction, he uses a number of means and strategies.

creation of a **feeling of community and togetherness:** use of pronouns, appeal to patriotism

First, he connects to the audience by addressing them directly, for example in line 8 where he starts his explanations with "You see". Throughout the text, there are numerous occurrences of the pronouns "we" and "us" as well as the possessive determiner "our" (ll. 2, 11, 14, 21, 27, 32, 40, 47, 48, 49). Thereby, the mayor makes clear that he shares a common interest with his audience, which becomes especially evident when he talks of New Orleans as "our beloved City" (l. 2) or when he warns that holding on to "a false narrative […] weakens us" (ll. 47/48). Every patriotic

New Orleanian will feel addressed and will want their city to prosper.

In this context, he also distances himself and his audience from historical Confederates as well as their modern followers by calling them "they" (e. g. ll. 42/43) or "those self-appointed defenders of history" (ll. 22/23). With these clearly assigned roles in mind, he makes an effort to include everyone else by using a metaphor to point out the multiethnicity of his city. He calls it "a city of many nations, a melting pot, a bubbling caldron of many cultures" (ll. 8/9).

"us" vs. "them", inclusivity of New Orleans

This picture of a positive place is directly contrasted with the suffering of African American people, which Landrieu highlights throughout the text. He uses quite an emotional, partly even drastic language, for instance when he talks about the "Freedom riders [who] were beaten to a bloody pulp" (ll. 16/17). Numerous enumerations further provoke his audience's sympathy for the plight of African Americans and show that Landrieu, in contrast to The Cult of the Lost Cause, does not hide away from "the searing truth" (l. 18) of slavery: when he calls the victims of slavery "souls [who] were bought, sold, and shipped" (l. 13) to America to lead "lives of forced labor, of misery, of rape, of torture" (ll. 13/14), he makes clear that behind each of the "hundreds of thousands" (l. 12) lies an individual story of hardship and suffering. He clarifies that "the pain, the sacrifice, the shame" (l. 21) took place in New Orleans and that the monuments in question are "ignoring the death, ignoring the enslavement, and the terror" (ll. 45/46).

emotional and drastic description of African Americans' suffering: vivid language, numerous enumerations

By supporting his claims with numbers (cf. ll. 14/15), Landrieu shows that he has thoroughly researched the topic. Thus, he substantiates his moving plea for justice with hard, tangible facts.

numbers

That an inclusive American history is "marked by great tragedy and great triumph" (ll. 26/27) contradicts the one-sided story that the monuments represent. With the double contrast that the leaders of the Confederates "did not fight for the United States of America, they fought against it" (ll. 41/42) and that "[t]hey may have been warriors, but […] they were not patriots" (ll. 42/43), Landrieu characterises them as wrong and un-American. Using a beginning phrase similar to that of the Declaration of Independence, "[i]t is self-evident that" (l. 41), the mayor further stresses that everyone truly interested in the American values, or as he puts it, in "the founding principles of our nation" (ll. 49/50), must be against reverence for the anti-patriotic Confederates.

representation of **Confederates as un-American anti-patriots**

What he wants to accomplish by destroying these wrong heroes' monuments is expressed in a known patriot's words, namely former President Bush's, who appealed to his fellow countrymen to

encouragement that healing is possible

"face [the country's] flaws and correct[…] them" (ll. 29/30). With an extended metaphor that centres around the motif of a journey, he wants to encourage his listeners that healing is possible. The "wrong turn" (l. 48) that has been taken can be corrected and "a clearer and straighter path" (l. 50) lies ahead on the "long, winding road" (l. 26) of American history.

conclusion

Summing up, one can say that Mitch Landrieu promotes an idea of reconciliation and correction of the terrible flaws of history. In that way, he hopes to persuade everyone to follow him out of the "false narrative" (l. 47) of the Lost Cause of the Confederacy and into a better future for America. *(710 words)*

3. *This task is a creative task as you have to imagine how Mitch Landrieu could continue and end his speech. Be careful, however, that you still meet the requirements of the task, i. e. you should praise past achievements and encourage your listeners to meet current challenges in the fight for equality. In order to do so, you have to use your background knowledge. In this context, you will have to bear in mind that the given speech was delivered in 2017, in other words, events such as the COVID-19 pandemic or the killing of George Floyd had not happened yet. As to language, write in a style that is fitting for the mayor of a major American city. Adapt your language to the first part of the speech. Do not forget to start your continuation of Mitch Landrieu's speech with the sentences given in the task.*
   You could then mention the following aspects:
   - ***introduction:** unfulfilled promise of the Declaration of Independence ("All men are created equal")*
   - ***historical overview of achievements and challenges:***
     - *from slavery to "freedom"/Jim Crow laws, Civil Rights Movement*
     - *mentioning of different areas of inequality: economy, politics, legal system*
   - ***situation today:***
     - *economic inequality: aspects such as divergence in wages, lack of health insurance for many African Americans*
     - *legal inequality: aspects such as disproportionately high numbers of Black prisoners, racial profiling*
   - ***appeal** for change*

introduction

Taking down these statues won't be enough. We also have to become a more open and inclusive society. It is true that according to our Constitution and the famous Declaration of Independence, all ethnic groups are equal. However, it is only true on paper. For almost two hundred and fifty years, those famous words – "All men are created equal" – have been the cornerstone of our belief, our guiding light, the beacon we turned to. And yet, we never followed the direction these words led us.

Of course, the Civil War brought freedom to the former slaves, but the White ruling class made sure that everything stayed the same, that the slaves might have been freed but were still kept economically dependent on their former masters. They also made sure that former slaves could not reach for political participation and they made sure that they could not expect justice in front of the law. "Separate but equal" was on the agenda and the Jim Crow laws replaced the old injustice and gave it a new coat. The Civil Rights Movement fought just that. With success, I might add. African Americans gained significantly more equality. The Civil Rights Act of 1964 was a leap in the right direction.

historical overview

However, if we look at the situation today, you have to state that there still is a dramatic imbalance very close to the surface. I admit to you that it always frightens me how ignorant we really are.

situation today

Let's start with the economic situation. On average, African Americans still earn less than White people doing the same jobs. This goes hand in hand with the fact that Black people frequently cannot afford health insurance, which then again leads to them often not seeking health care in an emergency. How can we allow such a life-threatening situation to continue? And how can we condemn them if people have to look for other means of raising money?

economic inequality

If you find that even two jobs are not enough to keep a family afloat, then the step towards illegitimate earning opportunities is not far, which leads us to the next point – the disproportionately high numbers of Black inmates in our prisons. The often precarious economic situation of many Black families and the potentially higher probability to be drawn into crime that results from it is only one side of the coin. Its other side is not less ugly and not less an expression of a malfunctioning system: the scourge of racial profiling, which means that an above-average number of African Americans are suspected, controlled, arrested and, if they cannot afford an expensive defense attorney and have to stick to their public defender, ultimately sentenced to prison terms. Many of these offenders are then put in private prisons, which earn their money with the highest possible utilisation. Consequently, probation or pardon is granted far less frequently to African Americans. Let me ask you quite openly: what else is this but slavery under a new name? With regard to drug crime, for instance, statistics show that White Americans consume or even trade in illegal substances just as often as Black Americans. But who would start a drug raid at Yale University?

legal inequality

Let me quote the famous writer George Orwell's words that "all men are equal, but some seem to be more equal than others". So, what can we do to change these dynamics? We need to close the

appeal

gap between the ethnic groups to have the melting pot melt and mix again. We are all Americans – and unlike some people in Washington try to make us believe, we need to stand together to tackle the challenges of the 21st century. How can we fight global warming if we fight against each other? How can we export the great ideals of our beloved democracy to those who suffer from autocratic governments if we are unable to live up to these ideals? How can we even dare point our fingers at other countries in the world if we are not willing to grant equal rights and equal chances to everybody in our own country? The answer is simple – we cannot. We need to change. Bringing down these Confederate monuments is a first token of our honesty – to show that we really mean it this time. Let the crumbling of the monuments be the resurrection call for a more perfect union.
Thank you for standing with me. *(734 words)*

Abitur 2020 Schleswig-Holstein – Englisch (Kernfach)
Textaufgabe 3: Science (Fiction) & Technology: Blessing or Curse?

Gordon Korman, *Masterminds*

Introductory note: Thirteen-year-old Eli Frieden has never left his hometown Serenity in New Mexico. One day, he and his friend ride their bikes to the edge of the city. On crossing the city limits Eli collapses and is picked up by the Purple People Eaters[1]. After his recovery he learns that his best friend had to leave Serenity and becomes suspicious.

[…] I rerun my Google search for "Osiris". There are so many hits – more than six million – I feel like I'm swimming in web links, struggling to stay afloat. There's no way I could ever go through all these sites in one lifetime. Not even with the others to help me.

There must be some way to narrow this down. I add other keywords: *Kids. Study.* […]

And then a word jumps out at me that has nothing to do with either mythology or shoes. It's instantly familiar, yet at first I have trouble placing it.

Hammerstrom.

That guy from the Purple People Eaters? Why would he come up? And then my heart begins to beat a little faster. A connection between Osiris and the Purples is a connection between Osiris and Serenity! This has to be important!

I click on the link, and a long document appears on my screen […].

PROJECT OSIRIS

Project Osiris was a top secret experiment in human behaviour proposed by social scientist Dr. Felix Hammerstrom and Internet billionaire Tamara Dunleavy in the late 1990s …

Felix Hammerstrom? *Dr.* Felix Hammerstrom, the social scientist? My mind races back to the moment when the Surety took me off the chopper. "Yes, Mr. Hammerstrom." Those words weren't directed at the Purples; they were meant for my father! It was Dad who told me the name belonged to one of the rescue team. I believed him, because, well, why would he lie?

Between then and now, though, he's lied at least twenty times. He's tried to wipe the truth out of my memory using brainwashing and pills. And now I'm staring at the proof positive that he's one of the people behind this Project Osiris, whatever it is. I want to say I can't believe it, but I believe it all too easily.

My own father, and I didn't even know his real name!

I turn my attention back to the screen.

Osiris was designed to explore the concept of criminality from the perspective of nature versus nurture, i. e., is an individual born evil, or does he or she become evil through the influence of environment and experience? The results were

> expected to revolutionize our thinking with regard to the court and penal systems and change crime and punishment as we know it.
>
> The proposed experiment involved human cloning – the medical process of creating exact genetic twins of living people through the harvesting of their DNA. Under Osiris, clones would be created of the greatest criminal masterminds currently in prison. The babies born would be raised by surrogate parents in a fabricated community, geographically isolated and carefully protected from any exposure to illegality, violence, deception, and fraud. These subject children would be exact replicas of the very worst in human society, yet they would be free of all negative influence. Careful monitoring would reveal whether the clones have fulfilled the destiny of the evil in their DNA or if their decent and upright environment has nurtured gentle, law-abiding adults.
>
> While initially hailed for its scientific approach to social issues, Project Osiris was criticized for its callous use of human life for research purposes and for its lack of endgame. The plan referred to a possible shift in experimental protocols once the cloned subjects reached fourteen years of age, but few details were provided on what would happen beyond then.
>
> These concerns, along with the international ban on human cloning, led to the abandonment of Project Osiris in 1999. Dr. Hammerstrom resigned from the faculty of the University of Colorado and dropped out of sight. Tamara Dunleavy went into retirement and now lives in seclusion on a ranch outside Jackson Hole, Wyoming …

I'm as calm as I've ever been, but I know that's because I can't wrap my mind around what I've just seen. I'm tempted to dismiss it all as crazy, except that piece by piece, every element snaps into place like a jigsaw puzzle. Felix Hammerstrom – Felix Frieden. A fabricated, isolated community – Serenity. Streets with names like Fellowship, Harmony, Amity, Unity.

I read the article again and again until it's practically engraved on the inside of my skull casing. It's all true. It has to be. Every word of it.

Except for one thing: Project Osiris was never abandoned. Felix Hammerstrom changed his name and went ahead and did it in a place so far off the grid that no one would ever find out about it.

Project Osiris is *us*. […] (743 words)

Gordon Korman, Masterminds, *HarperCollins Publishers, New York, 2015, pp. 197–201*

1 *Purple People Eaters:* nickname for the Surety, Serenity's security force

Assignments

1. Sketch what Eli Frieden finds out about "Project Osiris" and himself. *(20 %)*
2. Examine the narrative techniques Korman employs to make the discoveries a dramatic experience for the reader. *(40 %)*
3. You are the editor of the school magazine of your American high school. Having read the excerpt from Gordon Korman's novel *Masterminds* you decide to write an editorial entitled "Science – Progress at all Costs?".

   Write the editorial using the excerpt as a starting point and include your background knowledge. *(40 %)*

Lösungsvorschläge

1. *When asked to sketch an idea, you are required to summarise its basic points. You should absolutely avoid quotations and use your own words instead, paraphrasing the original text as far as possible. You should also steer clear of any speculation or personal comment.*
   The first step in this kind of assignment would be to collect the most important points from the original text. In this example, you must focus on the narrator's findings on "Project Osiris". While "Project Osiris" is described in detail in the document Eli finds on the Internet (cf. ll. 14–17, 29–53), do not forget to connect the information about the project to Eli's personal background. For the latter aspect, some reading between the lines might be necessary (cf. ll. 27, 57, 64).
   Since the given excerpt reflects the cognitive process of the protagonist dealing with his memories and piecing together the truth, it is quite fragmented and you cannot simply follow the structure of the original text. Instead, you should rearrange the following findings to form a coherent text:
   – ***information on "Project Osiris":***
     - *"top secret experiment in human behaviour" (l. 15)*
     - *clones of serious criminals raised by foster parents under ideal circumstances to show whether genetic make-up of a person or their surroundings make them become criminal (cf. ll. 29–43)*
     - *project said to have been abandoned in 1999 (cf. l. 50)*
   – ***connection to Eli:***
     - *Eli unwittingly a part of the experiment (cf. l. 64)*
     - *his hometown, Serenity, is an idealised, artificial community (cf. ll. 57/58, 62/63)*
     - *his "father", one of the project leaders, lied to him before (cf. ll. 23–27, 56/57, 61/62)*

In his research on "Project Osiris" Eli Frieden finds out that his life so far has been an elaborate fabrication and that in truth he is one of the objects of a giant social experiment. (introductory sentence)

"Project Osiris" is an officially abandoned research project which is being secretly and illegally continued by its lead scientist Felix Hammerstrom. The objective of "Project Osiris" is to find out whether a person's character is the result of their genetic make-up or the nature of their environment. Consequently, the researchers had the most notorious criminals cloned in order to let them grow up again with specially trained foster parents in isolated, utopian circumstances, to see whether the original person's evil behaviour is inevitably rooted in their DNA or whether it can be influenced by education. (**information on "Project Osiris"**)

Eli discovers that his secluded and harmonious hometown, Serenity, is actually the highly protected site of the ongoing "Project Osiris" research, and that he himself is one of the clones under (**connection to Eli**) scrutiny, raised by the project manager Felix Hammerstrom, who renamed himself Felix Frieden. In hindsight Eli realises that the man he thought to be his father has lied to him numerous times and tried to keep the project secret by giving Eli drugs as well as manipulating his memory. *(210 words)*

2. *For an analysis, you must examine the text carefully. The task will usually focus on one aspect of the text: in this case it is the narrative techniques the author employs to involve his readers in the story. Hence, as a first step you should read the text again and mark any items that seem to be characteristic of the text and that create suspense and a dramatic atmosphere. These might be a certain choice of words, sentence structures, stylistic devices or general narrative features, such as the perspective from which a story is told.*
Before you start writing you should make up your mind as to the function of the items you have found: in how far do they influence your reception of the text? It does not make sense to simply provide a list of stylistic devices. For a good analysis, you must also explain the purpose they serve.
Remember that for a good result your analysis should not follow the original text chronologically, but have its own logical structure. For example, you might want to sort your findings by their nature or their effect on the reader. Naturally, you must support your arguments by quoting from the text.
Also add a short ***introduction****, which could reformulate the assignment in your own words, and end with a* ***conclusion****, which summarises your findings.*
Points that you could mention are:
   - ***identification with the narrator:***
     - *narrative perspective: first-person singular → reader is involved in the narrator's train of thought → insights unfold at the same time as for the narrator*
     - *narrative time is nearly equal to narrated time → reader and narrator read the Internet search results simultaneously (cf. ll. 14–17, 29–53)*
     - *reader is witness to narrator's emotional reactions to his findings: narration alternates with facts from the Internet "And now I'm staring at the proof positive that he's one of the people behind this Project Osiris" (ll. 24/25); flashback to the rescue situation "My mind races back to the moment when the Surety took me off the chopper" (ll. 18/19)*
     - *reader witnesses Eli's conclusions: "And now I'm staring at the proof positive that he's one of the people behind this Project Osiris" (ll. 24/25), "Project Osiris is* us*." (l. 64)*
     - *development of Eli's insights: piecing together the items of information, ideas separated by dashes "Felix Hammerstrom – Felix Frieden." (ll. 56/57), "A fabricated, isolated community – Serenity." (l. 57)*
   - ***frantic search/frenzied atmosphere:***
     - *short, clipped sentences to reflect the narrator's way of dealing with a multitude of new information: "It's all true. It has to be. Every word of it. Except for one thing" (ll. 60/61), "Project Osiris is* us*." (l. 64)*

- *Eli's emotions reflected by typography and punctuation: exclamation marks: "A connection between Osiris and the Purples is a connection between Osiris and Serenity! This has to be important!" (ll. 11/12),* "My own father, and I didn't even know his real name!" *(l. 27); italics:* "Felix *Hammerstrom?* Dr. *Felix Hammerstrom, the social scientist?" (l. 18)*
- *contrastive conjunctions mirror Eli's conflicting emotions: "It's instantly familiar,* ***yet*** *at first I have trouble placing it." (l. 8), "I want to say I can't believe it,* ***but*** *I believe it all too easily." (ll. 25/26), "I'm as calm as I've ever been,* ***but*** *I know that's because I can't wrap my mind around what I've just seen." (ll. 54/55) (emphases added)*
- *confusion expressed by questions: "That guy from the Purple People Eaters? Why would he come up?" (l. 10),* "Felix *Hammerstrom?* Dr. *Felix Hammerstrom, the social scientist?" (l. 18), "I believed him, because, well, why would he lie?" (ll. 21/22)*
- *imagery to stress Eli's racing thoughts: "I feel like I'm swimming in web links, struggling to stay afloat" (l. 2), "And then a word jumps out at me" (l. 7), "piece by piece, every element snaps into place like a jigsaw puzzle" (ll. 55/56), "it's practically engraved on the inside of my skull casing" (ll. 59/60)*

In the given excerpt from his novel *Masterminds*, Gordon Korman tells the story of how 13-year-old Eli Frieden makes the discovery that his life is not at all what he has believed it to be. The dramatic impact of this realisation is mirrored in Korman's style of writing. **introduction**

The experience of reading becomes especially exciting because of the direct involvement in Eli's learning process. By employing a first-person singular perspective, Korman lets the reader participate in the narrator's train of thought. So, any insights unfold at the same time for the reader as for Eli himself. Additionally, the narrative time is nearly equal to the narrated time, which creates the impression of looking over the narrator's shoulder when he studies the Internet search results (cf. ll. 14–17, 29–53). **identification with the narrator:** narrative perspective and time

When his memories jerk Eli away from the Internet research, like when his "mind races back to the moment when the Surety took [him] off the chopper" (ll. 18/19), the reader joins in his emotional turmoil. Similarly, Eli's conclusions that he's "staring at the proof positive that [his supposed father]'s one of the people behind this Project Osiris" (ll. 24/25) and especially that "Project Osiris is *us*" (l. 64) are also directly shared by the reader. This makes it easy for them to identify with Eli and participate in his excitement when he pieces together the items of information. That this is done step by step is also reflected in Korman's use of elliptic statements, separated by dashes, e. g. in lines 56 and 57 reader witnessing Eli's emotions, conclusions and learning process when Eli realises abruptly that Felix Hammerstrom is Felix Frieden and that his hometown Serenity is a "fabricated, isolated community".

frantic search / frenzied atmosphere
short sentences

The whole search is shown as a frantic experience and Korman transports this frenzied atmosphere through a variety of means. Short sentences, such as "It's all true. It has to be. Every word of it. Except for one thing" (ll. 60/61), express how Eli has to deal with a multitude of new information all at once. The sentence, "Project Osiris is *us*." (l. 64), in all its simplicity shows how overwhelming and at the same time unavoidable the realisation is for Eli.

punctuation and typography

In other instances, he practically shouts out his excitement and surprise, which is shown by exclamation marks ending his insights that "[a] connection between Osiris and the Purples is a connection between Osiris and Serenity! This has to be important!" (ll. 11/12) or that his assumptions about his father have always been wrong (cf. l. 27). How this latter realisation in particular agitates Eli is also supported by typographic emphasis, namely by italicised words. Not only Eli's final realisation, but also the slowly dawning truth is illustrated in this way: "*Felix* Hammerstrom? *Dr.* Felix Hammerstrom, the social scientist?" (l. 18).

contrastive conjunctions

Eli's conflicting emotions are also reflected in his syntax, especially his use of contrastive conjunctions: The name "Hammerstrom" is "instantly familiar, **yet** at first [Eli has] trouble placing it" (l. 8). That he does not immediately grasp all the connections additionally heightens suspense. When he learns of his father's true identity, what he would like to believe and what he is forced to believe are in contrast to each other (cf. ll. 25/26), which results in Eli being "as calm as [he's] ever been, **but** […] that's because [he] can't wrap [his] mind around what [he's] just seen" (ll. 54/55) (emphases added).

confused questions

That he cannot grasp these overwhelming pieces of news is also palpable for the reader in Eli's repeated and frantic questions: "That guy from the Purple People Eaters? Why would he come up?" (l. 10), "*Felix* Hammerstrom? *Dr.* Felix Hammerstrom, the social scientist?" (l. 18), "I believed him, because, well, why would he lie?" (l. 21/22).

imagery / figurative language

In addition to that, Korman uses figurative language to vividly relate his protagonist's experience. For instance, he compares the search to being lost at sea (cf. l. 2) or to piecing together a puzzle (cf. ll. 55/56). The words Eli reads even affect him physically, e. g. when he feels that "a word jumps out at [him]" (l. 7) and the information inscribes itself "on the inside of [his] skull casing" (ll. 59/60).

All in all, Korman's varied language that cleverly mirrors his protagonist's thought processes makes it easy for the reader to empathise with Eli and to share his excitement. Thereby, they are left similarly thunderstruck by the realisation of what "Project Osiris" really is and what it means for Eli as the boy himself. *(748 words)*

conclusion

3. *For this assignment, you are supposed to write an article for a school magazine, which means that your readership are fellow students. Accordingly, your style need not be too formal.*
Contentwise, the title of the expected article implies that you should question the wisdom of scientific progress at all costs. As the excerpt from Masterminds *is your starting point, it makes sense to focus on genetic engineering in reproductive medicine in your article, too. It is, however, perfectly legitimate to name developments in other scientific areas as well.*
Remember the formal aspects of an article:
- *title*
- *structure:*
  - *introduction (to arouse readers' interest, present basic information)*
  - *main part with paragraphs (to present your arguments)*
  - *conclusion (opportunity for an outlook on the future or appeal to readers)*

Your article could include the following points:
- ***introduction:** central conflict for protagonist in* Masterminds*: human dignity endangered by scientific experiment*
- ***main part:** frequent conflict science vs. fundamental human rights*
  - *areas in reproductive medicine where scientific progress has been **beneficial***
    - *artificial reproduction of organs*
    - *help for couples with fertility problems*
  - *examples of **dangers** of progress in reproductive medicine for human dignity*
    - *selection of "welcome" features in an embryo*
    - *saviour siblings as mere donors of spare parts?*
    - *"designer babies"*
- ***conclusion:** scientific progress must take a back seat behind ethical values*

Science – Progress at all Costs?

title

Is an individual born evil, or does he or she become evil through the influence of environment and experience? This is the question raised by my favourite novel, *Masterminds* by Gordon Korman. In order to explore the issue of genetic predetermination, a team of scientists creates clones of the most evil criminals they can get hold of, and has them raised by foster parents in idyllic, controlled environments – without the children being aware of their role, of course. Their development is supposed to supply the answer to the question whether "nature" or "nurture" is responsible for the formation of a person's character. What seems like a fascinating

introduction: central conflict in *Masterminds*

question at first soon turns into horror when a teenager discovers the secret behind his existence and starts to question his own identity: is he a real person, with inalienable human rights, or is he just the object of a research project?

Science's conflict with fundamental human rights has always been one of its central problems. As the pace of scientific progress steadily increases, it is paramount that all of us face and discuss this controversy.

main part: conflict science vs. fundamental human rights

Who could have imagined only 100 years ago that in the year 2020, doctors would be able to save critically ill patients by replacing their failing organs not only with those from organ donors but with those from genetically modified mammals or even lab-grown tissue? Only 60 years ago, childlessness was a fate that couples simply had to accept. In the year 2020, fertilisation is no longer a game of chance, but it can be performed under controlled circumstances in a petri dish.

benefits of progress in reproductive medicine

There can be no doubt about it that these are blessings that our great-grandparents would never even have dreamed of. At a second glance, however, there are some downsides to these blessings. Just like the clones in *Masterminds* are denied their inherent human dignity when they are turned into study objects by the social scientists conducting "Project Osiris", the widening scope of opportunities offered by reproductive medicine and genetic engineering might water down ethical standards on the value of life and obliterate scientists' inhibitions against experimenting on humans. With ever moving boundaries as to what is scientifically possible, where do we draw the line between acceptable research and unacceptable violations of human dignity?

transition to dangers of progress

Naturally, all parents want to ensure the best future for their children and protect them from harm as completely as possible. There is, however, a fine line between giving a child the best start in life and interfering with its individuality by playing around with its genetic make-up.

dangers of progress in reproductive medicine for human dignity

Reproductive medicine enables parents to eradicate congenital diseases by choosing an embryo with intact, unmutated DNA. However, what about embryos that do not match the criteria and show mutations that might lead to problems? Will they simply be discarded in favour of "better", more perfect ones? So, when does a human embryo start to be a unique human being?

selection of welcome features in an embryo

A side effect to this is that it is also possible to screen an embryo's DNA in order to find one with the perfect genetic features to be a saviour sibling for a child with an otherwise incurable disease. While this might sound like a good idea, it opens up the slippery slope of devaluing the embryo's dignity as a human being: will this second child, having been created for a special purpose, be

saviour siblings as mere donors of spare parts?

regarded as a person in themselves, or rather be dehumanised as a donor of spare parts?

The possibility of genetic engineering to alter an embryo's genetic outfit to enhance its natural abilities also opens the flood gates for the creation of "designer babies". These are engineered to the specifications of their parents' wishes or, in more dystopian settings, of a political regime. This would almost certainly lead to identity crises in the children concerned, just as the one described in *Masterminds*: Are children created to the specifications of their "makers" still persons or do they merely fulfil a societal purpose?

"designer babies"

All things considered, it becomes clear that scientific progress must take the back seat when it affects the inherent value of human lives. The risks of unregulated research are too high when ethical values like human dignity are concerned. As a consequence, we as a society must be aware of our duty to reflect on these issues, discuss them intensely and finally come to an agreement on the options and limits of scientific research, before our lives and the rules we regard as self-evident are overrun by progress. *(748 words)*

conclusion: scientific progress must take a back seat behind ethical values

Abitur 2020 Schleswig-Holstein – Englisch (Kernfach)
Textaufgabe 4: Science (Fiction) & Technology: Blessing or Curse?

Tamar Lewin, "Babies from Skin Cells? Prospect Is Unsettling to Some Experts"

Nearly 40 years after the world was jolted by the birth of the first test-tube baby, a new revolution in reproductive technology is on the horizon – and it promises to be far more controversial than in vitro fertilization ever was.

Within a decade or two, researchers say, scientists will likely be able to create a baby from human skin cells that have been coaxed to grow into eggs and sperm and used to create embryos to implant in a womb.

The process, in vitro gametogenesis, or I.V.G., so far has been used only in mice. But stem cell biologists say it is only a matter of time before it could be used in human reproduction – opening up mind-boggling possibilities.

With I.V.G., two men could have a baby that was biologically related to both of them, by using skin cells from one to make an egg that would be fertilized by sperm from the other. Women with fertility problems could have eggs made from their skin cells, rather than go through the lengthy and expensive process of stimulating their ovaries to retrieve their eggs.

"It gives me an unsettled feeling because we don't know what this could lead to," said Paul Knoepfler, a stem cell researcher at the University of California, Davis. "You can imagine one man providing both the eggs and the sperm, almost like cloning himself. You can imagine that eggs becoming so easily available would lead to designer babies."

Some scientists even talk about what they call the "Brad Pitt scenario" when someone retrieves a celebrity's skin cells from a hotel bed or bathtub. Or a baby might have what one law professor called "multiplex" parents.

"There are groups out there that want to reproduce among themselves," said Sonia Suter, a George Washington University law professor who began writing about I.V.G. even before it had been achieved in mice. "You could have two pairs who would each create an embryo, and then take an egg from one embryo and sperm from the other, and create a baby with four parents."

Three prominent academics in medicine and law sounded an alarm about the possible consequences in a paper published this year.

"I.V.G. may raise the specter of 'embryo farming' on a scale currently unimagined, which might exacerbate concerns about the devaluation of human life," Dr. Eli Y. Adashi, a medical science professor at Brown, I. Glenn Cohen, a Harvard Law School professor, and Dr. George Q. Daley, dean of Harvard Medical School, wrote in the journal *Science Translational Medicine*.

Still, how soon I.V.G. might become a reality in human reproduction is open to debate.

"I wouldn't be surprised if it was five years, and I wouldn't be surprised if it was 25 years," said Jeanne Loring, a researcher at the Scripps Research Institute, who, with the San Diego Zoo, hopes to use I.V.G. to increase the population of the nearly extinct northern white rhino.

Dr. Loring said that when she discussed I.V.G. with colleagues who initially said it would never be used with humans, their skepticism often melted away as the talk continued. But not everyone is convinced that I.V.G. will ever become a regularly used process in human reproduction – even if the ethical issues are resolved. […]

The process strikes some people as inherently repugnant.

"There is a yuck factor here," said Arthur Caplan, a bioethicist at New York University. "It strikes many people as intuitively yucky to have three parents, or to make a baby without starting from an egg and sperm. But then again, it used to be that people thought blood transfusions were yucky, or putting pig valves in human hearts."

Whatever the social norms, there are questions about the wisdom of tinkering with basic biological processes. And there is general agreement that reproductive technology is progressing faster than consideration of the legal and ethical questions it raises. […] (642 words)

Tamar Lewin: "Babies from Skin Cells? Prospect Is Unsettling to Some Experts", The New York Times *vom 16. 05. 2017, https://www.nytimes.com/2017/05/16/health/ivg-reproductive-technology.html, From* The New York Times *© 2017 The New York Times Company. All rights reserved. Used under license.*

Cartoon

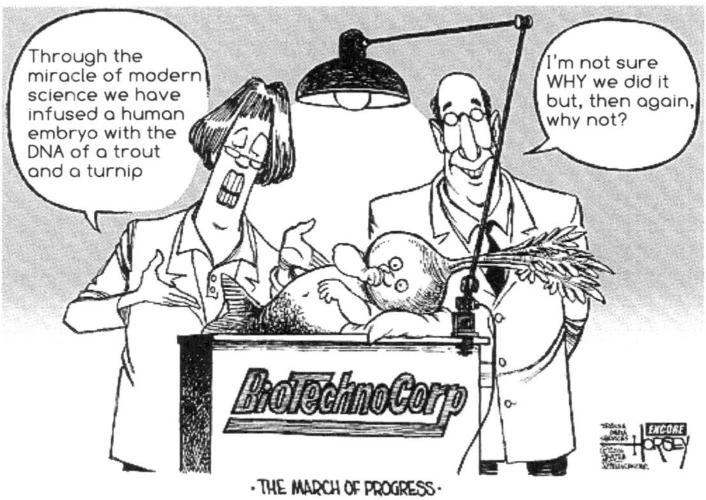

Assignments

1. Sketch the reproductive technology of in vitro gametogenesis (I.V.G.), its potential benefits and risks. *(25 %)*

2. Analyse the tone of the given article. *(35 %)*

3. You take part in an international school project on ethics in science and are asked to write an article entitled "Ethics First, Science Second!", which is going to be published alongside the cartoon "The March of Progress".

   Relate your article to both Lewin's text and the cartoon.

   Write the article using your background knowledge. *(40 %)*

Lösungsvorschläge

1. *When asked to sketch something, you are required to describe it in a general way, giving the basic ideas. Naturally, this means you should absolutely avoid quotations and instead use your own words, paraphrasing and summarising the original text as far as possible. You should also steer clear of any speculation or personal comment.*

   The first step in this kind of assignment would be collecting the most important ideas from the original text. In this example these might be:

   - ***general information about I.V.G:***
     - *in vitro gametogenesis (I.V.G.) a new reproductive technology (cf. ll. 1/2, 7)*
     - *gametes (sperm and egg cells) created from skin cells by genetic engineering (cf. ll. 4–6)*
     - *already successfully tested on mice, launch date for use in human reproduction still insecure (cf. ll. 7, 35/36)*
   - ***pros given in the text:***
     - *possibility for same-sex couples to have biological children together (cf. ll. 10–12)*
     - *useful for couples with fertility problems, less stressful and expensive than in vitro fertilisation (cf. ll. 12–14)*
     - *a method to save endangered species (cf. ll. 39/40)*
   - ***cons given in the text:***
     - *legal and ethical issues often unresolved because of speed of innovations and many insecurities (cf. ll. 15, 51/52)*
     - *pushes boundaries in favour of eugenics (self-cloning, designer babies) (cf. ll. 16–19)*
     - *celebrities might be cloned without consent (cf. ll. 20/21)*
     - *might lead to complicated family structures with multiple parents for a single embryo (cf. ll. 21–27)*
     - *damage to the inherent ethical value of human lives (cf. ll. 30/31)*

   In your second step, you should then compile your ideas in a coherent text.

   general information about I.V.G

   In vitro gametogenesis (I.V.G.) is a new reproductive technology enabling scientists to turn skin cells into gametes, i. e. sperm and eggs cells, which can then be used to create an embryo. Having been successfully tested on mice already, the technology does not have a launch date yet for its application on human cells.

   pros

   On the one hand, this method offers a host of potential benefits: firstly, it might open up new perspectives for couples with fertility issues, especially so because it is less expensive and stressful than the established in vitro fertilisation method. Secondly, I.V.G. could also enable same-sex couples to have biological children together. On a more general level, it might also offer the chance to save endangered species by increasing their population.

On the other hand, I.V.G. elicits plenty of legal and ethical issues. All of them are particularly pressing because the speed with which innovations are developed often surpasses the ability to really think through all their implications. To begin with, it is feared that making embryos so easily available might damage the inherent ethical value of human life. For instance, the use of I.V.G. on human cells could push the boundaries in favour of eugenics. Processes, such as self-cloning, i. e. fusing sperm and egg cells derived from one single person's tissue, or the creation of designer babies, could become possible. It is also conceivable that celebrities might be cloned without their consent, because some of their skin cells could be secretly retrieved. Finally, the use of I.V.G. could lead to complicated family structures with multiple parents for a single embryo: first, two embryos could be produced with the help of I.V.G., from which afterwards cells could be harvested to generate a third embryo that technically has four parents. **cons**

All in all, it remains to be seen whether the insecurities that surround I.V.G. are just normal steps on the way to something innovative and new or whether they will outweigh and in the long run prevent I.V.G.'s benefits. **conclusion** *(333 words)*

2. *In an analysis you must examine the original text carefully. The task will often focus on specific aspects of the text; in this case you should analyse the tone the author employs to convey her message. The tone of a text can be defined as the way the author expresses their attitude towards a certain topic.*
   So, in a first step, you should reflect on the potential attitudes Tamar Lewin might want to convey. A first hypothesis as to the author's opinion and aim in publishing the article can also form the basis of your essay's ***introduction****.*
   Then collect different linguistic means with which the desired effect is produced in the readers. Typical means relevant here can be choice of words, stylistic devices, the general structure of a text and the number as well as the choice of people quoted with specific opinions.
   Before you start writing you should make up your mind as to the function of the items you have found: Always wonder in how far they influence the tone of the text. It does not make sense to simply provide a list of stylistic devices. For a good analysis you must also explain the purpose they serve. The easiest way to stick to the above-mentioned principle is to group your findings around general adjectives to describe the tone (e. g. sarcastic, humorous, serious, matter-of-fact, etc.). Your analysis need not follow the original text chronologically. Instead, your essay should have its own coherent structure. Naturally, you must support your arguments by quoting from the text.
   Finally, you should wrap up your analysis with a short ***conclusion*** *that reflects the hypothesis you put forward in your introduction.*

Possible aspects for your analysis might be examples of the tone being …

- ***sensationalist***
  - *title arouses the readers' interest*
  - *choice of words: "a new revolution" (ll. 1/2), "mind-boggling possibilities" (l. 9), "a scale currently unimagined" (l. 30)*
  - *comparatives to further emphasise revolutionary nature of I.V.G.: "far more controversial than in vitro fertilization ever was" (ll. 2/3), "progressing faster than consideration of the legal and ethical questions it raises" (l. 52)*
  - *emphasis on likelihood of implementation: "[w]ithin a decade or two […] scientists will likely be able to" (l. 4), "it is only a matter of time" (l. 8)*
  - *anaphora "You can imagine" (ll. 16–18) stresses the way futuristic concepts ("cloning himself", ll. 17/18; "designer babies", ll. 18/19) will turn real*
- ***serious***
  - *text weighs chances (cf. ll. 10–14) and risks (cf. ll. 17–22, 30/31) of I.V.G*
  - *repeated use of modal auxiliaries qualifies both (cf. "could", ll. 10, 12; "might", l. 31; "may", l. 30)*
  - *also mentions inventions with very positive outcomes ("blood transfusions", l. 49; "pig valves in human hearts", l. 49)*
  - *use of technical terms: "in vitro gametogenesis, or I.V.G" (l. 7)*
  - *expert opinions to lend credibility to the author's arguments: "researchers say" (l. 4), "stem cell biologists say" (l. 8), "Paul Knoepfler, a stem cell researcher at the University of California, Davis" (l. 16), "[s]ome scientists" (l. 20), "one law professor" (l. 22), "Sonia Suter, a George Washington University law professor" (ll. 23/24), "Three prominent academics in medicine and law […] wrote in the journal* Science Translational Medicine.*" (ll. 28–34)*
- ***sceptical/alarmed***
  - *emphasis on the potential risks and misgivings: relative quantity of pros and cons, only one "expert" in favour of I.V.G. (cf. ll. 38–43) and immediate objection ("But not everyone is convinced", l. 43)*
  - *choice of words: "controversial" (l. 3), "unsettled feeling" (l. 15), "sounded an alarm" (l. 28), "specter of 'embryo farming'" (l. 30), "devaluation of human life" (l. 31), "exacerbate" (l. 31), "inherently repugnant" (l. 45), "yuck factor" (l. 46), "yucky" (l. 47), "tinkering" (l. 50)*
  - *unpredictability of future developments and implications: "we don't know what this could lead to" (l. 15), "Still, how soon I.V.G. might become a reality […] is open to debate." (ll. 35/36), "I wouldn't be surprised if it was five years, and I wouldn't be surprised if it was 25 years" (ll. 37/38), "there are questions about the wisdom of tinkering with basic biological processes" (ll. 50/51)*

introduction

In her newspaper article "Babies from Skin Cells? Prospect Is Unsettling to Some Experts", which was published in *The New York Times* in May 2017, Tamar Lewin explains in vitro gametogenesis, a new development in reproductive technology. Without being overtly polemic, she still manages to convey a rather critical stance towards its potential uses.

tone: **sensationalist**
choice of words and comparatives

Starting with an eye-catching title, which consists of a question and a negative evaluation, Lewin arouses her readers' interest and establishes a rather sensationalist tone. Throughout her text, she uses adjectives and nouns that convey a feeling of newness. For instance, she calls I.V.G. "a new revolution" (ll. 1/2), describes the opportunities offered by the new reproductive technology as "mind-boggling" (l. 9) and its scope as on "a scale currently unimagined" (l. 30). The revolutionary nature of I.V.G. is further emphasised by the use of comparatives to contrast it with more established methods of reproductive technology, such as in vitro fertilisation (cf. ll. 2/3), and to stress the speed of its enormous development, as it is "progressing faster than consideration of the legal and ethical questions it raises" (l. 52).

likelihood of timely implementation

This speed of its progress sounds all the more remarkable and even threatening when it becomes clear that Lewin regards the implementation of I.V.G. as something inevitable that will happen "[w]ithin a decade or two" (l. 4). So, according to the author, "it is only a matter of time" (l. 8) that concepts which once were deemed futuristic – like a man "cloning himself" (ll. 17/18) or the creation of "designer babies"(ll. 18/19) – may turn real. These two scenarios and their seemingly imminent realisation is further emphasised by the anaphora "You can imagine" used in lines 16 to 18.

tone: **serious**
apparent objectivity

However, the author succeeds in walking a fine line between sensationalism and serious reporting by carefully weighing the chances (cf. ll. 10–14) and risks (cf. ll. 17–22, 30/31) of I.V.G. This apparent balance between different stances towards I.V.G. is reflected in Lewin's frequent use of modal auxiliaries that qualify both the concerns about the method and its possible benefits (e. g. "could", ll. 10, 12; "might", l. 31; "may", l. 30). The author further corroborates the image of objectivity by also mentioning inventions that might once have been as controversial as I.V.G., but that are now almost universally accepted and seen as something positive, such as "blood transfusions" or "putting pig valves in human hearts" (l. 49).

expertise of "authorities" and technical terms

In addition to this, Lewin also quotes expert opinions to lend credibility to her arguments (cf. ll. 4, 8, 20, 22). She even names several professionals along with their places of research such as Paul Knoepfler (cf. l. 16) and Sonia Suter (cf. ll. 23/24) as well as a group of Brown and Harvard researchers who voiced their concerns in a renowned professional journal (cf. ll. 28–34). These authorities as well as her use of technical terms, such as "in vitro gametogenesis, or I.V.G." (l. 7), prove the author's scientific and well-researched approach to the topic.

Despite her serious tone and the equal space she appears to allow for both perspectives, on closer inspection, it becomes clear that Tamar Lewin really leans towards scepticism of in vitro gametogenesis. First of all, this is reflected in a slight bias in an emphasis on the potential risks of I.V.G. For instance, only one expert cited argues in favour of I.V.G., namely Jeanne Loring, who hopes to use it with animals (cf. ll. 38–43). Her belief that it might also be applicable to humans is immediately countered with a big but that "not everyone is convinced" (l. 43). So, her optimism does not linger in memory.

tone: **sceptical / alarmed**
bias towards risks

Instead, Lamar's choice of words when referring to the method and the direct quotations from the experts she chooses further reveal the author's own alarm when pondering the technology's implications. While she starts by describing in vitro gametogenesis only as "controversial" (l. 3), even if more so than older methods, such as in vitro fertilisation, which used to be contentious as well, her tone becomes increasingly apprehensive, citing the "unsettled feeling" (l. 15) of one expert and going on to the fears of others worried about the possibility of an almost industrial-sized production of embryos. When embryos are "farmed", there seems to be a very real danger of them being no longer regarded as human beings but as commodities (cf. ll. 30/31). The author quotes one more expert to rate I.V.G. as "inherently repugnant" (l. 45) and "intuitively yucky" (l. 47). This bioethicist thinks that the public is now disgusted by the creation of embryos from something other than sperm and egg cells although acceptance might only be a question of time (cf. ll. 46–49).

choice of words and experts' opinions alarming

This unpredictability concerning future developments is dealt with at several points in the article. The legal and medical professionals quoted in the text are reluctant to provide a definite assessment of the developments in human reproduction and rather hide behind statements, such as "we don't know what this could lead to" (l. 15). Nobody seems to know when to reckon with the methodology's introduction, be it in five or 25 years (cf. ll. 35–38), which adds to the vague threat that I.V.G. poses. Lewin finally alerts her readers to the possible risks of genetic engineering and questions the general "wisdom of tinkering with basic biological processes" (ll. 50/51), thereby giving them food for thought.

unpredictability of future developments and implications

All in all, while being rather serious in tone, Tamar Lewin's article is far from being completely objective. Even if it does not condemn I.V.G. right away, it certainly raises the ethical and legal questions that need to be addressed in the author's opinion.

conclusion

(947 words)

3. *This creative assignment gives you the opportunity to demonstrate your background knowledge of the subject as well as your writing skills. For a good result, you should first make sure you are absolutely clear about the text you are required to produce and the role you need to adopt. In this case, the perspective is not far from your own: a student writing for a school project. Your readers will be international students (i. e. the other participants in the project) as well as the general public. An easy way to show you are aware of your role, apart from the style you choose, would be to add the name of your school and the project. The requested text type is an article that argues against scientific progress at all costs – this critical objective is implied in the title which is given ("Ethics First, Science Second!") and the message of the cartoon.*
Remember the formal aspects of an article:
- *title (date of publication, name of author)*
- *structure:*
  - ***introduction** (to arouse readers' interest, present basic information)*
  - ***main part** with paragraphs (to present your arguments)*
  - ***conclusion** (opportunity for an outlook on the future or appeal to readers)*

With regard to content, you should follow up the eye-catching title with an introduction that makes your readers want to find out more, leading up to your thesis that ethical issues should take precedence over scientific freedom. Both the cartoon as well as the article can provide you with ideas to base your text on. Of course, the arguments you choose can also diverge from the discussion of reproductive technologies, but as this topic is discussed in both the cartoon and the article, it makes sense to take it as a starting point.
A possible structure for your essay could be:
- ***heading** with (optional) information on your fictional role*
- ***introduction:** cartoon as a starting point for thesis that science without ethical foundation is irresponsible*
- ***transition to main part:** in vitro fertilisation as an example for science with ethical guidelines*
- ***main part:** necessity of ethical guidelines exemplified by I.V.G.*
  - ***argument 1:** implications for individuals conceived by I.V.G.*
  - ***argument 2:** implications for society*
- ***conclusion:** strong appeal that science without ethical guidelines cannot be undone*

ISPES 2020 (International School Project on Ethics in Science) — **heading**
"**Ethics First, Science Second!**"
26th June 2020
Lene Hansen (Erna-Scheffler-Gymnasium, Barsbek, Germany)

introduction: cartoon's message: science without ethical guidelines is irresponsible

"Through the miracle of modern science we have infused a human embryo with the DNA of a trout and a turnip." Admit it, the cartoon did make you laugh. I had to chuckle myself, before an uneasy feeling sank in … What kind of life can this poor creature that is now innocently sucking its thumb expect when it grows up? And who will care for it? Not the pair of scientists for sure who are proudly presenting their latest success, complacent in their denial of responsibility for the consequences their research might have, as their smug "I'm not sure WHY we did it but, then again, why not?" suggests. That isn't funny at all, that's terrifying. Scientific research without restrictions or consideration for the possible outcome, simply for the sake of seeing what might be possible, is irresponsible. That way disaster lies – and if scientists are allowed to do their research without ethical guidelines, we might not spot the ensuing dilemma before it is too late.

transition to main part: example of in vitro fertilisation

Human reproduction is a topic that is especially prone to raising such dilemmas. Forty years ago, if a couple could not conceive naturally, it seemed their fate to remain childless. The advent of in vitro fertilisation – the creation of so-called "test-tube babies" – came as a blessing for innumerable hopeful parents. While it was at first met with intense resistance from conservative and/or religious groups, these days, I.V.F. has been widely accepted as a means to reproduction. In this case, the benefits seemed to be clearly outweighing the potential pitfalls this way of "playing God" could create. However, asking ourselves this question – whether a type of technology really is for a greater good – is exactly what must be at the root of every new invention.

main part: example of I.V.G.

The next step in reproductive technology must similarly be considered from this perspective. I.V.G. enables scientists to turn skin cells into gametes, i. e. sperm and egg cells, which can then be used to create an embryo. Thus, I.V.G. not only separates the act of fertilisation from the human body as I.V.F. has done, but it can do even more: it detaches the creation of life from the need for egg and sperm cells and consequently from the need for a mother and a father.

argument 1: implications for individuals

The opportunities opened up by this might seem exciting at first. Of course, I.V.G. would be a priceless benefit for couples who not only need a little assistance with fertilisation but whose egg or sperm cells are dysfunctional. It might also be a tremendous help for same-sex couples wishing to have biological children together. However, what if I.V.G. is no longer simply seen as a further step after I.V.F., but taken to a really absurd level and children are created without families behind them? Let us first consider the implications for a child conceived in such a manner: how would you feel if you found out you didn't have a mother and a father, but had been created from two skin cells taken from the same person, virtually turning you into a clone of your parent? Or in another example what would it be like to have been created not because somebody loved you and wished for your unique existence, but simply because there was a need for you in military or economic contexts? All this could be possible if babies could simply be farmed and harvested without considering the uniqueness of every single human being.

argument 2: implications for society

This leads me directly to the next point that makes ethical standards so important when it comes to genetic engineering. What does it do to a society when there is a principle of "anything goes"? The inviolability of human dignity is codified in most modern societies. But with ever moving boundaries as to what is scientifically possible, where do we draw the line? Where does "human dignity" begin? It comes naturally to parents to wish the best for their children, but there is a slippery slope between giving a child the best start in life and tailoring its genetic make-up to the wishes of the parents. Without norms that have been widely discussed and socially accepted, unrestricted research might lead to the creation of so-called designer babies, i. e. children whose genetic outfit has been altered to eradicate possible congenital issues or to enhance their natural abilities. It is already possible to screen an embryo's DNA in order to find one with the perfect genetic features, for example as a saviour sibling for a child with an otherwise incurable disease. Again, while this may be desirable in cases where a positive outcome, such as the curing of a disease, is concerned, do we really want to give up completely on human uniqueness by deciding beforehand what kind of features we want in a child and which we don't? Is it not a terrible sign to just be thinking about good and bad genes instead of learning to accept or love people in spite of or even because of their individual make-up of strengths and weaknesses? So, this is another area where an ethics commission must put a stop to developments spiralling out of control.

conclusion: science without ethical guidelines cannot be undone

All things considered, it becomes clear that the risks of unregulated research are too high when human dignity is concerned. As a consequence, it is necessary that science take second place behind ethical considerations in order to protect the inherent value of human lives. This is not to say that science concerning human life per se is bad, but the motto must always be "Ethics First, Science Second!". Once we have started to allow the creation of perfectly standardised designer babies, clones of the allegedly most brilliant people on earth, or "human-trout-turnips", how will we ever be able to undo the damage this might have done to the affected people as well as society at large? *(973 words)*

Mit Stock und Hut auf Wanderschaft gehen

Hut, Stock und ein Bündel – der freundliche junge Mann mit den langen Rasta-Locken ist unschwer als Wandergeselle zu erkennen. An einer Raststätte an der A61 in Rheinland-Pfalz fragt er nach einer Mitfahrgelegenheit.

Bis Worms passen die Pläne zusammen, und das kleine Bündel, auch Charlottenburger genannt, hat locker Platz im Kofferraum. Konstantin Schäfer stammt aus Saarlouis und ist Zimmermann. Gerade kommt der 24-Jährige von einer Feier in der Eifel. Jetzt ist er auf dem Weg zu seinem bislang letzten Arbeitgeber im südhessischen Heppenheim. Der soll ihm in seinem Wanderbuch noch ein Zeugnis ausstellen.

Das Wanderbuch, der knotige Stock, auch Stenz genannt, und das Bündel gehören zur Grundausstattung jedes Wandergesellen dazu. Stolz trägt Schäfer den traditionellen schwarzen Hut, einen Ohrring, ein weißes Hemd, darüber eine Weste mit acht Perlmuttknöpfen, ein Jackett und weite Schlaghosen. Seine Kluft ist schwarz. Das weist ihn als Zimmermann aus, denn jedes Gewerk[1] hat seine eigene Farbe.

Wer Meister werden wollte, musste vom Spätmittelalter bis zur beginnenden Industrialisierung auf Wanderschaft gehen. Arbeits- und Lebenserfahrung sollten die jungen Männer sammeln. In ungefähr 35 Handwerken ist das bis heute möglich: Bäcker, Betonbauer, Bootsbauer, Goldschmiede, Köche, Landwirte, Maurer und Schneider gehören etwa dazu.

„Es ist wunderbar, wenn junge Menschen Erfahrungen sammeln. In der Bäckerei habe ich Wandersleute allerdings noch nie gesehen“, erzählt Peter Görtz, Inhaber einer großen Bäckerei-Kette in Ludwigshafen und Umgebung. „Ich würde sofort 20 nehmen.“

Maternus Burauen von der IG Bau und erster Sekretär der Conföderation Europäischer Gesellenzünfte (CCEG) schätzt, dass derzeit etwa 450 bis 550 Gesellen auf der Walz[2] sind. Eine offizielle Statistik gibt es nicht. Aktuell seien schätzungsweise zehn bis zwanzig Prozent der Wandersleute Frauen. […]

Seit 2014 gehört die Walz in Deutschland zum immateriellen Kulturerbe der UNESCO. Wer sich auf sie begeben will, muss einige Regeln beachten: Er muss in einem Handwerk einen Gesellenbrief erlangt haben, unverheiratet sowie schuldenfrei sein. Die Wanderschaft dauert zwei oder drei Jahre – und einen Tag. In dieser Zeit darf man sich seinem Heimatort bis auf 50 Kilometer nicht nähern. Ursprünglich war dies als Marktkontrolle für die Meister gedacht – ihre Gesellen sollten woanders ihr Glück finden und ihnen keine Konkurrenz machen.

„Ich hatte Fernweh", sagt Schäfer. Seit fast zwei Jahren ist er schon unterwegs. Durch Holland, Belgien, Frankreich, Österreich, die Schweiz und Israel führte ihn bereits sein Weg. „Viele unterschiedliche Arbeitstechniken habe ich kennengelernt, aber wichtiger als die handwerkliche ist die Erfahrung mit Menschen und die Selbsterkenntnis", sagt er.

„Beim Österreichischen Hospiz in Jerusalem habe ich am Eingangsportal Schusslöcher zugespachtelt", berichtet er. Welche Arbeitgeber Schäfer nach seinem Besuch in Heppenheim findet, ist offen. Der Geselle will nach Norwegen. „Die zahlen gut", hofft er. Der Lohn richtet sich nach den ortsüblichen Tarifen. Üblich ist oft auch Kost und Logis.

In Worms am Dom ist die gemeinsame Fahrt zu Ende, es bleibt noch der Weg bis Heppenheim. Dort hat sich Schäfers zwischenzeitlicher Arbeitgeber und früherer Altgeselle Jerome Schmitt bereits mit 25 Jahren selbstständig gemacht. „Ich habe ihn unter meine Fittiche genommen, habe ihm beigebracht, wie das Leben auf der Landstraße funktioniert, wie man Arbeit findet, als ich vor zwei Jahren selber noch unterwegs war", berichtet Schmitt. „Wer auf Wanderschaft geht, hat schon ein gewisses handwerkliches Know-how. Man lernt mehr im Bereich des Menschlichen", erzählt er. „Wichtig ist das vor allem bei problematischen Kunden. Man ist pragmatisch und zielorientiert, wirft nicht so schnell die Flinte ins Korn", sagt er zum Wert der alten Traditionen. „Man gibt sein Wort, man lässt sich festnageln."

Festnageln ist dabei im buchstäblichen Sinne gemeint. „Man wird auch heute noch mit dem Ohrläppchen an einen Balken genagelt. Dann bekommt man Ringe an die Ohren. Ursprünglich waren die dazu da, die Beerdigung zu bezahlen, wenn man unterwegs stirbt", sagt Schmitt. Im Zeitalter von Piercings und Tattoos wirkt das aber gar nicht mehr so archaisch. Und ganz modern erscheint auch die Idee der Walz, an verschiedenen Orten zu leben und zu arbeiten. (639 Wörter)

Andrea Döring, „Mit Stock und Hut auf Wanderschaft gehen", in: Frankfurter Rundschau, *29. Mai 2018,*

1 *Gewerk:* Handwerk
2 *Walz:* Wanderschaft eines Handwerksgesellen

Assignment

Your US exchange partner has to give a presentation in class about a German tradition and decides to talk about travelling journeymen, as he/she saw one in your hometown last summer. He/She asks you for some help.

Using the information in the text, write an email in which you present the tradition of travelling journeymen and the situation now.

Lösungsvorschläge

Before you start writing, pay close attention to the assignment. It tells you for whom you have to summarise the information (an American exchange partner) and in what form (a personal email). This will determine the style you should use: write in correct, formal language because your friend needs the information for a presentation at school. However, do not forget to use a more colloquial style when you address your friend and his/her situation. When it comes to content, you should only sum up the pieces of information that are relevant for your friend's presentation: so leave out the concrete personal examples mentioned in the article. Instead, focus on what makes the tradition of travelling journeymen special, where it comes from and why and how it is still practised today.

You should include the following aspects:

- ***appearance** of travelling journeymen:*
  - *equipment: bindle, hiking pole, logbook (cf. ll. 15/16)*
  - *traditional clothing: hat, waistcoat, jacket, flared trousers, shirt (cf. ll. 16–18)*
  - *colour of clothes different depending on craft (cf. ll. 18/19)*
  - *earring (traditional and current custom of being "nailed down"; original use: payment for funeral costs) (cf. ll. 60–63)*
- ***rules** for travelling journeymen:*
  - *completed apprenticeship, unmarried, no debts, travel for two or three years and one day (cf. ll. 34–36)*
  - *staying away at least 50 km from hometown (cf. ll. 36–39)*
- ***history** of the tradition:*
  - *dates back to Middle Ages (cf. l. 20)*
  - *obligatory to become masters until the beginnings of industrialisation (cf. ll. 20/21)*
- ***present situation:***
  - *450–550 journeying craftspeople, ten to 20 per cent women (cf. ll. 30–32)*
  - *custom recognised by UNESCO since 2004 (cf. ll. 33/34)*
  - *many also work abroad (cf. ll. 41/42, 64/65)*
  - *normal pay, often free board and lodging (cf. ll. 48/49)*
- ***reasons** for travelling:*
  - *improve skills and learn new techniques (cf. ll. 21, 42)*
  - *gain new experiences, learn about the world and oneself (cf. ll. 21, 43/44, 56–59)*

Hello Cheryl, — greeting

Thanks for your email. That's an interesting subject for your presentation. I'd be glad to help you with some information I found in a German newspaper. — introduction

As you might remember from last summer, travelling journeymen can easily be recognised by their traditional clothing, consisting of a hat, a waistcoat, a jacket, flared trousers and a shirt. The colour of these depends on the journeymen's craft. They carry a bindle, a pole and a logbook to record their journey. Another interesting feature is — **appearance** of travelling journeymen

the earring they all wear. Originally, the rings were meant to pay for their funeral in case they died on the trip. They are also reminders of the tradition of nailing the journeymen's earlobes to a post. This custom is still being practised as a symbol of the craftsmen's reliability.

There are more strict rules to observe: the journeymen must have finished their apprenticeship and must be unmarried, free of debt and prepared to travel for two to three years and one day. They must also keep a distance of at least 50 km from their hometown to avoid competing with their masters. — **rules** for travelling journeymen

The tradition of travelling began in the late Middle Ages. Until the beginning of the Industrial Age, travelling in this way was obligatory for anyone who wanted to become a master of their craft. — **history** of the tradition

Currently, there are about 450 to 550 journeying craftspeople, ten to 20 per cent of whom are women. They are paid at the standard rate for their trade, with board and lodging often being free. In 2004, the UNESCO recognised the custom's cultural value by giving it world heritage status. — **present situation**

There are several reasons for its ongoing popularity: the journeymen, who often travel abroad these days, can improve their learned trade by acquiring new techniques. Moreover, they meet many people, gain experiences and learn skills, such as perseverance and pragmatism. All of this can prove helpful when dealing with customers, especially with difficult ones. — **reasons** for travelling

I hope you'll find this information useful. Please tell me how your presentation went. — ending (fitting to text form)

Love,
Lily

(341 words)

Abitur 2021 Schleswig-Holstein – Englisch (Kernfach)
Textaufgabe 1: African Americans: Free at Last? Equal at Last?

Chimamanda Ngozi Adichie, *Americanah*

Introductory note: In the novel Americanah*, the female protagonist Ifemelu leaves military-ruled Nigeria to study at Princeton[1] in New Jersey.*

[…] In her honours history seminar[2], Professor Moore, a tiny, tentative woman with the emotionally malnourished look of someone who did not have friends, showed some scenes from *Roots*[3], the images bright on the board of the darkened classroom. When she turned off the projector, a ghostly white patch hovered on the wall for a moment before disappearing. Ifemelu had first watched *Roots* on video with Obinze[4] and his mother, sunk into sofas in their living room in Nsukka[5].

As Kunta Kinte[6] was being flogged into accepting his slave name, Obinze's mother got up abruptly, so abruptly she almost tripped on a leather pouf, and left the room, but not before Ifemelu saw her reddened eyes. It startled her, that Obinze's mother, fully hemmed into her self-containment, her intense privacy, could cry watching a film. Now, as the window blinds were raised and the classroom once again plunged into light, Ifemelu remembered that Saturday afternoon, and how she had felt lacking, watching Obinze's mother, and wishing that she, too, could cry.

"Let's talk about historical representation in film," Professor Moore said.

A firm, female voice[7] from the back of the class, with a non-American accent, asked, "Why was 'nigger' bleeped out?"

And a collective sigh, like a small wind, swept through the class.

"Well, this was a recording from network television and one of the things I wanted us to talk about is how we represent history in popular culture and the use of the N-word is certainly an important part of that," Professor Moore said.

"It makes no sense to me," the firm voice said. Ifemelu turned. The speaker's natural hair was cut as low as a boy's and her pretty face, wide-foreheaded and fleshless, reminded Ifemelu of the East Africans who always won long-distance races on television.

"I mean, 'nigger' is a word that exists. People use it. It is part of America. It has caused a lot of pain to people and I think it is insulting to bleep it out."

"Well," Professor Moore said, looking around, as though for help.

It came from a gravelly voice in the middle of the class. "Well, it's because of the pain that word has caused that you *shouldn't* use it!" *Shouldn't* sailed astringently into the air, the speaker an African American girl wearing bamboo hoop earrings.

"Thing is, each time you say it, the word hurts African Americans," a pale, shaggy-haired boy in front said.

Ifemelu raised her hand; Faulkner's[8] *Light in August*[9], which she had just read, was on her mind. "I don't think it's always hurtful. I think it depends on the intent and also on who is using it."

A girl next to her, face flushing bright red, burst out. "No! The word is the same for whoever says it."

"That is nonsense." The firm voice again. A voice unafraid. "If my mother hits me with a stick and a stranger hits me with a stick, it's not the same thing."

Ifemelu looked at Professor Moore to see how the word "nonsense" had been received. She did not seem to have noticed; instead, a vague terror was freezing her features into a smirk-smile.

"I agree it's different when African Americans say it, but I don't think it should be used in films, because that way people who shouldn't use it can use it and hurt other people's feelings," a light-skinned African American girl said, the last of the four black people in class, her sweater an unsettling shade of fuchsia.

"But it's like being in denial. If it was used like that, then it should be represented like that. Hiding it doesn't make it go away." The firm voice.

"Well, if you all hadn't sold us, we wouldn't be talking about any of this," the gravelly-voiced African American girl said, in a lowered tone that was, nonetheless, audible.

The classroom was wrapped in silence. Then rose that voice again. "Sorry, but even if no Africans had been sold by other Africans, the transatlantic slave trade would still have happened. It was a European enterprise. It was about Europeans looking for labour for their plantations."

Professor Moore interrupted in a small voice. "Okay, now let's talk about the ways in which history can be sacrificed for entertainment." […] (709 words)

Chimamanda Ngozi Adichie, Americanah, *HarperCollins Publishers, London 2013, pp. 136–138*

1 *Princeton:* elite college in the USA
2 *honours seminar:* advanced level course
3 *Roots:* TV series from 1977 about the life of slaves in America
4 *Obinze:* Ifemelu's friend and first love from Nigeria
5 *Nsukka:* city in Nigeria
6 *Kunta Kinte:* character in *Roots*
7 *a firm, female voice:* the character's name is Wambui
8 *Faulkner:* William Faulkner (1897–1962), American writer
9 *Light in August:* novel set in the American South at the time of the Jim Crow laws

Assignments

1. Sketch the situation in the honours history seminar. *(20 %)*
2. Analyse the means and strategies Adichie employs to create an atmosphere of tension. *(40 %)*
3. As a member of the student council, you have been asked to give the opening speech for your Minneapolis school's celebration of "Black History Month". You intend to promote an open discourse on African American history and the current situation for true reconciliation.

   Using the excerpt from *Americanah* as a starting point, write the script for your speech. Include your background knowledge. *(40 %)*

Lösungsvorschläge

1. *This task is supposed to test your text comprehension. You have to sum up the relevant information to concisely describe the situation in the honours history seminar. Focus on the general plot by answering questions, such as "What happens?", "Who is acting?", "Where is the scene taking place?". So, stay with the facts and do not interpret the situation straight away. Use your own words and do not quote from the text directly. This task counts for "only" 20 % of your overall mark, so your answer need not be too detailed. This is also implied in the verb "sketch" in the assignment. The following points should come up in your solution:*
   - ***general information on the scene:***
     - *setting: advanced level history course at Princeton University (cf. introductory note, l. 1)*
     - *attendees: two African students (Ifemelu and Wambui), two African American students, majority of White students (cf. introductory note, ll. 15, 29, 44/45)*
     - *content of the lesson: watching scenes from seventies series* Roots *on slavery (cf. ll. 2/3)*
   - ***students' discussion on whether the "N-word" should be used on TV:***
     - *American students mainly in favour of not using it (cf. ll. 27/28, 30, 35/36, 42–44)*
     - *African girl's opinion that historical facts should not be denied (cf. ll. 21, 24/25, 46/47)*
   - ***escalation of argument:***
     - *argument turning tense and personal (who is responsible for slavery?) (cf. ll. 48–53)*
     - *Professor Moore's attempt to steer conversation away from controversial topic (cf. ll. 54/55)*

general information on the scene

The excerpt from Chimamanda Ngozi Adichie's novel *Americanah*, published in London in 2013, is set in an advanced level history course at Princeton University. In this class, the attendees, who consist of two African, two African American and a majority of White students, watch scenes from *Roots*, a series on slavery from the seventies.

discussion on whether the "N-word" should be used on TV

After this, a discussion develops. It focuses on the question of whether it is appropriate to use the "N-word", which was bleeped out in *Roots*. While the American students are mainly in favour of cutting out this insulting term, one of the two African students strongly opposes. In her opinion, historical facts should not be glossed over.

escalation of argument

The argument turns increasingly tense. When students start accusing each other's ethnic groups of being responsible for slavery, the discussion is eventually cut off by Professor Moore, who tries to redirect the focus of the lesson to a less controversial topic.

(152 words)

2. *For this task, you have to go through the text again and search for any relevant means and strategies that Adichie employs to create an atmosphere of tension. Typical means and strategies can be a certain narrative perspective, the text's structure, striking linguistic devices, etc. Bear in mind that you are supposed to write a logical text that has a clear structure. So, you should order your findings in meaningful paragraphs. Use quotes or specify which text passages you refer to. Do not forget to write a short* ***introduction*** *on what you are going to do and finish your text with a* ***conclusion*** *in which you sum up the most important findings.*
You could mention the following means and strategies:
   - ***third-person narrative perspective*** *with Ifemelu's limited point of view:*
     - *memories of seeing* Roots *with Obinze and his mother, who reacted emotionally (cf. ll. 5–10)*
     - *light and dark contrasts to heighten atmosphere of tension in the classroom (cf. ll. 3, 4/5)*
   - ***Professor Moore's insecurity:***
     - *description via alliteration ("tiny, tentative", l. 1) and metaphor ("emotionally malnourished look of someone who did not have friends", l. 2)*
     - *rising discomfort (cf. ll. 26, 40/41)*
   - *in contrast:* ***Wambui's "threatening" self-confidence:***
     - *personification of her voice (cf. ll. 15, 21, 37, 47, 50)*
     - *reactions: comparison ("a collective sigh, like a small wind, swept through the class", l. 17), African American girl's passionate reply (cf. ll. 35/36)*
   - ***explosivity of group constellation with three different ethnic backgrounds:***
     - *American students' political correctness (cf. ll. 27–29)*
     - *Wambui's conviction that glossing over the past is wrong (cf. ll. 21, 24/25, 37, 46/47)*
   - ***almost escalation*** *at the end of the excerpt:*
     - *generalising accusation that Africans were responsible for slavery (cf. l. 48)*
     - *resulting silence (cf. l. 50) and Wambui's counter-accusation of Europeans (cf. ll. 50–53)*
     - *Professor Moore's final attempt to prevent an escalation (cf. ll. 54/55)*

introduction

The excerpt from Chimamanda Ngozi Adichie's novel *Americanah* depicts a conflict in a history seminar, which comes to a head in the course of the scene. Adichie employs several means and strategies to create the rising tension appropriate to this context.

third-person narrative perspective

Americanah is narrated in the third person with Ifemelu's limited point of view. This perspective allows the reader to directly share the young woman's experiences.

Ifemelu's memories of seeing *Roots*

Ifemelu's flashback at the beginning of the text, when she thinks back to where and with whom she saw *Roots* before (cf. ll. 5–10), underlines the series' brutality. Not only is the content of flogging (cf. l. 7) obviously cruel, but Ifemelu also remembers the reaction of her former boyfriend Obinze's mother clearly: she "got up abruptly, so abruptly she almost tripped on a leather pouf, and left the room, but not before Ifemelu saw her reddened eyes" (ll. 8/9). The fact that such emotionality is untypical for Obinze's mother (cf. ll. 9/10) makes the scene's impact all the more dramatic.

light and dark contrasts

During the screening in class, the threatening and invasive atmosphere is amplified by the contrast of light and darkness with "the images bright on the board of the darkened classroom" (l. 3). Even after the film scenes are over, they seem to linger with Ifemelu, who sees "a ghostly white patch hover[ing] on the wall for a moment before disappearing" (ll. 4/5).

Professor Moore's insecurity

Not only the content of the seminar adds to the scene's tension, but also the description of its teacher. Professor Moore is depicted in a rather unfavourable way. Both the alliteration "tiny, tentative" (l. 1) and the metaphor that she has "the emotionally malnourished look of someone who did not have friends" (l. 2) hint at her insecurity and inability to deal with the escalating conflict. Later on, this impression is confirmed when Professor Moore is shown as a rather weak character, who is "looking around, as though for help" (l. 26). When the discussion turns more and more tense, "a vague terror [is] freezing her features into a smirk-smile" (ll. 40/41). The reader can almost feel the professor's discomfort as the whole argument seems to have reached a level beyond her control.

Wambui's "threatening" self-confidence

That the discussion takes on such a threatening quality is largely due to Wambui's bold questions that challenge the students more than the professional and rather detached assignment to "talk about historical representation in film" (l. 14). Interestingly enough, Wambui is never called by her name in the excerpt, but it is always only her voice, her "firm voice", her "voice unafraid" (ll. 15, 21, 37, 47, 50) that shakes up the class and fuels the discussion. This personification of a seemingly bodiless voice that appeals to the class's conscience as well as her blunt and honest words catapult the discussion in a direction that makes the professor and other people feel uncomfortable. This can be seen in the "collective sigh" that follows her first question and sweeps through the class "like a small wind" (l. 17). Further reactions to Wambui's and Ifemelu's comments show how tense the use of the "N-word" makes many students in class. For instance, one girl "flush[es] bright red" and speaks in short, clipped sentences, such as "No! The word is the same for whoever says it" (ll. 35/36), thereby making it clear that the dispute might turn nastier because of the students' irreconcilable positions.

explosivity of group constellation with three different ethnic backgrounds

That these different positions can turn out explosive is further underlined by the group constellation with three different ethnic backgrounds. The American students, both White and Black, seem to agree in their opinion that "you *shouldn't* use" the "N-word", with a special focus on the word "shouldn't" that "sailed astringently into the air" (ll. 28/29). Wambui's point of view is the exact opposite. She unwaveringly asserts that "'nigger' is a word that exists. People use it. It's part of America." (l. 24) Later, she adds, "If it was used like that, then it should be represented like that. Hiding it doesn't make it go away." (ll. 46/47) Both her clear simple sentence structure and her blunt, partly harsh replies, such as "It makes no sense to me" (l. 21) or "That is nonsense" (l. 37), make her seem very convinced of her opinion.

almost escalation

The colliding opinions turn almost nasty towards the end of the excerpt when an African American girl uses generalising pronouns and says, "Well, if you all hadn't sold us, we wouldn't be talking about any of this" (l. 48). Thereby, she implies that Africans were responsible for slavery and distances herself from the African students. The fact that "[t]he classroom was wrapped in silence" (l. 50) after this aggressive statement shows the height of tension. When Wambui is still undeterred and counters that the transatlantic slave trade was a European-run business (cf. ll. 50–53), thereby pointing towards the White people, the reader almost expects a real escalation. Only then does Professor Moore finally speak up again, albeit "in a small voice" (l. 54), and try to redirect the discussion to apparently less personally insulting issues (cf. ll. 54/55).

conclusion

All in all, the excerpt is a perfect example of rising tensions. Beginning with Ifemelu's foreboding feelings while watching the scenes of *Roots* and the introduction of Professor Moore as a rather weak character, it is Wambui's questions about a very sensitive topic that turn out explosive in an ethnically diverse classroom. This atmosphere of tension makes it hard for the reader to remain unaffected and untroubled by the questions Wambui poignantly asks. *(927 words)*

3. *Here you are supposed to write a script for a speech. Make sure that you do justice to this text form by addressing your audience and taking into consideration the occasion of the speech and your role. When it comes to content, you should take the excerpt from* Americanah *as a starting point. Then add background knowledge on African American history and the current situation. However, do not simply list facts and figures. Better try to mention aspects that help your overall argumentation.*
   The following solution is structured like this:
   - *greeting*
   - ***introduction:***
     - *personal insecurity when it comes to controversial topics*
     - *reference to* Americanah *(sister's honours history seminar)*

  - *decision that ducking out of difficult conversations is not an option*
- ***Black history of today and the past:***
  - *aftermath of George Floyd's death as a sign of how destructive discord can be*
  - *Civil Rights Movement as an impulse to talk about the past honestly*
- ***conclusion:***
  - *appeal to profit from "Black History Month"*
  - *courage to join in conversations instead of being afraid to do something wrong*
- *thanks to the audience*

Distinguished guests, dear members of staff, fellow students, — greeting

When I was asked if I wanted to deliver this year's opening speech for the "Black History Month" here at Minnetonka High School, my first thought was "Oh no, not me!" Do you know why? I have so often experienced discussions about African American history as minefields and did not feel I was up to the job of doing justice to this complex, sensitive and often traumatising topic. — **introduction:** personal insecurity

Only last week, my sister, who attends an honours history seminar at Princeton, told me how watching the series *Roots* in class turned into a heated discussion about using the "N-word". While part of the students present condemned it completely and advocated in favour of the word being bleeped out on television, others called it a denial of history. The argument almost ran out of control when people started to point their fingers at others and shouted accusations against each other. — reference to *Americanah*

Understandably, this made me nervous and afraid of triggering a similar conflict if I used the wrong words or hit a nerve with my opening address. However, on reconsidering, I realised that ducking out of this responsibility would send exactly the wrong message. Both what happened at my sister's seminar and our country's history and present show one thing very clearly: We need to talk about problems in order to solve them. And we need to talk to instead of fighting against each other. — ducking out of difficult conversations not an option

Think of our recent history here in Minnesota, think of George Floyd and what happened to him but also what happened after his death. The events around his brutal death finally triggered worldwide attention and awareness of police brutality and systemic racism. However, there was not only understanding and compassion. Instead of truly listening and reacting to the pleas of the Black Lives Matter movement, some politicians tried to stop the protests and more than one gathering turned violent and destructive in consequence. The proposed police reform act has not yet been passed and instead of working together for a better world, too often the responsible people are not prepared to rise above their — **Black history today** own entrenched views. This is what has to change and what we have to do differently.

So, did that work better in the past? Take the Civil Rights Movement, for instance, which paved the way to our modern society in the fifties and sixties. Today almost all people agree that it was necessary and effective in bringing change. Yet, at the time, it wasn't solely received positively and had to overcome immense challenges. And what is more, not all its promises have truly been fulfilled: Yes, acts like the Civil Rights Act or the Voting Rights Act have been passed, but does that mean that discrimination has simply stopped? Though officially illegal now, it definitely has not.

Black history of the past

That is another thing we have to learn: We need to be allowed to talk about the past honestly. There is not one single and indisputable version of history. It has to be seen from different angles, different voices have to be heard and past achievements and throwbacks have to be re-evaluated and discussed constantly.

impulse to talk about the past honestly

So, that is why I am proud to stand here before you today. That is where our "Black History Month" comes in. I invite you to grasp the chance to learn about some of the focal points of our history and to understand today's world with all its problems. Use your voices and your brains to finally bring forward true reconciliation.

conclusion: appeal to profit from "Black History Month"

Like me, don't be afraid to join in, think, speak up. Yet, what is equally important, don't be afraid to listen, pay respect and try to empathise. In such a culture, controversial topics are nothing to be feared, but something that makes us grow towards a better future.

courage to join in conversations

Thank you for your attention. *(641 words)*

thanks to the audience

Michelle Obama,
"Remarks by the First Lady at Tuskegee University[1] Commencement Address"

Introductory note: The excerpt is taken from Michelle Obama's speech at a graduation ceremony of mostly African American graduates, their friends and relatives on 9th May 2015.

[…] So, graduates, that's what I want for all of you. I want you all to stay true to the most real, most sincere, most authentic parts of yourselves. I want you to ask those basic questions: Who do you want to be? What inspires you? How do you want to give back? And then I want you to take a deep breath and trust yourselves to chart your own course and make your mark on the world. […] And no matter what path you choose, I want you to make sure it's you choosing it, and not someone else.

Because here's the thing – the road ahead is not going to be easy. It never is, especially for folks like you and me. Because while we've come so far, the truth is that those age-old problems are stubborn and they haven't fully gone away. […] The world won't always see you in those caps and gowns. They won't know how hard you worked and how much you sacrificed to make it to this day – the countless hours you spent studying to get this diploma, the multiple jobs you worked to pay for school, the times you had to drive home and take care of your grandma, the evenings you gave up to volunteer at a food bank or organize a campus fundraiser. They don't know that part of you.

Instead they will make assumptions about who they think you are based on their limited notion of the world. And my husband and I know how frustrating that experience can be. We've both felt the sting of those daily slights throughout our entire lives – the folks who crossed the street in fear of their safety; the clerks who kept a close eye on us in all those department stores; the people at formal events who assumed we were the "help" – and those who have questioned our intelligence, our honesty, even our love of this country.

And I know that these little indignities are obviously nothing compared to what folks across the country are dealing with every single day […]. It can feel isolating. It can make you feel like your life somehow doesn't matter – that you're like the invisible man that Tuskegee grad Ralph Ellison[2] wrote about all those years ago. And as we've seen over the past few years, those feelings are real. They're rooted in decades of structural challenges that have made too many folks feel frustrated and invisible. And those feelings are playing out in communities like Baltimore and Ferguson[3] and so many others across this country.

But, graduates, today, I want to be very clear that those feelings are not an excuse to just throw up our hands and give up. Not an excuse. They are not an excuse to lose hope. To succumb to feelings of despair and anger only means that in the end, we lose.

But here's the thing – our history provides us with a better story, a better blueprint for how we can win. It teaches us that when we pull ourselves out of those lowest emotional depths, and we channel our frustrations into studying and organizing and banding together – then we can build ourselves and our communities up. We can take on those deep-rooted problems, and together – together – we can overcome anything that stands in our way. [...]

And, graduates, that's what we need from all of you. We need you to channel the magic of Tuskegee toward the challenges of today. And here's what I really want you to know – you have got everything you need to do this. You've got it in you. Because even if you're nervous or unsure about what path to take in the years ahead, I want you to realize that you've got everything you need right now to succeed. You've got it.

You've got the knowledge and the skills honed here on this hallowed campus. You've got families up in the stands who will support you every step of the way. And most of all, you've got yourselves – and all of the heart, and grit, and smarts that got you to this day.

And if you rise above the noise and the pressures that surround you, if you stay true to who you are and where you come from, if you have faith in God's plan for you, then you will keep fulfilling your duty to people all across this country. [...]

God bless you, graduates. I can't wait to see how high you soar. Love you all. Very proud. Thank you. (751 words)

https://obamawhitehouse.archives.gov/the-press-office/2015/05/09/remarks-first-lady-tuskegee-university-commencement-address

1 *Tuskegee University:* university in Alabama, USA, traditionally attended by African American students

2 *Ralph Ellison:* (1914–1994) African American author; his novel *The Invisible Man* criticises twentieth-century society ignoring African Americans because of their race

3 *Baltimore and Ferguson:* sites of fatal police shootings of African Americans in 2014 and 2015, followed by civil protests

Assignments

1. Sketch the experience of African Americans as presented by Michelle Obama and her expectations of the graduates. *(20 %)*

2. Analyse the means and strategies First Lady Michelle Obama employs to honour the graduates' achievements and to motivate them to fight discrimination. *(40 %)*

3. You are a student journalist at an American high school. Michelle Obama's appeal "We need you to channel the magic of Tuskegee toward the challenges of today." (ll. 40/41) and her speech prompt you to write an article in which you present the biggest challenges of African Americans in US society and call for action.

   Using the speech as a starting point and your background knowledge, write the article. *(40 %)*

Lösungsvorschläge

1. *Here you are supposed to prove that you have understood the text. Take into consideration that the task focuses on two different aspects: the experiences of African Americans as presented by the First Lady on the one hand and what she expects of the graduates on the other. Remember to also write a brief introduction in which you mention the basic information on the speech in question. Both the verb "sketch" in the assignment and the overall percentage of "only" 20 % show you that your text should be rather concise.*
   The following points should come up in your solution:
   - ***introduction***
   - ***African Americans' experiences:***
     - *misjudgements, prejudice and suspicions that African Americans have to face on a daily basis (cf. ll. 9–22)*
     - *age-old problem of structural racism (cf. ll. 9, 26–30)*
   - ***Michelle Obama's expectations of the graduates:***
     - *students should choose their own future (cf. ll. 1–6)*
     - *students should not give up despite the problems they face in a racist society (cf. ll. 31–39)*
     - *graduates from Tuskegee are privileged and can help the American society at large (cf. ll. 40–51)*

introduction

The given text is an excerpt from a speech Michelle Obama, the then First Lady of the USA, delivered in 2015 in front of a group of mainly African American students, who had just graduated from Tuskegee University. In her speech, the First Lady deals with the challenges many African Americans, including herself and her husband, experience on a daily basis. Yet, she also uses her address to motivate the graduates to overcome these obstacles.

African Americans' experiences

According to Michelle Obama, racial discrimination is evident in everyday life. For African Americans, it is quite common to be misjudged or met with prejudice and undue suspicions. The First Lady attributes these to age-old racist habits that influence both people's minds and larger societal structures.

Michelle Obama's expectations of the graduates

Still, she urges the graduates not to give in to feelings of frustration and bitterness but to rather stay strong and take their lives into their own hands. As a unit of intelligent young people, who have the privilege of having enjoyed an excellent education, they should stay confident and fight responsibly against the discrimination they encounter, thus helping the American society at large.

(185 words)

2. *You have to examine how Michelle Obama manages to get her message across. Look at the speech on a language level: What does she say and how does she say it? Find striking examples of stylistic devices and explain their purpose. The assignment already mentions two of the First Lady's intentions, namely to honour the graduates' achievements and to motivate them to fight discrimination. Consequently, you can order your findings according to these intentions.*
You could mention the following means and strategies:
- ***structure mirroring Michelle Obama's main purposes:***
  - *praising the students' achievements (cf. ll. 1–6, 10–14)*
  - *drawing attention to problems of racism (cf. ll. 7–30)*
  - *appeal to fight racism (cf. ll. 31–53)*
- ***praise of the students' achievements:***
  - *metaphorical image of being at a milestone in their lives (cf. ll. 4/5, 7)*
  - *enumeration of past efforts in a variety of areas using intensifying language (cf. ll. 11–14)*
- ***achievements all the more remarkable in a racist society:***
  - *use of pronouns: "you" (students) vs. "they" (society/world at large) (cf. ll. 1–6, 10–16, 40–53)*
  - *stylistic devices such as enumeration (cf. ll. 19–21), personification ("age-old problems [that] are stubborn and […] haven't fully gone away", l. 9), metaphor ("the sting of those daily slights", l. 18) and climax ("our intelligence, our honesty, even our love of this country", ll. 21/22) to show profound impact of racism*
  - *racism then and now: Ralph Ellison connected with Black Lives Matter Movement and Baltimore and Ferguson (cf. ll. 24–30)*
- ***encouragement not to give up:***
  - *importance of not giving up: repetition ("not an excuse", ll. 31/32) and contrast ("lose", l. 33, vs. "win", l. 35)*
  - *spirit of community: repetition of "together" (l. 38), use of "we" and "our" (cf. ll. 8, 32–40), Obamas as part of the struggle (cf. ll. 8, 17–22)*
  - *attempt to boost the students' self-confidence: "you have got everything", "you've got it" (ll. 42–48)*
  - *spiritual encouragement ("faith in God's plan", l. 50; "God bless you", l. 52, "how high you soar", l. 52)*

As a graduation speech in front of mostly African American students, Michelle Obama's words have two main purposes: the First Lady wants to praise the young graduates' achievements as well as encourage them to fight the difficulties they will doubtlessly encounter in a discriminatory society. **introduction**

The overall structure of her speech mirrors these aims: In the beginning, Michelle Obama points out at which important milestone the students stand and what they have achieved (cf. ll. 1–6, 10–14), then she elaborates on present problems for Black people (cf. ll. 7–30), and finally, she appeals to them to fight for a better **structure**

America while at the same time assuring them that they are perfectly equipped to do so (cf. ll. 31–53).

praise of the students' achievements: metaphorical image of being at a milestone

According to Michelle Obama, the graduates stand at the beginning of a metaphorical journey out into the world. That is emphasised by expressions, such as "chart your own course" (ll. 4/5) or "what path you choose" (l. 5). That "the road ahead is not going to be easy" (l. 7) makes the graduates' past accomplishments all the more remarkable.

enumeration of past efforts

In lines ten and eleven, she uses the expressions "how hard you worked" and "how much you sacrificed" to recall these achievements. She exemplifies the students' efforts with an enumeration of the varied areas in which they were active. Referring to "the countless hours [they] spent studying to get this diploma, the multiple jobs [they] worked to pay for school, the times [they] had to drive home and take care of [their] grandma, the evenings [they] gave up to volunteer at a food bank or organize a campus fundraiser" (ll. 11–14), Michelle Obama not only praises the graduates' intellectual achievements, but also recognises their dedication and their good nature. Expressions, such as "countless" (l. 11), "multiple" (l. 12), "the times" (l. 12) and "the evenings" (l. 13), intensify her statement.

achievements all the more remarkable in a racist society: "you" vs. "they"

As hinted at before, the graduates have achieved all that, despite living in a racist world. Michelle Obama's use of pronouns illustrates the contrast of what is "most real, most sincere, most authentic" (l. 2) about the students' lives and the image society has of them. Whenever she talks about the graduates, she addresses them as "you" (cf. ll. 1–6, 10–16, 40–53), while the world which is so often against them is called "they" (cf. ll. 10 – 16).

stylistic devices to show profound impact of racism

In lines 19 to 22, she enumerates everyday experiences of discrimination. Furthermore, she uses personification to describe racist practices as "age-old problems [that] are stubborn and […] haven't fully gone away" (l. 9). The metaphor "the sting of those daily slights" (l. 18) shows the hurt behind being the victims of racism, which is also expressed in the climactic structure in which the offenses African American people have to deal with are ordered: Not only are they not deemed intelligent, but people also tend to cast doubt upon their characters and, what is especially hurtful in a patriotic country like the USA, their love of their country (cf. ll. 21/22).

racism then and now

In lines 24 to 26, a very famous Tuskegee graduate, Ralph Ellison, is mentioned. Michelle Obama cleverly connects his writings with current events. For instance, she talks about feeling "like your life somehow doesn't matter" (l. 25) or mentions "Baltimore and Ferguson" (l. 29). Her listeners will quite easily grasp this indirect allusion to police violence and the Black Lives Matter Movement. By naming a 20th-century writer and modern-day issues in one paragraph, Michelle Obama reiterates that the age-old problem of structural racism is very hard to overcome.

encouragement not to give up

Yet, she does not want the students to give up, but to fight for a better future. This is very obvious in the paragraph in which she uses the words "not an excuse" (ll. 31/32) three times. Instead of giving in, which she associates with losing (cf. l. 33), there is a way to "win" (l. 35) in Michelle Obama's eyes.

spirit of community

That this way can only be reached through a common effort is stressed by several means: On the one hand, Michelle Obama repeats the word "together" (l. 38) in her appeal of how to "pull [...] out of those lowest emotional depths" (ll. 35/36). On the other, the First Lady includes herself and her husband in the group of those who are affected by discrimination. The many instances of "we" and "our" throughout the text (cf. ll. 7, 32–40) show them as participants in the African American struggle. The same goes for the enumeration of discriminatory scenes she and her husband have experienced (cf. ll. 17–22) and for the use of expressions such as "folks like you and me" (l. 8) when talking to the graduates.

attempt to boost the students' self-confidence

Being in the same boat with highly successful people like the presidential couple can be a great motivation for the graduates. Michelle Obama further boosts her listeners' confidence when she repeatedly tells them that they "have got everything" (cf. ll. 42–48) it takes to fight against injustices.

spiritual encouragement

As is typical for American speeches, her final encouragement is spiritual: the students can trust "in God's plan" (l. 50) for them. The First Lady expects them to "soar high" and wishes them God's blessing (cf. l. 52).

conclusion

In conclusion, Michelle Obama uses her rhetorical skills to do justice to a very important point in the graduates' lives: by both applauding them for past achievements and preparing them for potential future difficulties, she dismisses the students into the world with empathy, confidence and a mission. *(917 words)*

3. *This creative task demands that you take on the role of a student journalist at an American high school and write an article in response to a quote from Michelle Obama's text. Make sure that this role becomes evident in the style of your article. It should not be written in too colloquial a register as you are dealing with a serious topic. Yet, since you address your fellow students, it need not be too formal either. Start with a title that fits to the topic and arouses the readers' interest. Mention that the First Lady's speech inspired you to write this text and work your way from there. Focus on what you believe to be the biggest challenges for African Americans in*

US society. You will need your background knowledge to do that. Do not forget to end your article with some sort of call for action to improve the situation.
The following solution is structured like this:

- *title*
- ***introduction:***
  - *reference to Michelle Obama's speech at Tuskegee University graduation ceremony*
  - *African Americans still disadvantaged despite alleged equality of all Americans*
- ***challenges for African Americans:***
  - *police violence as particularly drastic expression of inequality*
  - *factual disadvantages for Black Americans*
  - *bias ingrained in people's minds*
- ***call for action:***
  - *effort must come from all levels of society (especially from privileged position)*
  - *change on educational, professional, political and personal level*
- *concluding remarks*

Racism everywhere – The First Lady is right on the button

title

Last weekend, I was lucky enough to witness Michelle Obama's speech in front of this year's graduates from Tuskegee University. One sentence stuck in my memory, namely when she called upon the students to "channel the magic of Tuskegee towards the challenges of today". But what did she actually mean with that comment?

introduction:
reference to Michelle Obama's speech

In the context of her speech, the First Lady urged the graduates to make use of the experiences and skills this renowned university had given them to fight discrimination and racism in our society. I can almost hear some people objecting: "What racism? Racism has been outlawed by numerous laws and acts, so we are all equal." But are we really? When we think again, even those of you who have not had the same privilege as I of listening to our First Lady's words will certainly be able to recall at least one instance in which they were discriminated against or witnessed African Americans or other minorities being disadvantaged. Yes, the Civil Rights Movement managed to achieve equality on paper, but there are so many areas in which African Americans still suffer from discrimination.

African Americans still disadvantaged

Let me start with a particularly drastic aspect: African Americans are far more likely to be killed by the police than any other ethnic group. They are far more likely to go to prison than any other ethnic group and they represent the largest number of inmates in American prisons. However, these shocking numbers are only the tip of the iceberg. Their roots go much deeper and are a sign of both hidden and open problems.

challenges for African Americans:
example of police violence

Starting with housing, one can certainly say that by law, segregated neighbourhoods are a thing of the past. De facto, they are not, which is mainly due to the wealth gap between White and Black Americans: Wealthier families usually live in one part of the city, less wealthy people in another. While the schools in the "good parts" of town are well-equipped to prepare their students for the GPA needed to go to better universities, schools "on the other side" of town lack similar funding and the students there do not get equal opportunities. Due to the resulting educational gap combined with the discriminatory practice of paying Black people less than their White counterparts, many African Americans have to work two or three jobs just to provide for their basic needs. And still, these basic needs do not even cover healthcare in many cases because insurance is unaffordable for quite a few Black Americans. Consequently, it can hardly be surprising that many African Americans feel and in fact often are left behind by society.

factual disadvantages for Black Americans

In addition to these factual disadvantages on almost all levels, we must not forget the bias that is often ingrained in people's minds. So, no matter a person's individual achievements, society often still judges people on the basis of their skin colour and stigmatises some without giving them a real chance. Once more, the police and justice system can serve as drastic reminders: Racial profiling, for instance, does by no means merely target people who are indeed criminals. Instead, it means that potentially completely innocent people are suspected of having committed a crime just because of the colour of their skin.

bias ingrained in people's minds

So, how can our society finally change for the better? No matter how right Michelle Obama is in saying that hard work and determination will be the keys to overcome difficulties and grow stronger, an effort to do this cannot only be expected from those on the downside of society. It is a fact that the sweet life comes easier to some than to others. So, it is exactly people in privileged positions who have to advocate for change.

call for action: effort from all levels of society needed

Change must come on an educational level, which means that schools in poorer neighbourhoods must be funded and supported in their efforts to help young people make it out of poverty. Change must come on a professional level, which means that fair salaries are offered with no regard to skin colour. Change must come on a political level, so that finally, all people can enjoy the opportunities promised by our constitution. And last but not least change must come on a personal level, which means breaking down the barriers in our heads that make us too often see other people through a lens of prejudice and stereotypes.

where change is needed

Only then will we truly live up to our Declaration of Independence, which claims that we were all created equal and deserve a chance to pursue happiness. To speak with President Obama's words: "I am sure we can." *(773 words)*

concluding remarks

Abitur 2021 Schleswig-Holstein – Englisch (Kernfach)
Textaufgabe 3: Science (Fiction) & Technology: Blessing or Curse?

Nancy Kress, *Beggars in Spain*

Introductory note: The excerpt from Nancy Kress's novel Beggars in Spain *takes place in the USA in a future in which genetic engineering of humans has become a reality.*

They sat stiffly on his antique Eames[1] chairs, two people who didn't want to be here, or one person who didn't want to and one who resented the other's reluctance. Dr. Ong had seen this before. […]

"I presume you've performed the necessary credit checks already," Roger Camden said pleasantly, "so let's get right on to details, shall we, doctor?"

"Certainly," Ong said. "Why don't we start by your telling me all the genetic modifications you're interested in for the baby."

The woman shifted suddenly on her chair. She was in her late twenties – clearly a second wife – but already had a faded look, as if keeping up with Roger Camden was wearing her out. Ong could easily believe that. Mrs. Camden's hair was brown, her eyes were brown, her skin had a brown tinge that might have been pretty if her cheeks had had any color. She wore a brown coat, neither fashionable nor cheap, and shoes that looked vaguely orthopedic. Ong glanced at his records for her name: Elizabeth. He would bet people forgot it often.

Next to her, Roger Camden radiated nervous vitality, a man in late middle age whose bullet-shaped head did not match his careful haircut and Italian-silk business suit. Ong did not need to consult his file to recall anything about Camden. A caricature of the bullet-shaped head had been the leading graphic of yesterday's on-line edition of the *Wall Street Journal*: Camden had led a major coup in cross-border data-atoll investment[2]. Ong was not sure what cross-border data-atoll investment was.

"A girl," Elizabeth Camden said. Ong hadn't expected her to speak first. Her voice was another surprise: upper-class British. "Blonde. Green eyes. Tall. Slender."

Ong smiled. "Appearance factors are the easiest to achieve, as I'm sure you already know. But all we can do about 'slenderness' is give her a genetic disposition in that direction. How you feed the child will naturally –"

"Yes, yes," Roger Camden said, "that's obvious. Now: intelligence. High intelligence. And a sense of daring."

"Im sorry, Mr. Camden – personality factors are not yet understood well enough to allow genet –"

"Just testing," Camden said, with a smile that Ong thought was probably supposed to be light-hearted.

Elizabeth Camden said, "Musical ability."

"Again, Mrs. Camden, a disposition to be musical is all we can guarantee."

"Good enough," Camden said. "The full array of corrections for any potential gene-linked health problem, of course."

"Of course," Dr. Ong said. Neither client spoke. So far theirs was a fairly modest list, given Camden's money; most clients had to be argued out of contradictory genetic tendencies, alteration overload, or unrealistic expectations. Ong waited. Tension prickled in the room like heat.

"And," Camden said, "no need to sleep."

Elizabeth Camden jerked her head sideways to look out the window.

Ong picked a paper magnet off his desk. He made his voice pleasant. "May I ask how you learned whether that genetic-modification program exists?"

Camden grinned. "You're not denying it exists. I give you full credit for that, Doctor."

Ong held onto his temper. "May I ask how you learned whether the program exists?" [...]

"Don't bother hunting down the security leak in your data banks, Doctor. You won't find it. But if it's any consolation, neither will anybody else. Now." He leaned suddenly forward. His tone changed. "I know that you've created twenty children so far who don't need to sleep at all. That so far nineteen are healthy, intelligent, and psychologically normal. In fact, better than normal – they're all unusually precocious. The oldest is already four years old and can read in two languages. I know you're thinking of offering this genetic modification on the open market in a few years. All I want is a chance to buy it for my daughter now. At whatever price you name."

Ong stood. "I can't possibly discuss this with you unilaterally, Mr. Camden. Neither the theft of our data –"

"Which wasn't a theft – your system developed a spontaneous bubble regurgitation into a public gate, have a hell of a time proving otherwise –"

"– *nor* the offer to purchase this particular genetic modification lies in my sole area of authority. Both have to be discussed with the Institute's board of directors."

"By all means, by all means. When can I talk to them, too?"

"You?"

Camden, still seated, looked at him. It occurred to Ong that there were few men who could look so confident eighteen inches below eye level. "Certainly. I'd like the chance to present my offer to whoever has the actual authority to accept it. That's only good business." [...] (766 words)

Nancy Kress, Beggars in Spain, *Phoenix Pick, Rockville, 1991, pp. 5–9*

1 *Eames:* Charles Eames (1907–1978), designer of furniture

2 *cross-border data-atoll investment:* international data trading

Assignments

1. Sketch the purpose of the doctor's appointment and the course of the conversation. *(20 %)*

2. Examine the means and strategies Kress employs to show the growing tension in the relationship between Dr. Ong and Mr. Camden in the course of the conversation. *(40 %)*

3. Your school is organizing a project week on genetic engineering. You have read the excerpt and have been asked to write a blog entry for your school's website entitled: "Scientists can now design customised babies – Should they?"

   Using the excerpt as a starting point, write the blog entry. Include your background knowledge. *(40 %)*

Lösungsvorschläge

1. *When asked to sketch one or several aspects from a text, you are required to briefly outline them, conveying only some basic ideas. Use your own words and do not quote from the text to show that you have really understood its meaning. Also refrain from speculating about or commenting on the text at this point.*
The first step is to collect the most important facts from the original text. The assignment tells you which aspects are relevant: the purpose of the appointment and the course of the conversation.
So, in the second step, you should describe in your own words why the couple in the text are at the doctor's and how their conversation with Dr. Ong develops.
You can structure your text like this:
   - ***purpose of the appointment:***
     - *protagonists: Roger and Elizabeth Camden (a very assertive, rich banker and his reluctant wife, cf. ll. 8–20), Dr. Ong*
     - *Camdens' wish to order a genetically modified baby from Dr. Ong (cf. ll. 6/7)*
   - ***course of the conversation:***
     - *Camdens' "normal" wishes as to gender, physical appearance, intelligence, talents, character traits and health (cf. ll. 21–35)*
     - *Dr. Ong's consent, but also warnings that for some traits there can only be genetic dispositions or they cannot be genetically modified at all (cf. ll. 24/25, 28/29, 33)*
     - *escalation: Mr. Camden's request for the child to be resistant to sleep deprivation, a so far secret modification which is not yet on the market and of which Mr. Camden only knows through illegal means → confidence that the Institute's board of directors will grant his wish when Dr. Ong is not prepared to do so (cf. ll. 40–67)*

purpose of the appointment

In the excerpt from Nancy Kress's novel *Beggars in Spain*, published in 1991, Roger and Elizabeth Camden have an appointment with Dr. Ong in order to discuss their plan to have a genetically modified baby. From the beginning, Roger Camden, who is a well-known banker, domineers the conversation while his wife seems rather reluctant about the whole process.

course of the conversation: "innocent" beginning

The conversation starts relatively innocent when the Camdens order the details of their prospective daughter's physical appearance, intelligence, character traits, health and talents. While Dr. Ong can grant them at least a part of their wishes easily, he insists that for some talents and physical traits, his institute can only provide dispositions and the child's upbringing will be relevant for their development too. Personality traits cannot be genetically engineered at all yet, according to the physician.

escalation due to secret modification that Mr. Camden demands

The conversation takes an unpleasant turn when Mr. Camden asks for a special modification, namely that the child should be resistant to sleep deprivation. The existence of this modification has so far been kept a secret and Camden has obtained the knowledge of it illegally. Dr. Ong tries to talk him out of it, but Camden is confident he can persuade the board of directors to grant his child the modification. *(205 words)*

2. *This assignment requires you to examine the text carefully and analyse the stylistic devices the author employs to reflect the atmosphere of the meeting. As the task tells you, the atmosphere can be described as increasingly tense. So, all the aspects you want to mention should contribute to this tension. It does not do to simply provide a list of stylistic devices. For a good analysis, you must also explain how they relate to the task. Points you might want to pay attention to are certain words, expressions or rhetorical devices that seem deliberately chosen, but also syntax or the overall structure of the text.*
   So, read the text again, maybe even several times, and mark important bits by either highlighting them in colour, underlining them or adding notes with your own thoughts. When writing down your answer, you can also use these markings to support your arguments with quotes from the text. Usually, you either embed a direct quotation into your sentences or paraphrase the original text. In any case, you must provide the line or lines from the text that bolster up your argument. Direct quotations must be put in inverted commas.
   As a general rule, an analysis need not follow the chronology of the original text. In this case, however, it might make sense to stick to it in order to delineate the increasing tension in the conversation.
   You could mention the following means and strategies:
   - ***third-person narrative perspective** with Dr. Ong's limited point of view*
   - ***contrasting characterisations of the Camdens:***
     - *Elizabeth Camden depicted as rather weak and boring (cf. l. 14; metaphors in lines 9 and 10; repetition of the colour "brown", cf. ll. 10–12)*
     - *Roger Camden depicted as threatening and aggressive ("radiated nervous vitality", l. 15; "bullet-shaped head", ll. 16, 18; notoriety for his business successes, cf. ll. 17–20)*
   - ***beginning of the conversation:** Dr. Ong's politeness vs. Camden's insolence*
     - *Dr. Ong's polite professionality (cf. ll. 6, 23, 36)*
     - *Mr. Camden's impolite interruptions (cf. ll. 26, 30), yet still masked as lightheartedness (cf. ll. 30/31)*
   - ***climax of tension:** Camden's request for his child to have no need for sleep*
     - *deliberate delay of Camden's final request (oppressive silence and "[t]ension [that] prickled in the room like heat", cf. ll. 36–39)*
     - *Camden's matter-of-fact tone despite bombshell character of his request (cf. l. 40)*
     - *Elizabeth Camden's reaction: "jerked her head sideways to look out the window" (l. 41)*
   - ***Dr. Ong's increasing difficulties with staying calm:***
     - *stalling for time (cf. l. 42)*

- *repeated questions as to Camden's source of information (cf. ll. 42/43, 46/47)*
- *Camden trying to intimidate Ong ("'Don't bother hunting down the security leak in your data banks, Doctor. You won't find it.'", ll. 48/49; "He leaned suddenly forward. His tone changed.", ll. 49/50)*

– ***final shift of power:***
- *Camden's audacity ("By all means, by all means. When can I talk to them, too?", l. 62) vs. Dr. Ong's perplexity ("You?", l. 63)*
- *Dr. Ong stands, Camden remains seated (cf. ll. 56, 64/65)*

introduction

In the excerpt from Nancy Kress's novel *Beggars in Spain*, the tension between the two protagonists, Dr. Ong and Mr. Camden, grows palpably in the course of their conversation. Kress uses several strategies to transmit this impression to her readers.

third-person narrative perspective

One important tool is her choice of a third-person narrative perspective with Dr. Ong's limited point of view. By telling the story from the physician's perspective, Kress directly shares his thoughts and attitudes towards his clients. Accordingly, the reader learns that the doctor's impression of the couple is highly biased when he assumes that they have not made the appointment out of their own accord, or at least that their decision to order a genetically modified child is not unanimous (cf. ll. 1/2). So, from the very beginning, some sort of conflict seems to be part of the meeting.

contrasting characterisations of the Camdens:
Elizabeth Camden depicted as rather weak and boring

This becomes even more pronounced when considering Dr. Ong's observations as to the couple's characters: His thoughts imply that the Camdens' relationship is unequal and that Elizabeth Camden has difficulties keeping up with her husband's lifestyle. Metaphors that describe her as having "a faded look" (l. 9) and that "keeping up with Roger Camden was wearing her out" (ll. 9/10) make her appear as the decidedly weaker partner in the marriage. This is underlined by the fact that Dr. Ong is surprised when Mrs. Camden takes the initiative when it comes to discussing the modifications to her future child (cf. l. 21). He primarily associates her with the colour "brown" (cf. ll. 10–12), which contributes to his initial impression of her as unmemorable and boring (cf. l. 14).

Roger Camden depicted as threatening and aggressive

This is a stark contrast to the way Roger Camden is depicted: Despite being his wife's senior by several years, he is the one to "radiate […] nervous vitality" (l. 15). Yet, while this might not seem too negative, the fact that his head is likened to a bullet (cf. ll. 16, 18) arouses feelings of threat and aggression. Furthermore, in contrast to Elizabeth's inconspicuousness, "Ong did not need to consult his file to recall anything about Camden" (l. 17). His notorious business transactions that seem to be both highly successful and rather incomprehensible for lesser mortals, such as Dr. Ong (cf. ll. 19/20), give him a slightly intimidating aura.

Yet, at the beginning of the appointment, Dr. Ong seems to feel in control of the situation. His calm, service-oriented professionality, which expresses itself in smiles (cf. l. 23) and polite consent with his clients' wishes (cf. ll. 6, 36), cannot even be shattered by Roger Camden's elliptical sentences with which he rudely interrupts the doctor's explanations (cf. ll. 26, 30). Although Mr. Camden becomes more and more insolent, for instance by testing the doctor's reactions when he demands a personality trait for his unborn child, in the full knowledge that this is out of the question, he still masks his aggressiveness with an apparently light-hearted smile (cf. ll. 30/31). Hence, Dr. Ong initially seems to be able to calmly submit to Roger Camden's demands.

beginning of the conversation: Dr. Ong's politeness vs. Camden's insolence

Yet, Roger Camden's overbearing and arrogant manner as well as Dr. Ong's knowledge of his financial power (cf. ll. 16–20, 37) create more and more tension. This is especially apparent in the way Mr. Camden deliberately pauses before uttering his final request. The silence in the room seems oppressive (cf. l. 36), especially because Dr. Ong expects something more to follow (cf. l. 38). The comparison that "[t]ension prickled in the room like heat" (ll. 38/39) sets the scene for Mr. Camden's outrageous demand for the experimental modification. In contrast to its bombshell character, Mr. Camden is overly casual about it and introduces the wish for his child to have no need for sleep like an afterthought (cf. l. 40). Elizabeth Camden's strong reaction, namely that she "jerk[s] her head sideways", thereby creating a physical distance between herself and her husband (cf. l. 41), makes it clear that a boundary has been crossed.

climax of tension: Camden's request for his child to have no need for sleep

While Dr. Ong still controls his emotions, the reader can almost feel that staying calm becomes increasingly difficult for him. He stalls for time by "pick[ing] a paper magnet off his desk" (l. 42) and has to "h[o]ld onto his temper" (l. 46). While still polite, his repeated questions for Mr. Camden's source of information (cf. ll. 42/43, 46/47) show that he is completely dumbfounded and shocked by the latter's level of knowledge. Roger Camden now becomes openly confrontational and tries to intimidate the doctor not only physically by diminishing the distance between them and dropping his polite appearance (cf. ll. 49/50), but also by bragging about the sophistication of his data theft: he condescendingly tells Dr. Ong not to "bother hunting down the security leak in [his] data bank [because he] won't find it'" (ll. 48/49).

Dr. Ong's increasing difficulties with staying calm

Although the doctor tries to regain his authority by standing up (cf. l. 56) and citing his superiors as the ones responsible for the

final shift of power

final decision (cf. ll. 56/57, 60/61), his composure is finally shattered when Roger Camden's audacity in demanding to negotiate with Ong's superiors takes him by surprise: to Camden's question "When can I talk to them, too?", he can only react with one word, which demonstrates his perplexity: "You?" (ll. 62/63). Even though Dr. Ong now towers "eighteen inches" above Mr. Camden (cf. ll. 64/65), the latter demonstrates his self-assurance by deliberately remaining in his seat. It is at this moment that Dr. Ong has to concede that the balance of power has shifted completely.

(923 words)

3. *This creative assignment gives you the opportunity to demonstrate your background knowledge of the subject as well as your writing skills. For a good result, you should first of all make sure that you are absolutely clear about the text you are required to produce and the role you need to adopt. In this case, the perspective is not far from your own: a student writing for a school project, so your readers will be your peers as well as teachers and visitors to the website.*
   Remember the formal aspects of a blog entry:
   - *a catchy title (already given in the assignment), the date of publication, your (fictitious) name*
   - *structure:*
     - ***introduction** (to arouse readers' interest, present basic information)*
     - ***main part** with paragraphs (to present your arguments)*
     - ***conclusion** (opportunity for an outlook on the future or appeal to readers)*
     - *optionally you might want to add suitable links or interactive elements to reinforce the impression of a blog entry*

   With regards to content, the text already gives you some ideas you could mention, but you should also include your own background knowledge and find arguments that go beyond the text.
   The following points are part of the sample answer:
   - ***introduction:***
     - *why it might be desirable to customise babies*
     - *scientific background: methods of selection or of finding and modifying individual genes: PGD, CRISPR-Cas*
   - ***main part:** arguments in favour of and against "designer babies"*
     - ***arguments in favour of customising children:***
       - *prevention and eradication of hereditary diseases*
       - *creation of "saviour siblings" to save the lives of children with fatal diseases*
       - *parents' wish of giving their children advantages in life*
     - ***arguments against customising children:***
       - *risk of unknown long-term consequences*
       - *risk of psychological problems and identity crises for the designer children*

- moral considerations and the risk of the technique being abused

– **conclusion:** *benefits do not outweigh the dangers, babies should not be customised*

Scientists can now design customised babies – Should they? title
April 2021, Anne Taylor

introduction: why it might be desirable to customise babies

Most parents would do anything for their children. They care for them with all their energy, invest all their resources in their happiness and make sure they get the best education. But some parents go to extreme lengths when it comes to their offspring. You have all heard from these helicopter parents, haven't you? They smooth over any obstacle in their little darling's way, often even cheating to ensure advantages for their child, and leave nothing to chance to make their sons' and daughters' lives as pleasant as possible. Now there is a new possibility for parents to prove their devotion to their children: optimising their offspring's genetic make-up. Yet, do you really do your child a favour when you custom-design it before its birth?

Link to: *Beggars in Spain* by Nancy Kress: Click here to order your copy from our online shop

scientific background

Customising your child according to your own wishes might sound like something from a science-fiction novel, but what used to be a fascinating fantasy is very fast becoming scientific reality. More than forty years after the birth of the first test-tube baby, there are now even methods of selecting embryos with desired qualities like gender or health characteristics through pre-implantation genetic diagnosis. What is more, the recently invented CRISPR-Cas method also allows doctors to identify and modify specific genes in an embryo.

main part: arguments in favour of customising children: prevention and eradication of hereditary diseases

At first glance, there are undisputable benefits towards modifying a child's genome. Maybe the most important aspect would be that parents from families with hereditary diseases could reproduce without fear of passing on the condition to their children. What is more, even society in general would profit from the eradication of fatal or debilitating genetic diseases because a lot of misery (and also an enormous amount of costs to insurance contributors) would be prevented.

creation of "saviour siblings"

Another slightly more unusual but also understandable approach might be the creation of "saviour siblings", i. e. children especially chosen or designed for their suitability as stem cell donors for an otherwise incurably ill elder sibling. The concept is nothing new, but for the last few years, embryos with the desired genetic qualities had to be chosen in a lengthy process of pre-implantation diagnosis, whereas in the future a perfect embryo could simply be created from scratch.

The most disputable reason for pre-natal genetic engineering would be the parents' wish of giving their children advantages in life by predetermining their genetic qualities. Starting with an attractive outward appearance, high intelligence and various talents, even unusual abilities, such as enormous strength, resistance to stress or super-human powers, might not be off the cards in the near future.

parents' wish to give their children advantages in life

While all this sounds almost too good to be true, on closer examination we might have to realise that maybe it is. So, we shouldn't rush into these new possibilities without considering their potentially harmful consequences too.

arguments against customising children

First of all, there is the risk of unknown long-term consequences of the treatment. The excision or modification of certain genes might not only eradicate the genetic disease they seem to encode for, but also have side effects currently unknown. Tampering with nature always carries the risk of running out of control and giving us more than we bargained for.

risk of unknown long-term consequences

Secondly, being a genetically modified person might also lead to psychological problems for the children themselves. When you realise that your parents customised your genetic make-up, it could of course make you feel special, but it could also give you the feeling that your "natural you" would not have been good enough for them. This could especially be the case for children designed as saviour siblings who might get the impression they owe their existence to the need of their sibling. This knowledge could well lead to an identity crisis and doubts about your own self-worth.

risk of psychological problems for designer children

Link to: *My sister's keeper*: Interview with Cameron Diaz

Finally, on a wider scale, the legalisation of customised embryos might also mislead our society's values onto a slippery slope. I mean, who should get to decide what kinds of embryos would be "bred"? I know that this is a term usually used when it comes to livestock breeding. Yet, would we be anything more than commodities if, let's say, governments decided what posts to fill with perfectly suitable "human material"? In another horror scenario, the treatment might only be available to people able to afford it, thereby creating a two-class society of enhanced humans on the one side and naturally conceived ones on the other. This would certainly end in discrimination against the latter when questions along the lines of "Why should taxpayers pay for your treatment when your parents could have prevented your falling ill in the first place?" might eventually lead to social segregation and conflict.

moral considerations and risk of the technique being abused

All things considered, I would rather stay with the good old natural human beings. While this sounds boring and conservative at first, I think the opposite is true: Imperfections and individualism make our lives unique, unpredictable and interesting. So, my answer is no – even though scientists can now design customised babies, they should definitely not. *(841 words)*

conclusion

Warren Cornwall, "Researchers Embrace a Radical Idea: Engineering Coral to Cope with Climate Change"

The National Sea Simulator in Townsville, Australia – The rush starts at sunset, just before the first tiny pearls of egg and sperm rise from chunks of coral resting in tanks here at this sprawling marine science center. Figures scurry past in the fading light, their red headlamps casting a lurid glow. […]

Amid the controlled chaos, coral geneticist Madeleine Van Oppen stands like a coach directing her team. A doctoral student from Van Oppen's lab at the University of Melbourne in Australia approaches with an update. One species of coral appears ready to spawn sooner than expected. "That's not helpful," Van Oppen declares. She strides to a large aquarium, reaches in up to her elbows, and lifts out a basketball-size piece of coral. "Move," she orders, marching past to deposit her load into a small bucket of saltwater, in order to isolate the coral and to avoid accidental cross-breeding.

That imperative – to move, and move fast – is now the mantra for an entire field of coral research and for Van Oppen in particular. The relentless rise of global temperatures is imperiling coral reefs around the world. Just 75 kilometers offshore from the research center, Australia's Great Barrier Reef – the world's largest – has been battered by a string of marine heat waves that have killed half its coral. The threat has transformed Van Oppen into a leading advocate for something considered radical just a few years ago: creating breeds of coral that can withstand underwater heat waves. And it has helped make Australia, which recently committed a hefty $ 300 million to coral research and restoration, a global magnet for reef scientists.

One major attraction is the National Sea Simulator, a $ 25 million facility nestled in eucalyptus-lined hills on the shore of the Coral Sea, which was opened in 2013 by the Australian Institute of Marine Science (AIMS). Here, in dozens of seawater tanks where conditions can be precisely matched to those of the ocean today or in the future, Van Oppen and other scientists are tinkering with creatures that are the very cornerstones of reef ecosystems. Imagine ecologists cultivating whole new breeds of trees to restock a devastated wilderness. In the minds of some researchers, the work could help shape the future of some of the world's richest underwater places. But the endeavor will first have to overcome formidable technical challenges – and concerns that such interventions could bring new problems.

Van Oppen and others are re-engineering corals with techniques as old as the domestication of plants and as new as the latest gene-editing tools. And the researchers are adopting attitudes more common to free-wheeling Silicon Valley startups than the methodical world of conservation science. Just as tech entrepreneurs are urged to "fail fast, fail often," scientists are pushing to quickly test ideas and ditch the least promising ones in the hunt for results that can be moved from the lab to the ocean.

At the sea simulator, entire research projects hinge on what transpires over the next 10 hours. Coral spawn only once per year, releasing the genetic material that is the foundation of this work. On this night, 5 days after a full moon, much of the coral that researchers have collected offshore and moved to the lab appears ready to release thousands of bundles of eggs and sperm. The spawning will set off a frenzy of scooping, mixing, and testing. The eggs will die within hours if not fertilized by sperm, and this chance won't come again for another 12 months. The feeling is electric, caffeinated, like the start of an all-night marathon for computer hackers. It's only fitting, because many of the people here are bent on trying to hack coral. [...]

As Van Oppen works, she can hear the clock ticking for coral reefs. In the past decade, heat waves have turned vast swaths of reef from multihued oases to algae-coated deserts. Reef-building corals – really a mutualistic pairing of an animal that builds a hard skeleton with a single-celled plant that lives within the animal's cells – show few signs of adapting to the rapid change. If global temperatures rise by 2 °C, the Intergovernmental Panel on Climate Change has concluded, reefs as we know them will be virtually gone worldwide. Today, the planet is on course to crack 3 °C by 2100. [...]

(715 words)

Assignments

1. Outline the situation of the world's coral reefs and Australia's attempts to solve the problem. *(20 %)*
2. Examine the means and strategies the author employs to convince the readers that the scientists' research is relevant, innovative and challenging. *(40 %)*
3. Your school's science club is running a blog on genetic engineering. The article motivates you to discuss the consequences of green biotechnology on ecosystems, agriculture and food consumption in a new entry entitled "Benefits and Drawbacks of Genetic Engineering".

   Using the article as a starting point, write the blog entry. Include your background knowledge. *(40 %)*

Lösungsvorschläge

1. *When you read the assignment carefully, it will give you a clear structure to work with in your answer: On the one hand, you should provide an overview of the critical situation of coral reefs, on the other, you should focus on steps that have been taken in Australia to tackle the problem. "Outline" means that you should limit your text to the most important points, convey them in your own words and avoid interpreting or quoting from the text.*
   The following points could come up in your answer:
   - ***situation of the world's coral reefs:***
     - *negative impact of climate change on coral reefs (cf. ll. 13/14)*
     - *half of all corals at Great Barrier Reef already destroyed by marine heat waves (cf. ll. 15/16)*
     - *rise of 2 °C will destroy even more corals, according to IPCC (cf. ll. 50–52)*
     - *currently a rise in temperature of 3 °C expected until 2100 (cf. l. 52)*
   - ***Australia's attempts to solve the problem:***
     - *breeding of genetically modified corals resistant to underwater heat waves (cf. heading, l. 18)*
     - *$ 300 million investment in coral research and restoration by Australian government (cf. ll. 19/20)*
     - *$ 25 million research facility (National Sea Simulator) allows scientists to study effects of current and future underwater conditions (cf. ll. 21–24)*

situation of the world's coral reefs

In his article "Researchers Embrace a Radical Idea: Engineering Coral to Cope with Climate Change", published in *Science* in March 2019, Warren Cornwall describes how the world's coral reefs are at risk of going extinct due to continually rising temperatures. Already half of all corals at the Great Barrier Reef have been destroyed by underwater heat waves. According to the IPCC, a global temperature rise of 2 °C would destroy most corals in the world's oceans. Since the planet is currently expected to even heat up by 3 °C by the year 2100, the destruction of coral reefs has become an ever more pressing problem.

Australia's attempts to solve the problem

Australia, which is home to the world's largest coral reef, has been a trailblazer in trying to save this marine organism. Australian scientists hope to find ways of breeding genetically modified corals which are resistant to marine heat waves. They are supported by a $ 300 million investment from the Australian government as well as by the establishment of the National Sea Simulator, a $ 25 million research facility built by the Australian Institute of Marine Science, where reef experts can simulate the effects of variable underwater conditions on corals. *(195 words)*

2. *This assignment requires you to do two things: first, you have to find the stylistic devices that characterise this text. Second, you have to demonstrate how far the devices contribute to the text presenting the research as relevant, innovative and challenging. You can either deal with all three characteristics simultaneously or structure your text according to means that show the research's necessity, its state-of-the-art character and its difficulties one after the other. The latter approach has been chosen for the sample solution.*
Remember that "means and strategies" does not only refer to stylistic devices, such as alliteration, metaphor etc., but might also include other aspects, such as a certain choice of words, the text's structure, facts and figures the author quotes, etc.
Possible aspects of your analysis might include:
   - ***relevance** of the scientists' research:*
     - *choice of words: climate change described in negatively connoted words ("relentless", l. 13; "imperiling", l. 14; "battered", l. 15)*
     - *figurative language to portray the dramatic change and imply a sense of urgency ("she can hear the clock ticking for coral reefs", l. 46; contrast "heat waves have turned vast swaths of reef from multihued oases to algae-coated deserts", ll. 47/48)*
     - *example of the Great Barrier Reef to relate the scientific topic to general knowledge (cf. ll. 14–16)*
     - *use of conditional clause to demonstrate the probability of extinction (cf. ll. 50–52)*
     - *use of numbers to highlight importance and scale of the investment ("a hefty $300 million to coral research and restoration", ll. 19/20; "a $25 million facility", l. 21; "in dozens of seawater tanks", l. 23)*
   - ***innovative character** of the scientists' research:*
     - *choice of words: positively connoted words to describe the research group and facilities ("leading advocate", l. 17; "global magnet", l. 20; "major attraction", l. 21)*
     - *comparison to something familiar with an innovative twist ("Imagine ecologists cultivating whole new breeds of trees to restock a devastated wilderness.", ll. 26/27)*
     - *contrast of old and new to underscore the broad range of combined techniques ("Van Oppen and others are re-engineering corals with techniques as old as the domestication of plants and as new as the latest gene-editing tools", ll. 31/32)*
     - *extended metaphor: scientists' mindset similar to that of the unconventional innovators of US computer industry → highlights their revolutionary approach (cf. ll. 32–36, 44)*
   - ***challenging nature** of the scientists' research:*
     - *sports simile for Madeleine Van Oppen: "Amid the controlled chaos, coral geneticist Madeleine Van Oppen stands like a coach directing her team." (ll. 5/6)*
     - *choice of words that show a busy, frenzied atmosphere: "rush" (l. 1), "scurry" (l. 3), "the hunt for results" (l. 36), "move" (ll. 10, 12)*

- *vague enumeration to show complexity of tasks ("The spawning will set off a frenzy of scooping, mixing, and testing.", ll. 41/42)*
- *use of numbers and precise time periods to underline precision and lack of time: "entire research projects hinge on what transpires over the next 10 hours" (ll. 37/38), "Coral spawn only once per year" (l. 38), "5 days after a full moon" (l. 39), "The eggs will die within hours if not fertilized by sperm, and this chance won't come again for another 12 months." (ll. 42/43)*

In his article, Warren Cornwall presents an extraordinary new research idea aimed at battling the effects of climate change on coral reefs. He uses a variety of means and strategies to convey the relevant, innovative and challenging nature of this research. — **introduction**

In order to make the research seem important and indeed necessary, he expounds on the threat climate change poses. He does so by using negatively connoted words, such as "relentless" (l. 13), "imperiling" (l. 14) or "battered" (l. 15), that show the full force with which rising global temperatures impact the corals. — **relevance** of the scientists' research: choice of words

A further strategy is Cornwall's striking use of figurative language. For instance, he writes about Van Oppen that "she can hear the clock ticking for coral reefs" (l. 46), thereby conveying a sense of urgency. The contrast that "heat waves have turned vast swaths of reef from multihued oases to algae-coated deserts" (ll. 47/48) paints a vivid before-and-after picture of a healthy Great Barrier Reef as compared to one damaged by marine heat waves. — figurative language

The Great Barrier Reef is used as a stand-in for corals in general: Since the general public is certainly most familiar with Australia's famous reef, it being "the world's largest" (l. 15), this helps the readers to develop a connection to the threatened organisms. — well-known example

The impending possibility of the corals' extinction is also reflected in the author's choice of syntax: He uses a conditional clause to map out the reefs' destiny if no action is taken (cf. ll. 50–52). As the temperature increase he cites as being destructive will probably even be exceeded, it is definitely not improbable that corals could die out. So, the sentence, "Today, the planet is on course to crack 3 °C by 2100", has an ominous ring to it. — syntax

How much relevance the reef experts' work has in this situation is reflected in Cornwall's use of numbers when he cites the amount of money spent by the Australian government on research and on the National Sea Simulator (cf. ll. 19–21). The investments are intended to impress the readers as much as they seem to have impressed the author, who explicitly calls them "hefty" (l. 19). He further underlines the extent of the undertaking at the National Sea Simulator by writing of "dozens of seawater tanks" (l. 23), as if there are too many of them to give a precise number. — use of numbers

Apart from its relevance, the author is also enthusiastic about the innovative character of the scientists' research. This is reflected in his use of positively connoted expressions, e. g. when he describes the head scientist Madeleine Van Oppen as "a leading advocate" (l. 17) of the preservation of coral reefs and the Australian research facilities as "a global magnet for reef scientists" (l. 20) as well as a "major attraction" (l. 21).

innovative character of the scientists' research: choice of words

In his characterisation of Van Oppen's project, Cornwall tries to mirror his readers' level of knowledge, when he compares the team's work with the more familiar image of "a devastated wilderness" being reforested by "cultivating whole new breeds of trees" (cf. ll. 26/27). This last aspect adds an unexpected twist to the comparison and illustrates the ground-breaking work the reef experts have undertaken: Reforestation might appear more or less conventional. However, using "whole new breeds of trees" to do so is truly ingenious.

comparison with innovative twist

The impression of enthusiasm is reinforced when the author describes the scientists' techniques as innovatively combining old and new methods of cultivation (cf. ll. 31/32). He even goes so far as to compare their approach to that of computer scientists, who are often seen as the paragons of innovative, cutting-edge research (cf. l. 33). According to the author, the Silicon Valley method to "fail fast, fail often" (ll. 34/35), i. e. to perform under extreme pressure and gain results by trial and error, is the only way to save the coral reefs, an impression that is heightened when he likens the researchers to "computer hackers" up for "an all-night marathon" (l. 44).

extended metaphor

This last metaphor links the rescue project to another field of imagery, namely sports. Lead scientist Madeleine Van Oppen is compared to "a coach directing her team" (ll. 5/6), which lends her an aura of professionalism in the face of "controlled chaos" (l. 5). This comparison as well as the whole busy, even frenzied atmosphere in the lab, which is underlined by expressions, such as "rush" (l. 1), "scurry" (l. 3), "the hunt for results" (l. 36) or the repeated use of "move" (ll. 10, 12), make it clear that breeding the new type of coral is not an easy enterprise.

challenging nature of the scientists' research: imagery of sport and busy atmosphere

Instead, the project is depicted as immensely complex and challenging, maybe too complex for readers and author alike, who only describes the hectic activity that will follow the long-awaited spawning as "a frenzy of scooping, mixing, and testing" (ll. 41/42). On the part of the scientists, however, the project requires absolute precision. Cornwall shows this by giving exact time periods for the project's schedule, e. g. about the corals' mating habits: "Coral spawn only once per year" (l. 38), they release their eggs and sperm "5 days after a full moon" (l. 39) and "[t]he eggs

vagueness vs. precision (numbers)

will die within hours if not fertilized by sperm, and this chance won't come again for another 12 months" (ll. 42/43). The sense of urgency becomes palpable for the readers when they empathise with the scientists who have to take the one chance they are given because "entire research projects hinge on what transpires over the next 10 hours" (ll. 37/38).

All in all, Warren Cornwall succeeds in presenting climate change as a huge threat to the world's coral reefs. Consequently, the researchers from Van Oppen's team are highly responsible and professional scientists who are fighting a battle against time to save the coral reefs. *(968 words)* **conclusion**

3. *Once more, it is paramount to closely read the assignment before you start writing. It gives you important hints as to both the text form you need to produce (a blog entry for a school blog) and the content of this entry (benefits and drawbacks of green biotechnology as regards ecosystems, agriculture and food consumption).*
When it comes to language, you need to keep in mind that your intended readership are mainly fellow students, but also teachers and visitors to the blog. So, you can partly use colloquial expressions, but should still treat the scientific subject with the appropriate seriousness.
Discussing an issue, you can make use of different structures: Either you directly juxtapose arguments in favour of and against a point or you name all your arguments for/against a thesis first and then argue against/for it in a separate part of your essay. The latter approach has been taken here.
The following points are part of the sample solution:
   - ***introduction:** coral breeding (cf. article) as example of positive use of genetic engineering*
   - ***main part:** arguments in favour of and against green biotechnology*
     - ***arguments in favour of green biotechnology:***
       - *positive impact on **ecosystems**: rescue of endangered or extinct species by creating tailor-made organisms*
       - *positive impact on **food consumption**: healthier products with better nutritional value and longer shelf-life as possible solution for world hunger and food waste*
       - *positive impact on **agriculture**: higher crop yield and more profit because of pesticide-resistance, reduced need for pesticides because of pest-resistance*
     - ***arguments against green biotechnology:***
       - *loss of biodiversity*
       - *monocultures are a risk for food security*
       - *unintended dangers of genetically manipulated crops*
       - *risk of cross-breeding ("superweeds")*
   - ***conclusion:** biotechnology should only be used with safeguards in place*

Benefits and Drawbacks of Genetic Engineering
31 March 2021, Danielle McClintock

title

The world is getting hotter. But while you might still enjoy that extra ice-cream or turn on the air conditioner, not everybody is so lucky. During recent heat waves, the ocean around Australia became so hot that half of the coral in the Great Barrier Reef died and vanished. What used to be a colourful paradise for fish and other marine life forms can easily turn into a pale desert overgrown by algae. Fortunately, all is not lost. Thanks to the Australian Institute of Marine Science, researchers are now employing the latest, radical technology to save the earth's corals – they are planning to create sturdier specimen of coral that are resistant to rising ocean temperatures. So, is genetic engineering the solution to all our problems?

introduction

At first glance, there are tempting benefits to this new technology. It is not only marine life forms that could use some new superpowers to deal with climate change. Wouldn't it be helpful if we could boost the photosynthetic yield of trees, raising their carbon intake, thereby ultimately increasing the number of carbon sinks without having to sacrifice valuable farmland or urban space? Or what about drought-resistant trees that could withstand summers in a city, providing cooling shade for its inhabitants, without needing to be watered daily? Global warming, with its accompanying problems of droughts and extreme temperatures, is becoming a stark reality. Genetically engineered plants could therefore be our planet's future.

main part: arguments in favour of green biotechnology: positive impact on **ecosystems**

What is more, world hunger could also be a thing of the past if we used genetic engineering wisely. Seed companies have been developing crops with a higher nutrient content, which could prevent malnourishment and even famines. The best-known example is Golden Rice, whose metabolism has been modified to produce higher amounts of beta-carotene, thus helping to fight vitamin deficiency in developing countries. As demonstrated by another invention, the XSL (extended shelf life) tomato, food shortages could be prevented by engineering vegetables that perish less quickly. In this way, a reliable, continuous supply of healthy food could be guaranteed and food waste reduced, which would not only benefit people, but also the environment.

positive impact on **food consumption**

Additionally, crops with in-built resistance against pesticides or herbicides could increase yields. The so-called Roundup-Ready crops, for instance, are designed to be resistant to the weed-killer glyphosate. So, if farmers planted their fields with Roundup-Ready crops and sprayed them with glyphosate, it would only kill

positive impact on **agriculture**

the weeds, but not the crops. Thus, instead of having to use labour-intensive conventional methods of fighting weeds in order not to hurt the plants as well, farmers could easily and quickly use pesticides. This again might make agriculture more efficient and more profitable. Even more successful could be the engineering of crops resistant to pests and diseases themselves. This would allow farmers to use fewer or no pesticides at all, to the benefit of consumers, farm workers and pollinators alike, who are otherwise at risk of being harmed by the chemicals.

arguments against green biotechnology

So, genetic engineering really seems like the answer to many of our problems. The newly created heat-resistant corals, for instance, would thrive regardless of rising temperatures, providing a home for countless marine organisms. But at what cost?

loss of biodiversity

The changes in heat-resistant corals or drought-resistant trees might be benign at a superficial glance, but they could also give the genetically modified species a kind of unfair advantage over non-modified organisms, helping them to reproduce faster and crowding out natural varieties. In other words, they might threaten biodiversity.

monocultures as a risk for food security

This loss of biodiversity might even be intentional if a genetically modified crop, for instance, were to be so successful that all farmers would rely on the same, tailor-made variety. Such monocultural farming carries immense risks: The slightest susceptibility to an as yet insignificant pathogen could take out a whole harvest, and pose an enormous danger to food security. If traditional varieties had gone extinct, there would not even be a way back. Think of the Irish Potato Famine, only on a global scale.

unintended dangerous side effects

Genetic modifications can always have unwanted side effects that no one has considered beforehand. Let's say they change plants' natural metabolism and produce toxic by-products. Then they could poison animals feeding on them or put consumers of either plants or animals at risk.

risk of cross-breeding

Finally, built-in pesticide resistance only seems a good idea in theory. If you take into account the tendency of crops to interbreed with their wild varieties, another risk becomes obvious: It only needs an unlucky coincidence for the resistance-carrying gene to spread to a so-called non-target species, and a new superweed is born … Anyone who has ever tried to battle extremely prolific weeds can imagine what havoc a weed that cannot even be stopped by toxic chemicals might wreak on modern agriculture.

conclusion

All in all, while genetic engineering definitely has its benefits in fighting world hunger and the effects of climate change, it also bears inherent risks that humankind does not seem ready to contain. So, while I am not entirely opposed to genetic improvements, we must make sure that they really are for the better. What do you think? Do the advantages outweigh the risks? Do we even have a choice or is it simply impossible nowadays to go without genetic engineering? Tell us in the comments! *(869 words)*

Abitur 2022 Schleswig-Holstein – Englisch (Kernfach)

Um Ihnen die Prüfung 2022 schnellstmöglich zur Verfügung stellen zu können, bringen wir sie in digitaler Form heraus.

Sobald die Original-Prüfungsaufgaben 2022 freigegeben sind, können sie als PDF auf der Plattform **MyStark** heruntergeladen werden (Zugangscode vgl. Farbseiten vorne im Buch).

Prüfung 2022

www.stark-verlag.de/mystark

Bist du bereit für deinen Einstellungstest?

Hier kannst du testen, wie gut du in einem Einstellungstest zurechtkommen würdest.

1. Allgemeinwissen
Der Baustil des Kölner Doms ist dem/der ... zuzuordnen.

a) Klassizismus b) Romantizismus
c) Gotik d) Barock

2. Wortschatz
Welches Wort ist das?

N O R I N E T K T A Z N O

3. Grundrechnen
-11 + 23 - (-1) =

a) 10 b) 11 c) 12 d) 13

4. Zahlenreihen
Welche Zahl ergänzt die Reihe logisch?

17 14 7 21 18 9 ?

5. Buchstabenreihen
Welche Auswahlmöglichkeit ergänzt die Reihe logisch?

e d f f e g g f h ? ? ?

a) h i j b) h g i c) f g h d) g h i

Lösungen: 1 c; 2 Konzentration; 3 d; 4 27; 5 b

Alles zum Thema Einstellungstests findest du hier:

www.stark-verlag.de

STARK